大国博弈六百年

The History of Seven World
Powers Vying for Supremacy
Since the 15th Century

600 Years of Great Powers Game

15世纪以来
7个世界大国的争霸史

虚声 ◎ 著

台海出版社

图书在版编目（CIP）数据

大国博弈六百年 / 虚声著 . -- 北京：台海出版社，
2024.5
ISBN 978-7-5168-3839-6

Ⅰ . ①大… Ⅱ . ①虚… Ⅲ . ①世界史—通俗读物
Ⅳ . ① K109

中国国家版本馆 CIP 数据核字（2024）第 082503 号

大国博弈六百年

著　　者：虚　声

出 版 人：薛　原　　　　　　　　封面设计：人马艺术设计·储平
责任编辑：赵旭雯

出版发行：台海出版社
地　　址：北京市东城区景山东街 20 号　　邮政编码：100009
电　　话：010-64041652（发行、邮购）
传　　真：010-84045799（总编室）
网　　址：www.taimeng.org.cn/thcbs/default.htm
E - mail：thcbs@126.com

经　　销：全国各地新华书店
印　　刷：河北鑫玉鸿程印刷有限公司
本书如有破损、缺页、装订错误，请与本社联系调换

开　　本：710 毫米 × 1000 毫米　　1/16
字　　数：242 千字　　　　　　　印　　张：21
版　　次：2024 年 5 月第 1 版　　印　　次：2024 年 7 月第 1 次印刷
书　　号：ISBN 978-7-5168-3839-6

定　　价：78.00 元

天眼看欧洲

整个欧洲古代史上，除罗马帝国算是比较统一的国家外，其余时期欧洲大陆几乎都是碎片化的分裂状态。

欧洲的政治强人，如路易十四、腓特烈二世、拿破仑、威廉二世等，也有过统一欧洲的宏愿，但最终都以失败告终。

近现代的欧洲也出现过很多强大的帝国，如葡萄牙帝国、西班牙帝国、荷兰殖民帝国、大英帝国、法兰西帝国、俄罗斯帝国、德意志帝国等，也曾尝试着重新统一欧洲，但最终也以失败告终。

对于普通读者来讲，欧洲是一个复杂的存在，了解起来非常麻烦。

但如果从一个宏大的视角来看，可以说欧洲发生的一切都是在围绕着"一山三海洋"转圈。

一山，即卧立于欧洲大陆的阿尔卑斯山脉，它把欧洲划分为南部、西部、北部与东部四大板块，铸就了欧洲历史的基本格局。

三海洋，即地中海、波罗的海与大西洋。

以地中海为中心的古代欧洲。

地中海是一个地跨亚、非、欧三大洲的内陆海，在欧亚大陆上有着极其特殊的地位。

地中海南部为非洲——人类起源之地，古人类曾经沿着地中海走向欧洲和亚洲。在它的东南角是尼罗河入海口，尼罗河是古埃及文明的摇篮，在奴隶社会阶段曾经显赫一时。

地中海东部为中东地区，那里诞生过犹太教、基督教、摩尼教、伊斯兰教等影响世界的宗教，也出现过波斯帝国、拜占庭帝国、阿拉伯帝国、奥斯曼帝国等大帝国。这些宗教和帝国，也会沿着地中海沿岸向外扩张。

地中海北部比邻阿尔卑斯山脉以南的南欧，是欧洲古文明的核心地带，主要包括巴尔干半岛、亚平宁半岛。

巴尔干半岛上的希腊即为欧洲文明的起点，曾经诞生过欧洲版的"百家争鸣"。柏拉图与亚里士多德等先哲奠定了欧洲的思想文明。巴尔干半岛上也诞生过亚历山大帝国。千百年以来，那里还是多个宗教、民族、帝国间的博弈场所，曾经直接引爆第一次世界大战，间接引爆第二次世界大战。

亚平宁半岛在欧洲历史上同样占据重要的地位。代表了古代欧洲巅峰时期的罗马帝国，就是从亚平宁半岛出发，壮大为地跨亚非欧三大洲的超级大国，成为历史上唯一把地中海变成内海的帝国，同时也是欧洲唯一一个大一统的帝国。此外，开启欧洲近代化序幕的文艺复兴，也源自亚平宁半岛。达·芬奇从亚平宁半岛翻越阿尔卑斯山去了法国，把欧洲文艺复兴推向高潮；哥伦布从亚平宁半岛去了西班牙，把大航海运动推向巅峰。

地中海西岸便是伊比利亚半岛，在半岛的另一侧就是大西洋。在大西洋和地中海之间，有一条直布罗陀海峡将其连接了起来。

以波罗的海为中心的北部欧洲。

罗马帝国时期，罗马人把阿尔卑斯山脉以北的民族分为"三大蛮族"，即斯拉夫人、日耳曼人和凯尔特人。其中斯拉夫人与日耳曼人均诞生于波罗的海沿岸。

斯拉夫人从波罗的海南岸出发向东、向南扩张，东斯拉夫人最终占领了东欧大平原，建立了沙俄和苏联。南斯拉夫人到了黑海西岸的多瑙河中下游。留在波德平原的就是后来的西斯拉夫人。

日耳曼人也是从波罗的海沿岸出发，向西、向南扩张。除了欧洲中部的波德平原之外，日耳曼人在西欧、北欧都有广泛分布。大航海时代来临之后，更有大批日耳曼人迁徙到了北美。

阿尔卑斯山脉以北的欧洲历史，本质上就是日耳曼人与斯拉夫人围绕波罗的海的斗争史，以及各自的内斗史。

以大西洋为中心的近代欧洲。

随着工业文明的来临，海洋贸易变得前所未有的重要，欧洲的重心开始往大西洋转移，海权帝国开始崛起。

短短几百年间，大西洋沿岸前后涌现了一系列帝国：葡萄牙帝国、西班牙帝国、荷兰殖民帝国、大英帝国、法兰西帝国，再加上欧洲大陆上的俄罗斯帝国和德意志帝国，构成了一幅幅大国兴衰的史诗画卷。这些帝国广义上都属于基督教文化圈，都经历过"草根逆袭"的励志历程，同时也常因地缘、文化、民族等的差异而发生战争。

争夺领土要打仗，宗教改革要打仗，抢占贸易运输线要打仗，争夺资源和市场也要打仗……有时甚至单纯地为了要对方倒霉而打仗，有时把国与国之间的战争打成整个欧洲的战争，有时又把欧洲战争打成了世界大战。

当然，它们不仅仅是埋头打仗，也在战争中发展了科技、政治、经济、文化。葡萄牙和西班牙开启了大航海时代；法国兴起了启蒙运动，对西方近代文明产生了深远影响；英国实现了工业革命，奠定了大英帝国的基础；德国开启了第二次工业革命，推动了德意志帝国的崛起；大西洋彼岸的美国则完成了工业大发展。

在历史的大潮中，每一个大国崛起与衰落的背后，都有着属于自己的独特机缘与劫难，都有着惊心动魄的历程。

大国兴衰不仅是过去的历史，也是活生生的现实，并且在未来还会继续上演。

现在的中国正在和平崛起的道路上阔步前行，那么在过往这些大国的兴衰历程中，有哪些经验值得我们借鉴，又有哪些教训需要我们吸取呢？

目 录

第一章

葡萄牙：第一个海洋帝国的诞生

葡萄牙位于伊比利亚半岛西部，东、北接西班牙，西、南临大西洋。

今日的葡萄牙面积不大、人口不多，在偌大的地球村中，它在很多方面看起来似乎都很一般，但这并不能掩盖它曾经的辉煌。巅峰时期的葡萄牙帝国幅员辽阔，其统治的领土地跨欧、美、亚、非四大洲，面积超过千万平方千米。

时间回到1494年，在教皇亚历山大六世的见证下，葡萄牙与西班牙签订了《托尔德西里亚斯条约》。条约规定，在佛得角以西370里格①（西经46度）的地方，从北极到南极划出一条分界线，分界线以东的地区归葡萄牙，以西的地区归西班牙，两国共同垄断欧洲之外的世界。

这条线就是历史上著名的"教皇子午线"，也是全球第一条带有霸权主义性质的分界线。虽然这条分界线现在听起来颇为儿戏，在当时却侧面反映了葡萄牙帝国的强盛。

葡萄牙帝国之所以能崛起，主要是因为大航海时代的来临。大航海时代之前的葡萄牙国力极其贫弱，地盘和现在的葡萄牙相差无几，且以山地和丘陵为主，只有西部小面积的海岸平原适合耕种，因此连粮食也不能自给，可以说是穷困潦倒。

那时的葡萄牙不但贫穷，而且人口不多，只有百余万，是典型的"草根"国家。那为什么葡萄牙能在欧洲突然崛起呢？

答：巨大的历史机遇。

---

① 里格（League），欧洲和拉丁美洲一个古老的长度单位，在英语世界通常定义为3英里（约4.828千米，仅适用于陆地上），或定义为3海里（约5.556千米，仅适用于海上）。

第 *1* 节

弹丸小国的前世今生

在世界历史上，曾诞生过许多影响力极大的宗教，比如基督教、伊斯兰教、佛教等，它们的诞生地大多在中东地区。其中，以基督教和伊斯兰教最具代表性。而这两种宗教，都在葡萄牙历史上占据着重要地位。

基督教在诞生之初，曾受到罗马帝国统治阶级的强烈打压，其创始人耶稣更是被钉死在了十字架上。然而，基督教的生命力实在顽强，光靠政治手段根本无法阻止其传播。最终，基督教还是一路沿着地中海传到了欧洲。甚至到了君士坦丁大帝时期，君士坦丁大帝为了巩固自己的统治，直接宣布基督教为罗马帝国的合法宗教①。自此，基督教逐渐成为欧洲人精神世界的主宰。

公元 7 世纪，同样诞生于中东地区的伊斯兰教开始崛起，并随着信仰伊斯兰教的阿拉伯帝国的扩张在亚非欧大陆传播。阿拉伯帝国先

---

① 313 年，君士坦丁大帝与李锡尼共颁《米兰敕令》，承认基督教的合法地位。

是征服了西亚和北非的埃及，然后沿着地中海南岸一路向西，征服了整个北非，最终将势力范围扩张到了大西洋。

阿拉伯帝国的下一步该往哪里去呢？阿拉伯人站在南面的撒哈拉沙漠与北面的直布罗陀海峡之间，果断地选择了北上——横渡直布罗陀海峡，征服伊比利亚半岛。

阿拉伯人在征服了伊比利亚半岛之后，原本想向北继续扩张，却遭到了来自西欧大陆的强国——法兰克王国的阻挡。在法兰克王国的支持下，伊比利亚半岛上那些不愿接受伊斯兰教的人们开始抵抗，阿拉伯人向北扩张的梦想因此破碎。在随后的 7 个世纪中，信仰基督教的欧洲人和信仰伊斯兰教的阿拉伯人在伊比利亚半岛上展开了漫长的"拉锯战"。最终，阿拉伯人被赶出了半岛，这就是葡萄牙和西班牙两国历史上著名的"收复失地运动"。

在抵抗阿拉伯人入侵的过程中，伊比利亚半岛上诞生了一个新的王国——卡斯蒂利亚王国，即西班牙的前身。而葡萄牙的崛起之路，正和卡斯蒂利亚王国有着密切的关联。

11 世纪末期，卡斯蒂利亚王国收复了葡萄牙北部的部分土地。于是，当时的国王阿方索六世就把这片土地封给了自己的女婿恩里克，即葡萄牙伯爵。

1112 年，恩里克伯爵去世，其子阿丰索·恩里克斯 [②]——3 岁登基，由其母摄政；16 岁亲政，驱逐其母——继承爵位，成为葡萄牙

---

② 本书中，葡萄牙的人名"Afonso"使用中文译名"阿丰索"，西班牙的人名"Alfonso"使用中文译名"阿方索"。

伯爵。

成年后的恩里克斯不愿臣服于卡斯蒂利亚王国，便自称"葡萄牙亲王"。1139 年，恩里克斯称王——史称阿丰索一世，并建立葡萄牙王国（勃艮第王朝）。从此，葡萄牙成为一个独立的王国。

这位年富力强的统治者一边和卡斯蒂利亚王国作战，争取葡萄牙的独立地位，一边继续向伊比利亚半岛南部的穆斯林发起进攻。

在罗马教皇的调解下，卡斯蒂利亚王国与葡萄牙王国签订了《萨莫拉条约》，正式握手言和，并联手同伊比利亚半岛南部的穆斯林作战。

1147 年，葡萄牙攻克里斯本。1249 年，阿丰索三世从穆斯林手中收复了南部的阿尔加维地区，并最终完成了葡萄牙的收复失地运动，正式奠定了如今葡萄牙的疆域。

葡萄牙虽然获得了彻底的独立，但整个国家仍然非常贫穷：要人没人，要钱没钱，就连仅有的疆土，还多半是不适合耕种的山地和丘陵。虽然葡萄牙国王名义上是国王，但和我们传统认知中的君主根本不是一回事。但无论如何，在自己的一亩三分地上，葡萄牙国王总算可以自己做主了。

不过，葡萄牙还要经历一段时间的混乱，其国家的命运才能真正改变。

阿丰索三世的儿子迪尼什是葡萄牙独立之后的第六位国王。迪尼什虽然治国理政的能力平平，却一直自诩风流，喜欢文学，又向往爱情，还留下了一个私生子——阿丰索·桑切斯。

迪尼什的大儿子阿丰索王子也非泛泛之辈，为与异母的弟弟争夺王位继承权，他选择了公开造反，和父亲兵戎相见。双方两败俱伤之下，国王迪尼什不得不将自己的私生子送到卡斯蒂利亚。最后，阿丰索王子顺利登上王位，是为阿丰索四世。

阿丰索四世天生热爱杀伐，继位之后也没闲着，因着女儿的婚事，便向邻居卡斯蒂利亚开了战。

一方面，本就穷困的葡萄牙陷于战事，自然没法发展；另一方面，由于阿丰索四世的精力都用在了打仗上，没时间教育下一代，导致他的儿子佩德罗王子也不让人省心。

佩德罗王子私生活混乱，和情妇伊涅斯生下好几个孩子，甚至为此把身为王妃的合法妻子气死了。除此之外，更让阿丰索四世难以忍受的是，佩德罗王子的这位情妇和被老国王迪尼什送往卡斯蒂利亚的私生子关系匪浅。

愤怒的阿丰索四世联合群臣棒打鸳鸯，并私下处死了伊涅斯。得知伊涅斯惨死，佩德罗王子悲愤欲绝。冲冠一怒为红颜的佩德罗王子愤而起兵，讨伐他的父亲。于是，一场由爱情引发的父子大战拉开了大幕，葡萄牙也因此再次陷入可怕的内乱。

打了一段时间后，双方都颇为疲惫，遂休战和解。不过，佩德罗王子始终没有忘记伊涅斯的惨死，因此在顺利继承王位之后便展开了报复。他疯狂地清算父亲的旧部，残酷地处死了相关大臣——老臣们万万没想到，自己原本只是为了讨好阿丰索四世，却最后落得个身首异处的下场。

除了为伊涅斯报仇外，佩德罗还把她的遗骸搬到了朝堂上，并追封她为王后，他想用这种疯狂的方式来证明自己对她的爱。

佩德罗虽然非常喜欢自己与另一位情妇所生的儿子若奥，但最后还是把王位传给了自己名正言顺的儿子，也就是后来的费尔南多一世。然而，费尔南多一世这个新国王更是穷兵黩武，把原本就贫弱的葡萄牙折腾得摇摇欲坠。

由于费尔南多一世没有子嗣，因此王位在他死后就出现了空缺。于是，王后莱昂诺尔就宣布费尔南多一世唯一的女儿继位为女王，她则为摄政。在王后摄政的过程中，若奥先是趁机收买人心，然后通过政变夺得了王位，成为阿维什王朝的开创者"若奥大帝"。

回顾上面这段历史，我们会发现，其实葡萄牙王国在独立之后，王位的传承一直非常混乱，这也导致整个国家都陷入了一种越乱越穷、越穷越乱的怪圈，根本看不到改变王国命运的迹象。

但世事无常，在历史上，通过强力取得王位的君王往往都是敢想敢干的性格。有时候，他们会把国家搞得更乱，如杨广；但有时候，也可能把国家变得更好，如李世民和朱棣。而若奥大帝就是在强力之下，把国家变得更好的一位君王——葡萄牙世代贫困的命运，在他手中发生了改变。

若奥一世之所以能被葡萄牙人称为大帝，自然有其过人之处。相比之前的国王，他为国家做出了两项非同凡响的贡献。

第一项贡献就是重新制定了葡萄牙的国策。

在若奥一世之前，葡萄牙一直围绕着伊比利亚半岛折腾，可伊比利亚半岛本身面积就不大，且大部分都被旁边的西班牙（卡斯蒂利亚王国时期）占据着，葡萄牙只能被挤在大西洋沿岸的一处狭长地带——在贫穷的弹丸之地，再怎么折腾也无济于事。若奥一世一看，既然各位前辈在陆地上碌碌无为，那么索性就改变国策，朝海洋发展。

茫茫大海自古以来就是困扰欧洲人的天堑，要通过海洋谋求国家发展谈何容易？但对于得位不正的若奥一世来说，再难也要搏一把。

幸运的是，他成功地吹响了大航海时代的前奏，葡萄牙的国运也因此改变。若奥一世之所以能成功，关键在于他对葡萄牙的第二大贡献：生了一个了不起的儿子——鼎鼎大名的亨利王子。而葡萄牙崛起的历史机遇，便源自亨利王子。

在亨利王子横空出世之前，小国寡民的葡萄牙犹如一支平淡无奇的"僵尸股"；而亨利王子的出现，使葡萄牙成了一支独一无二的"妖股"，成功实现了"草根"逆袭。

提起大航海时代，人们总是习惯性地说起达·伽马、麦哲伦、哥伦布等名字。但实际上，亨利王子才是大航海时代的奠基者。虽然就算没有他，大航海时代也会到来，但一定不是现在历史上记载的样子。

亨利王子全名唐·阿丰索·恩里克，生于 1394 年（比郑和年轻 23 岁），是若奥一世的第三子，母亲是个英国人。据葡萄牙历史记载，亨利王子诞生时的星象预示着他"必将进行伟大而高贵的征伐。更为重要的是，他必将发现他人无法看到的神秘的东西"。

第 2 节

亨利王子：大航海时代的奠基人

中世纪时的基督教宣扬上帝神性，并主张人的灵魂才是最重要的，肉体只是灵魂在世间休息的场所，因此禁欲主义一度盛行。那么人们被束缚的欲望该怎么发泄呢？他们要么专注于科学或艺术等专门领域，要么把精力用在探索未知世界和对异教徒的征伐上，亨利王子便是后一种人。

让我们回顾一下伊比利亚半岛上的两个近代国家——葡萄牙和西班牙的历史，就会发现，其早期统治者的权力都是在带领基督徒反抗穆斯林的战争中得到巩固的，且都经历过宗教战争的血与火的考验。因此，不论是从政治层面还是文化层面考虑，其王室成员都要始终坚定自己的基督教信仰，这样才能确保其权力的长期稳定。亨利王子也不例外。

在那个时代，人们证明自己信仰坚定的方式普遍比较狭隘，通常还伴随着对异教徒的仇视。对生活在伊比利亚半岛的基督徒而言，直布罗陀海峡南岸的非洲大陆就是一个异教徒的世界。也正是基于对异教徒的仇视，当葡萄牙开始贩卖被其视为异教徒的奴隶时，亨利王子也没有太多心理负担。

彼时的非洲，北部依然处于阿拉伯人的统治之下，向南则是未知的撒哈拉大沙漠。至于传说中沙漠以南的那个更遥远的绿色世界，葡萄牙人也从没去过。

1415 年，21 岁的亨利王子跟随父亲若奥一世穿越直布罗陀海峡，进攻并占领了位于非洲西北部的要塞休达。亨利王子在战场上冲锋陷阵，表现得英勇无比，赢得了士兵的尊敬和他父亲的欣赏，而这场战争也成了日后葡萄牙向外扩张的开端。

随着大航海的推进，非洲奴隶贸易渐渐变成了野心家们追逐利益的手段。根据资料记载，从 1450 年到 1500 年[①] 的半个世纪，葡萄牙从非洲俘虏了奴隶大约 15 万人，其中主要是青壮年男性。

我们可以粗略地估算一下，葡萄牙在 16 世纪初期的人口大约有 150 万[②]，其中青壮年大约占总人口数量的一半（75 万），而男性青壮年人口大约在 30 万到 40 万之间。也就是说，仅半个世纪的时间，葡萄牙从非洲掳走的男性青壮年就相当于本国男性青壮年人口的一半了，这是一个非常庞大的数字。而这些被当作奴隶掳走的非洲人，最终都变成了葡萄牙的财富。

这些事情还只是发生在大航海初期，那时候只有葡萄牙一个国

---

① 达·伽马第一次从印度回到葡萄牙后不久。

② 此时欧洲人的平均寿命也就 30 来岁。

家在进行殖民掠夺，因此奴隶还不怎么值钱。后期，随着欧洲人对美洲大陆的充分开发，奴隶的价值越来越高。随后，欧洲人开始疯狂地进行奴隶贸易，西班牙、荷兰、英国、法国……早期强国纷纷下场。

虽然奴隶贸易的历史源远流长，并非始自亨利王子时期。然而不管怎么说，虔诚的亨利王子在对异教徒的仇恨心理的驱使下，他的所作所为推动了近代罪恶的奴隶贸易逐渐走向壮大。

作为王室子弟，亨利王子从小就接受了良好的教育。他学过如何管理国家的知识，也懂得历史知识，还精通外交艺术与军事战斗等知识，并都有过实践运用的经历。根据资料记载，亨利王子从小就非常有求知欲，喜欢问"十万个为什么"，他本人常常沉迷于学习，且精于学习，因此很快就成了一个博学多才的青年。

这样一位王子，自然是王位继承人的热门人选。照理来说，他理当娶很多王妃、生一大堆王子，但在现实中，他不仅对国家管理没什么兴趣，甚至连娶妻生子都省了，心甘情愿地独身了一辈子——他既没有出家，也没有修道，而是积极地探索大海。

很多人都想不通亨利王子的选择，但其实换个角度就不难理解了——在那个时代，作为虔诚的基督徒的亨利，学的知识越多，越感到绝望。

首先，黑死病在基督教世界肆虐，夺走了大量基督徒的性命。对于虔诚的基督徒来说，这是极大的痛苦——他们认为，往深了说，这是被神抛弃；往浅了说，这是被神惩罚。但不管怎么说，欧洲人之所以被黑死病缠绕，一定都是因为惹了神不高兴。但为什么会惹神不高兴呢？谁也不知道。

同样致命的是，由于黑死病太过严重，导致基督教信仰的基础发生了动摇，宗教改革的风暴正在酝酿。对于虔诚的基督徒来说，这同样是痛苦的。更让基督徒痛苦的是，东方伊斯兰教世界再次崛起。曾经的阿拉伯帝国让西方基督教世界沉寂了几百年，亨利王子深深地了解基督徒对阿拉伯人的恐惧和恨。可就在这时候，更为强大的奥斯曼帝国出现了。

奥斯曼帝国的崛起再次垄断了东西方的贸易运输线。尤其是地中海到红海之间的贸易咽喉被控制之后，西方的处境更是极其痛苦。最典型的例子就是，自此之后，香料更难进入西方了。

现在看来，胡椒、肉桂、肉蔻、生姜、龙涎香等都是非常普通的农产品。但中世纪的欧洲香料非常稀缺，因为香料大多喜欢温暖、湿润的气候，而西欧国家大多数纬度偏高，处于温带海洋性气候、地中海气候之中，且长时间处于所谓的"小冰河时代"，气温较低、干旱少雨，所以不适合大规模种植香料。

但欧洲人又非常喜欢香料，不仅社会各阶层在日常生活中需要香料，而且权贵之家还喜欢通过香料炫富，将其当作奢侈品收藏。更有甚者，有些国家的统治者还通过香料维护外交关系。不仅如此，香料在中世纪西欧的贸易之中还充当了货币的角色。这种情况其实有点类似现在的房地产——既有居住属性，也有商品属性，还有金融属性。

正常情况下，亚洲的香料首先要到达印度，然后通过三条路到欧洲：北线陆路，从印度途经中亚，到黑海后，通过土耳其海峡到欧洲；中线先从印度洋到波斯湾，再经过叙利亚沙漠，最后到黎凡特③；南线从印度洋到红海，最终从埃及进入地中海地区。最后，这些香料再由威尼斯商人贩卖到西欧各地。

在这个过程中，香料要经过 12 次转手，每次转手后价格都要飙升，到达西欧时已经堪比黄金了。那时候，就连最普通的胡椒也有了"黑色黄金"之称。把这种普通商品炒到天价，会让两种人感到绝望：一种是普通人，因为实在是承受不起；另一种是有情怀、有知识的社会精英，因为他们会觉得社会出了问题。亨利王子就是第二种人。

奥斯曼帝国垄断了东西方的贸易路径，造成能到西方贩卖的货物稀少且价格高昂。尤其是 1453 年奥斯曼帝国攻克君士坦丁堡之后，欧洲相当于处于一种被封锁的状态。黑死病加上被封锁，欧洲陷入前所未有的困境。

此外，那个时代的葡萄牙可以说非常幸运，也非常不幸。幸运之处在于，当年的黑死病并没有吞噬葡萄牙，它由于实在是太小太偏而侥幸逃过一劫；其不幸之处在于，奥斯曼帝国的崛起间接摧毁了葡萄牙的经济。

葡萄牙虽然小国寡民，但对香料也颇为依赖。葡萄牙领土的大部分地区都是山区，粮食不好种，比较依赖渔业。众所周知，鲜鱼

---

③　日出之地，大概指地中海沿岸一带。

难以长久保存，因此难以进行远距离贸易。在那个时代，要想让鱼货产生经济价值，就必须把鲜鱼做成咸鱼。而要腌制咸鱼，就离不开香料。

如果缺乏香料或香料价格太高，就不能腌制咸鱼，渔业资源就无法变现，原本贫弱的葡萄牙就断了经济来源，很多人因此而失业，成为社会不稳定因素。

另一方面，由于葡萄牙环境恶劣，造币的原料基本靠进口，所以在被封锁之后，葡萄牙连货币的成色都下降了，导致假币横行，其信誉也进一步降低。

这种情况让亨利王子非常痛苦。在亨利看来，葡萄牙并不像是被上帝眷顾，更像是处于一种被上帝抛弃的状态，这让他根本没心思去争权夺利。再加上他博学多才，所以对葡萄牙建国之后王室中的那些肮脏往事了如指掌，那些肮脏往事显然不符合基督教教义。身为王室成员，亨利对此怀有罪恶感，也因此不想生儿育女延续王室血脉。

与此同时，亨利王子又想为基督教世界、为葡萄牙做些什么，以帮助世人。那么他能做什么呢？当时已知的欧洲世界正在崩塌，那么剩下的就只有一条路——探索未知世界，打着向异教徒传播基督教的旗号寻找香料和黄金等财富。

对当时的葡萄牙来说，所谓的未知世界，就是沿着大西洋探索撒哈拉以南的、传说中的绿色国家（南非一带）。据说，那里盛产胡椒、黄金、象牙。

　　当亨利王子把自己的想法告诉父亲若奥一世时，两人一拍即合。得位不正的若奥一世之所以被称为若奥大帝，就是因为支持了亨利王子的航海探险，进而改变了葡萄牙的命运。

第 *3* 节
向未知世界进发

在某些时候，探索未知世界是一件非常时髦的事情；但对大航海之前的葡萄牙来说，这就和天方夜谭差不多。因为在那个时候，葡萄牙已知的世界很小，而未知的大洋实在过于辽阔。

亨利王子虽然是一名航海家，却极少亲自出海。大洋波涛汹涌、广袤无边，稍有不慎就会葬身海底，因此航海的本质就是和大自然的战争。

正所谓兵马未动、粮草先行，亨利的工作就是为航海提供技术支持和后勤保障，但其重要性绝不亚于出海。

对于那个时代的葡萄牙来说，航海所需要的支持绝对也是超级工程。

首先，航海需要足够的人才。于是，亨利便创办了一所航海学院，批量培养能够远航的精英水手，进行人才储备。其次，航海需要配套的产业链。比如，需要建立观象台，收集地理、气象、信风、海流、造船、航海等资料；比如，需要绘制更加准确的新地图，改进和制作新的航海仪器……为了准备这些，亨利广发英雄帖，邀请欧洲各国的数学家、地理学家、地图绘制家、天文学家，将他们组成一支崭新的团队，为雄心勃勃的航海大业制定行程方案。

在这些人中，虽然有人是抱着为基督教世界寻找出路的理想而工作，但大部分人都需要葡萄牙政府支付酬劳。这就意味着航海是一项非常耗费金钱的事业，所以必须有高额回报。与之形成对比的是，郑和航海有皇家的资金支持，没有经济方面的压力。但正因为没有经济压力，郑和的航海行动最终没能推动东方地理大发现；而西方的大航海则改变了欧洲的命运。

航海最关键的一步是需要装备，即船只。

当时葡萄牙的装备也就是近海打鱼的小帆船，就是那种长度十来米、挂着一面拉丁三角帆的小船。1418 年，24 岁的亨利王子的第一支远洋探险船队仍非常寒酸：整支船队只有 1 艘船。与其说是外出探险，不如说更像出海打鱼。在那个时代，郑和航海队最大的一条宝船长四十四丈四尺（接近 150 米）、宽十八丈（差不多 60 米）。

但就是那艘可怜的小渔船，开启了大航海时代。它在大西洋中一路南下，被风吹到了马德拉群岛。就这样，葡萄牙发现了马德拉群岛。那里土质肥沃，适合种植小麦和甘蔗，还可以给航海探险提供后勤补给——最关键的是，这简直就是毫不费力就得来的土地！

随后不久，葡萄牙又发现了加那利群岛！

这件事给了亨利王子和葡萄牙全国上下极大的信心，亨利下决心大干一场。他和他的团队通过 20 多年的反复实践，终于把旧船和快帆船合并，制造了卡拉维尔帆船。

卡拉维尔帆船有三根桅，能利用 65 度角以内的风行驶，船体结构更加合理，具备装载大量生活必需品、在海上连续待上数月的优异性能。卡拉维尔帆船让环球航行成为可能。

对欧洲人来说，卡拉维尔帆船绝对是那个时代的神器，是救世主一般的存在。卡拉维尔帆船的出现，让绝望的欧洲人看到改变世界的光，奠定了大航海的基础。

亨利的船队主要分为两个方向：一是继续沿非洲海岸南下，二是向西方的大西洋深处探索。

1427 年，葡萄牙人发现了亚速尔群岛。

1434 年，葡萄牙人绕过了西非的博哈多尔角。

1456 年，葡萄牙人到达了佛得角群岛。

欧洲人终于发现了撒哈拉以南的土地，广袤的非洲大陆成为欧洲人攫取财富的乐园：黄金、象牙、奴隶……这一切，换来了近代欧洲的繁荣。

每一个海岛的出现，都意味着葡萄牙拥有了一大片海洋领域。就这样，弹丸之地葡萄牙以吹气球的方式迅速壮大。要知道，葡萄牙历代国王和邻国打了那么多年，也没能扩张领土，而航海就能轻而易举地增加领土面积，这简直太疯狂了。

1460 年，亨利王子病逝，享年 66 岁。亨利王子在个人层面没有留下任何财产，甚至还有一部分负债，但在国家层面却给葡萄牙和欧洲留下了巨额资产。

亨利的遗产主要有三份。

遗产一：在亨利开启航海之前，葡萄牙是小国寡民的草根王国；

而亨利死时，葡萄牙已经把直布罗陀海峡以南约 3500 千米的海岸线纳入版图。不得不说，那真是欧洲的黄金时代，随便一条船出去，就能占领漫长的海岸线。

遗产二：亨利王子给葡萄牙留下了完整的航海产业链，涵盖造船技术到高水平的水手等，让日后葡萄牙的航海精英和政客们不由自主地走上了航海之路。

遗产三：给了低谷中的葡萄牙甚至整个欧洲的人们一个走向海外的梦想，随后的葡萄牙、西班牙、荷兰、英国、法国都沿着这个梦想走向了各自的巅峰。

亨利王子的一生并不漫长，却深刻地改变了葡萄牙和欧洲。

第*4*节

"好望角之父"的冒险之旅

要在国家层面上完成逆袭，需要好几代人齐心协力。若奥一世死后，他的儿子杜阿尔特继续支持亨利王子的航海事业，并把马德拉群岛五分之一的税收用作亨利王子的航海基金。

杜阿尔特死后，他的儿子阿丰索五世同样继续支持亨利王子的事业。

阿丰索五世的儿子若奥二世即位后，继续把亨利王子的遗产"发扬光大"，强力推广航海探险。在他的任内，葡萄牙的国力终于迎来爆发式增长。

在葡萄牙逆袭的过程中，1488年发现非洲南端的好望角便是里程碑事件。发现好望角，意味着葡萄牙可以通过在大西洋航行，全方位地攫取非洲的资源，同时也意味着葡萄牙找到了通向东方印度的路——这是葡萄牙草根逆袭过程中的关键一步。

要知道，葡萄牙国土就巴掌大的地方，100多万人口。葡萄牙人寻到非洲，就好比穷人发现了金矿。葡萄牙在非洲掠夺的主要是黄金和奴隶。在大航海之前，葡萄牙严重缺乏铸造金币的黄金；到了16世纪初，葡萄牙金币的纯度已经非常之高，而那些黄金都掠夺自非洲。

发现好望角的航海家叫巴尔托洛梅乌·缪·迪亚士（生于1450年），他是大航海时代的四大航海天王之一，另外三个人是达·伽马、哥伦布、麦哲伦。

迪亚士的爷爷叫若昂·迪亚士，是亨利王子手下的一位航海家。他的父亲叫迪尼什·迪亚士，也是亨利王子手下的航海家，曾创下那个时代世界连续航行纪录，并且发现了佛得角。

而迪亚士本人也是亨利王子的忠实粉丝，在亨利王子的感召下献身航海探险事业。

迪亚士出身于一个典型的航海世家。在大航海之前的世家都是政治世家、军事世家或经济世家，航海世家是一个另类。但正是这另类的航海世家，推动了葡萄牙国运的上升。

迪亚士家族的辉煌也侧面印证了亨利王子的历史贡献。其实亨利王子航海探险的理念不仅感召了葡萄牙人参与航海，还感召了很多意大利人，哥伦布就是其中之一。

在迪亚士时代，葡萄牙已经在非洲西边的大西洋沿岸建立了诸多基地，葡萄牙的综合国力也已经大为改观。但葡萄牙要真正的逆天改命，必须打通东方航线垄断东西方的香料贸易。

若奥二世的梦想，就是找到通往印度的路，征服异教徒、传播基督教思想，并同时获取黄金和香料，再垄断海洋贸易。

当时，来自意大利的航海天才哥伦布也在葡萄牙，若奥二世完全可以把自己的梦想托付给哥伦布。但是哥伦布傲慢的性格和精于算计且自大的态度让若奥二世大为光火，于是他拒绝了哥伦布，把这个千斤重担交给了年轻的迪亚士。哥伦布因此最终选择了西班牙，并发现了新大陆，奠定了日后西班牙的海上霸权。

1487年8月，迪亚士带领一支由3艘帆船组成的简陋船队——且其中一艘是补给船，沿着非洲大陆海岸向南航行，试图寻找一条可以绕过非洲大陆到达印度的航线，同时寻找传说中被约翰王①统治的国家。

在迪亚士南下的同时，若奥二世还派出了陆路探险队。在一位叫科维利亚的间谍的带领下，他们伪装成商队成功到达印度。科维利亚的任务是到非洲的基督教国家埃塞俄比亚，为航海家前往东方的航路提供有价值的资料。

欧洲的航海家们要想抵达印度，就必须先绕过非洲，所以第一步就是找到非洲大陆的南端终点。迪亚士带着他那简陋的船队畏畏缩缩地开始了探险之旅，能否达到目的，他自己心里也没底。毕竟葡萄牙的航海事业都搞了半个世纪了，还没有把非洲大陆的海岸线搞明白。至于迪亚士那些随从和水手们，心里就更没底了。毕竟，大家出海也只不过是为了挣钱。

简陋的船队沿着非洲海岸线在大西洋航行。走过很长一段路之后，海岸线变得越来越模糊。迪亚士兴奋了起来，把补给船上的物资

① 中世纪后期西方基督教徒所相信的传说中的人物，谓东方异教世界有一信仰基督教的约翰王。这在欧洲一度引起极大轰动，出现了用各种语言创作的故事、诗歌、格言和谚语。

集中到另外两艘快船上，然后扔掉补给船，全速前进。他们轻装前行，想快速到达非洲大陆的南端。然而他们很快便陷入困境：碰到了超级大风暴！咆哮的滔天巨浪迎面扑来，让探险队看起来如此渺小。

情况非常严峻，弄不好就会出师未捷身先死，丧生海底喂鱼鳖。危机之中，迪亚士仍然想着东方的黄金和香料，这让他有足够的力量坚持下去。经过十天的搏斗，迪亚士一行人终于死里逃生。

狰狞的大海又恢复了平静。迪亚士用祖宗留下的和自己的智慧进行判断：既然向南看不见海岸线，那么自己很可能已经到达非洲大陆的南端。于是，他们先向东航行几天，无法看见海岸线；又往北航行，终于重新看见了非洲大陆！

他们成功了！

只要继续向东，他们就能进入印度洋，抵达神秘的东方！然而，迪亚士的随从们已经疲惫不堪，拒绝继续向前。心有不甘的迪亚士在非洲大陆最南端的一个崖石上刻上了国王若奥二世的名字，用来纪念此次探险，随后便掉头返回葡萄牙。迪亚士把自己遇见暴风的地方取名为暴风角。

若奥二世对迪亚士的发现非常高兴，但又觉得"暴风角"不太吉利，于是改名为"好望角"，意为只要绕过这个海角，就有希望抵达梦想中的东方。

发现好望角奠定了大航海时代迪亚士航海天王的地位。有了好望角，西方人就可以沿着大西洋在欧洲和亚洲之间畅通无阻地航行。

按道理说，迪亚士年纪轻轻就有如此成绩，接下来前途肯定一片光明。只要国王再让他去寻找印度，那么迪亚士家族就会成为大航海历史上的第一世家——然而，发现好望角，就耗尽了迪亚士一生的气运。

支持迪亚士的若奥二世陷入了一个政治泥潭。首先，若奥二世钦定的继承人意外身亡；其次，若奥二世陷入了和葡萄牙权贵的内斗内耗中，在和西班牙签订了那条幼稚而霸气的瓜分世界的教皇子午线（1494 年）之后，若奥二世刚想再次大展拳脚，便英年早逝了，年仅40 岁。

若奥二世死后，葡萄牙王位落到了他的堂弟兼小舅子——曼努埃尔一世头上。曼努埃尔一世的父亲是国王杜阿尔特的儿子、若奥一世的孙子，他的母亲是国王若奥一世的孙女。也就是说，曼努埃尔一世的父母是堂兄妹，属于近亲结婚，而他的姐姐嫁给了若奥二世，也是堂兄妹结婚；他的哥哥则在反对若奥二世的过程中被杀。

实际上，若奥二世并不想把王位传给原为政敌的曼努埃尔一世，只是死前没能控制住局面。由于若奥二世和曼努埃尔一世是政敌，所以若奥二世眼中的红人迪亚士也因为政治斗争而被冷落了。

曼努埃尔一世此时面临的局面，是赶紧找到通往印度的路。因为哥伦布发现新大陆之后，西班牙帝国大有后来居上的势头。原本迪亚士是最合适的人选，奈何他是若奥二世的亲信。于是，曼努埃尔一世就把重担交给了更为年轻的达·伽马。

在达·伽马率领新的印度洋远征舰队起航时，曼努埃尔一世让迪亚士率领一支小船队为达·伽马护航，一直到西非。几年过后的 1500年，一代航海天才迪亚士因曼努埃尔一世的冷落，在郁郁不得志中，伴随着风暴葬身大海。

对于一个志在航海探险，且一辈子都在和海洋打交道的人来说，葬身大海并非不可接受的结局。然而，出师未捷身先死，长使英雄泪满襟。迪亚士改变了葡萄牙和欧洲，却因为政治斗争而没能施展全部的才华和抱负，可谓抱憾而终。

迪亚士是一个值得钦佩的人。葡萄牙和欧洲的命运，也正是因为这样一代又一代人的冒险献身而改变的。

相比迪亚士，达·伽马除了更年轻之外，也更为冷酷务实、精明狡猾且粗暴。

第5节
通往印度之路

达·伽马对葡萄牙有多重要？先看一个事实：葡萄牙的国庆日是6月10日，这个日期是为了纪念1580年6月10日去世的葡萄牙诗人路易斯·德·卡蒙斯，他是葡萄牙文学史上重要的诗人，其最著名的作品是《卢济塔尼亚人之歌》——这是一部以达·伽马远航印度为主线的作品。

历史上的达·伽马出身低微，就连出生年月都难以确定，只知道大约是1469年。

根据现有资料显示，达·伽马的父亲是若奥二世时代不知名的航海探险家。达·伽马的兄长保罗·达·伽马也算航海精英，他总是喜欢夸夸其谈，很会包装自己，这使得曼努埃尔一世最初还想让保罗当领头人。但当计划要实施时，保罗非常心虚，表示自己身体不行。但同时，他向国王推荐了弟弟达·伽马，理由是达·伽马是"单身汉，足够成熟坚强，能够承受此种远航的艰辛"。

如此不起眼的达·伽马兄弟，为什么能进入国王的视野？因为当时葡萄牙的内斗还比较严重，很多贵族并不支持曼努埃尔一世，但工商业阶层和小贵族们还想继续航海探险，拓展海外贸易。因此，曼努埃尔一世便选择从普通阶层中寻找航海精英，达·伽马由此登上了历史舞台。

当时的达·伽马已经年近 30 岁，却因为家庭条件实在是贫困，且本人性格不好，所以还没成家。他的哥哥把他推荐给国王那会儿，他正因寻衅滋事而被起诉。如果不是赶上了航海的机会，达·伽马的一生可能会孤独地走向死亡。

按今天的说法，达·伽马绝对是一个充满负能量的人。但他也有独特的优点，那就是性格坚韧、务实，且心思极其缜密。简而言之，达·伽马是一个出身一般、能力超强，但心狠手辣的人，这种人非常适合去探险，甚至可以说就是为航海而生。

1497 年 7 月 8 日，达·伽马带着一支只有 4 艘船只的舰队——其中两艘克拉克帆船为旗舰，一艘卡拉维尔帆船做替补，外加一艘 200 吨位的补给船，第一次踏上前往印度之旅，他哥哥保罗也在其中。

克拉克帆船是由迪亚士亲自主持建造的，对比之前的卡拉维尔帆船，它更为坚固，能够装载更多补给。不仅如此，船上还配备了火炮、射石炮和火药。虽然它和半个世纪之前郑和船队的旗舰没法比，但对付原始落后的非洲、南亚和东南亚地方势力，还是绰绰有余。

这支队伍规模不大，但比较精悍，成员包括高薪招募的顶级的领航员、水手、操作火炮和后装回旋炮的炮手，配置了高水平的木匠、裁缝、乐手等。船上的苦力工作者则是从监狱里招募的囚犯，他们平时可以负责起锚起帆、抽干仓底污水等活计，登岸后可以客串"敢死队"的角色。

达·伽马带着这支队伍，用四个多月的时间走完了迪亚士发现好望角的行程，并且在那年圣诞节之前通过了好望角的暴风。但水手们这时也纷纷打退堂鼓，想要返航。这个时候，达·伽马坚定的意志发挥了作用——他执意向前，不到印度誓不罢休。

在船队绕过好望角之后，最大的麻烦就在于如何与当地人打交道。1498 年初，达·伽马的船队抵达东非一带，那里主要是穆斯林的势力范围。几百年以来，穆斯林和基督徒相互视对方为异教徒，彼此仇恨，还几度开战。

1498 年 4 月，达·伽马到达了最早由阿拉伯人建立的东非最大的港口、肯尼亚的蒙巴萨城。他很快感受到了敌意。

对于欧洲的基督徒来说，正是因为穆斯林卡住了贸易的咽喉，才导致他们连最爱的香料都享受不到，所以才被迫去航海探险。对葡萄牙的基督徒来说，因为曾经被穆斯林占领并统治过，所以他们看穆斯林尤其不顺眼。而且他们要打通东方的贸易线，就免不了要和穆斯林干仗。

达·伽马脾气火爆，然而现实告诉他：不能冲动，毕竟双方实力悬殊。在达·伽马的性格特征中，坚韧排第一，这一路就是依靠他的韧性坚持下来的；其次则是精明务实。

冷静下来的达·伽马充分发挥了其精明务实的风格。达·伽马知道，对方也不是铁板一块，一定有破绽。他的判断很正确，当时非洲东海岸的穆斯林正处于一种破碎的政治生态中。

达·伽马继续向北航行，寻找机遇，并于当年 4 月中旬抵达了一个叫马林迪的城市。虽然马林迪也是被穆斯林统治的，但马林迪的统治者和蒙巴萨的统治者是死对头。敌人的敌人就是朋友，马林迪的统治者因此对达·伽马等人表示了友好。达·伽马立刻抓住机会，开始玩起了合纵连横的游戏。

马林迪的统治者给达·伽马送上了两份大礼。

礼物一，允许达·伽马在马林迪建立用于贸易和支持航海的小型要塞，让葡萄牙在东非有了一个立足点。

礼物二，给了达·伽马一个叫马吉德的资深阿拉伯领航员，他熟悉印度到非洲的航海路径，随即直接把达·伽马带到了印度。

1498 年 5 月 20 日，达·伽马顺利抵达印度西南海岸最大的港口城市卡利卡特（郑和也到过那里）。

他成功了！达·伽马成了欧洲历史上第一个通过大洋航海抵达印度的人，欧洲人被卡脖子的历史即将结束。禁锢欧洲人千百年的大洋成了欧洲人通往世界的大动脉，这是天翻地覆的历史性变革，直接让欧洲完成了华丽的转身。

第 6 节

误打误撞成就的新传奇

达·伽马在印度的经历颇有戏剧性。那时的印度邦国林立，卡利卡特的居民和国王都信奉印度教，不像穆斯林那样排斥葡萄牙人。但这并不表示达·伽马能一切顺利，因为卡利卡特的贸易被穆斯林垄断了。

穆斯林商人为打击对手，挑拨卡利卡特国王萨默林和达·伽马的关系。双方虽然闹得不愉快，但并没有大打出手。这一方面是因为达·伽马人手不足，另一方面是萨默林也不想闹得太僵。

而结果就是，达·伽马在卡利卡特虽然没有搞成贸易，但也不能空手返航。于是，达·伽马再次发挥精明务实的特征，到卡利卡特的竞争对手坎纳诺尔那里进行了一系列贸易，购买了一些干姜、花椒、大料、木香、肉蔻、肉桂等现在看来并不起眼的香料，然后再返回葡萄牙。这些香料虽不起眼，但这意味着欧洲人第一次把东方的香料从海洋运回西方。

达·伽马在返航途中遭到了疾病的侵袭，包括他哥哥保罗在内的很多水手都丢了命。但万幸的是，达·伽马的身体素质足够强悍，最终顺利回到了葡萄牙。

1499 年 9 月 9 日，达·伽马回到里斯本。尽管船只只剩下两条，水手只剩下一半，但达·伽马带回香料的价值仍然是此次航海成本的 60 倍。两年多一点的时间，60 倍收益，这是达·伽马第一次抵达印度所取得的成绩。

整个葡萄牙沸腾了，整个欧洲沸腾了！但这些收益对葡萄牙和欧洲来说，只是打通东西方航道所获得的一点小钱而已。由于东方的诱惑实在太大，国王曼努埃尔一世为了展示自己的野心，干脆把自己的封号改为"埃塞俄比亚、印度、阿拉伯、波斯的征服、航海、通商之王"，随即组织了第二次前往印度的远航。

1500 年 3 月 9 日，在达·伽马回到里斯本仅半年之后，葡萄牙就派出了一支史无前例的舰队，包括 13 艘船和 1200 人，人数大约占当时葡萄牙总人口的 1‰。这支船队的规模和郑和的舰队仍然没法比，但已经算规模空前了。而且对比郑和不以经济利益为目标的远航，葡萄牙人目标明确，不仅要经济获利，还要控制东西方的贸易霸权。

客观来说，葡萄牙在船只的性能、舰队规模层面比不上大明王朝，但思维上领先了。正是这种思维上的不同，导致西方在近代开始崛起，而东方逐渐走向衰弱。

这次，国王选择了毫无航海经验的贵族佩德罗·卡布拉尔作为此行的总指挥，让迪亚士和达·伽马分别做单舰的舰长，其目的是征服印度、传播基督教。

国王为何会如此安排？因为国王之前的航海行动不受大贵族支

持，但达·伽马成功抵达印度之后，巨大的利益让大贵族们口水直流，彻底加入了大航海的洪流。由于他们的势力很大，国王也不得不妥协，把总指挥的权力交给了贵族代表卡布拉尔。

在航行途中，达·伽马建议卡布拉尔绕过好望角，因为那里风暴太大。卡布拉尔接受了建议，但由于他没有航海经验，导致绕的圈子太大，直接绕到了南美大陆东部隆起的地方。于是，巴西就这么被葡萄牙发现了（1500 年 4 月 22 日）。

哥伦布前后 4 次抵达美洲，愣是没有发现巴西，卡布拉尔却捡了个大便宜。葡萄牙顺便宣布巴西是自己的领土。葡萄牙本土的面积仅 9.2 万多平方千米，巴西则有 850 万多平方千米。这次的误打误撞，直接让葡萄牙变成了领土上的巨无霸。从此，葡萄牙便再也不是蕞尔小国，而逐渐成为历史上排得上号的大国。

卡布拉尔成了著名航海家，名字被载入历史。然而，历史地位不能遮盖他没有航海经验的事实。舰队从美洲转回来的途中又跑到了好望角附近，遇见了罕见的大风暴。舰队有 4 艘船被风暴毁掉并且打翻，相关人员全部遇难，其中就包括著名航海家迪亚士。

绕了那么一大圈，迪亚士还是葬身好望角附近，也许这就是天意吧——上天让他在临死之前去了趟美洲大陆，却没有让他抵达东方。

再次抵达印度的卡利卡特之后，葡萄牙人露出了獠牙。他们的目标本来是征服印度，在损失了那么多船之后，他们已经不可能完成目标了。

印度人不与他们合作，卡布拉尔便让人去谈判，结果又因遭遇围攻而损失了 50 多人，现在已经不可能发起有效进攻了。于是卡布拉尔一不做二不休，决定展开报复。

首先，葡萄牙人直接炮轰卡利卡特城，从凌晨一直打到深夜。其次，葡萄牙人以牙还牙，洗劫在港口内的商船，杀害了无辜船民600人。最后，葡萄牙人和卡利卡特的对手结盟。卡布拉尔带着舰队向南航行，来到与卡利卡特有竞争关系的港口城市科钦。那是一个优良的港口，葡萄牙人在那里采购了一大堆香料。与此同时，科钦南部的奎隆也因为和卡利卡特的竞争关系而倒向了葡萄牙人。

如此一来，葡萄牙在印度就有了奎隆、科钦和坎纳诺尔三个贸易点，这对葡萄牙来说也是一笔价值连城的无形资产，意味着阿拉伯人和威尼斯人对香料的贸易垄断局面被打破。

1501年夏季，卡布拉尔一行回到了葡萄牙。在这次航海中，他们没能完成征服印度的使命，舰队船只和人员都损失了一半，甚至获利也仅是成本的两倍，远比不上达·伽马的60倍收益。但是，仅发现巴西这一项，便算是"功在千秋"了。

虽然意外地发现了巴西，但经过一番权衡之后，国王曼努埃尔一世及其他贵族们都不得不承认：航海这种走在时代前沿的工作不适合贵族，专业的工作还是要给专业的人去做。为了取得更大的成果和赚更多钱，曼努埃尔一世把垄断东方贸易路线的事业交给了达·伽马。

第7节

帝国巅峰

1502 年 2 月，达·伽马再度率领船队，开始了他的第二次印度探险，目的是建立葡萄牙在印度洋上的海上霸权。

这次，达·伽马率领的新舰队的船只数量达到了前所未有的 23 艘。他不再顾虑重重，看到不顺眼的目标就开炮。比如，他路过东非的另一个名城基尔瓦①时，就想到掠夺此地的黄金和象牙，甚至还用坑蒙拐骗的方式把埃米尔②扣押到船上，威胁其向葡萄牙国王进贡。

当达·伽马再次到达卡利卡特时，一言不合就劫掠穆斯林商船。为了利益，达·伽马击溃阿拉伯人的船队、驱逐印度半岛的阿拉伯商人，一番折腾之下，穆斯林商人在印度的势力逐渐衰弱，葡萄牙人成为香料的大买家。

1503 年，达·伽马从印度满载而归。香料、黄金、丝绸、宝石等

---

① 坦桑尼亚南部港口，著名古城。
② 伊斯兰教国家统治者、王公、军事长官的一种称号。

货物所产生的直接利润，再次让葡萄牙甚至整个欧洲沸腾。

曼努埃尔一世给予达·伽马巨额赏赐。在十多年后的1519年，曼努埃尔一世直接签署了一项皇家法令，封达·伽马为维迪格拉伯爵，让达·伽马成为葡萄牙第一个没有王室血统的贵族。这个赏赐让达·伽马及其子孙获得了很多特权，但比起达·伽马的贡献，这点赏赐也不算什么。

达·伽马虽然粗暴野蛮，但精明强悍。他并没有满足于直接贸易所带来的利润，而是更为深谋远虑，替国王完成了垄断东西方贸易的梦想。

达·伽马在红海沿岸建立了据点，封锁了穆斯林商船进入印度洋的路线。在达·伽马奠定的基础上，葡萄牙人从1507年到1511年，占据了红海口的索科特拉岛，牢牢控制了红海贸易线；1510年，占领印度西海岸的果阿，作为葡萄牙经略南亚的主要基地；1511年，葡萄牙占领马来半岛南部的马六甲，扼住了通往东南亚的交通命脉；1514年，占据了波斯湾入口处的霍尔木兹，狠狠地牵制了波斯湾贸易线。后期的葡萄牙甚至把手伸向东亚，占领了中国澳门——直到1999年，澳门才回归中国。

葡萄牙人不仅独享香料贸易，还建立了贸易霸权，多少代葡萄牙国王的美梦就此实现！

葡萄牙在印度洋卡住了中东海洋贸易的喉咙，建立起欧洲人的海洋贸易霸权，而且这种霸权前后持续了几百年，让欧洲人享受了巨大的红利。因此，达·伽马在欧洲的地位也非常高。

走上巅峰的葡萄牙再也不是伊比利亚半岛上那个弹丸小国，而是地跨欧洲、非洲、亚洲和美洲的超级大帝国。葡萄牙扼守着世界主要贸易运输路线，太阳甚至不会从其国土上落下，堪称第一代"日不落帝国"。

晚年的达·伽马就是葡萄牙帝国到达巅峰的象征。

1521 年，给达·伽马封爵两年后，曼努埃尔一世心满意足地去世了，他的儿子若奥三世登基。新国王需要借助达·伽马的威望稳固统治，便于 1524 年任命达·伽马为葡萄牙驻印度总督，重新起用他经略东方。

老骥伏枥，志在千里；烈士暮年，壮心不已。当时的达·伽马已经 55 岁，到了人生的暮年，但他还是强打精神，于 1524 年 4 月以葡属印度总督的身份，第三次前往印度。然而，这位改变了葡萄牙和欧洲命运的航海家已是风烛残年，他的生命之火已经是"风前烛、雨里灯"，随时可能熄灭。达·伽马于 1524 年 9 月到达果阿，不久就染了病；同年 12 月，达·伽马在科钦逝世。

印度，也就是那个达·伽马人生巅峰的证明地，他最后长眠于此，正如迪亚士葬身于好望角附近的风暴一样，都是天意。达·伽马这个出身平凡的人，最终凭借自己的努力和那个时代的红利而完成了人生的蜕变，他的命运也和葡萄牙的命运完全契合。

如果要通过一个个体的命运来诠释葡萄牙帝国的命运，那一定是达·伽马。在人类历史的长河中，很少有个人的命运如达·伽马这般，与其国家的命运如此重合。

第 *8* 节

辉煌落幕

水满则溢，月盈则亏。葡萄牙帝国达到巅峰之后，便不可避免地走向了衰落。复盘一下葡萄牙帝国的命运轨迹，主要有三个关键点。

第一个关键点：亨利王子为葡萄牙的航海事业奠定基础。

第二个关键点：迪亚士发现好望角。

第三个关键点：达·伽马抵达印度。

葡萄牙国运的爆发源自海洋，衰落也源自海洋——因为欧洲不是只有葡萄牙一个国家试图通过海洋攫取财富，其他的竞争者后来居上，让葡萄牙湮没在了历史的尘埃中。

首先是西班牙，其对葡萄牙有着天然的优势。其次是荷兰，抢占了葡萄牙在东南亚的势力范围。再次是法国，在非洲挖了葡萄牙的墙脚。最后是英国，最终制霸南亚，让葡萄牙在印度的影响力一落千丈。这些惊心动魄的场面会在后续的篇幅中呈现。

葡萄牙帝国衰落的根源，首先在其自身。

1505 年，在达·伽马第二次从印度返回里斯本的两年之后，葡萄牙往印度派了第一任驻印度总督。在跟随总督的远征队中，有一位叫斐迪南·麦哲伦的年轻人，他于 1480 年出生于玻尔图的一个没落骑士之家。

麦哲伦 10 岁那年就被父亲送进王宫服役，后来担任过王后的侍童。麦哲伦是听着迪亚士、达·伽马等航海"大咖"的故事长大的，所以在他成年之后便进入了葡萄牙国家航海事务所。

按照很多现代人的观点，麦哲伦完全可以依靠那份工作安稳地度过一生。但他不甘于平凡的生活，他的梦想是浩瀚的海洋，所以他选择了去东方。

到达印度后的麦哲伦非常积极，跟随组织在印度和马六甲等地探险，并积累了丰富的航海经验。麦哲伦的经验越来越多，离自己的人生梦想越来越近。

1513 年，33 岁的麦哲伦认为自己已经准备好了。于是，他回到葡萄牙，向曼努埃尔一世申请，打算组织一次环球航行。那是一个非常大胆的想法，因为在已知的人类历史上，还没有人进行过环球航行。

但曼努埃尔一世已经老了，早已没有年轻时的锐意进取。他拒绝了麦哲伦的请求，于是像他父亲若奥二世失去哥伦布一样失去了麦哲伦。失望的麦哲伦离开葡萄牙，像哥伦布一样去了西班牙。在塞尔维亚，西班牙的总督非常欣赏麦哲伦的勇气和才华，不但将女儿嫁给了他，还引荐他去见了西班牙国王。

那时的西班牙国王是查理五世①，也是一位雄才大略的君主。查理五世渴望寻找一位伟大的航海家，帮助西班牙帝国和葡萄牙帝国进行全球博弈，于是全力支持麦哲伦的计划。

1519 年，也就是曼努埃尔一世给达·伽马封爵的那年，麦哲伦开始了一段属于他的航海神话——麦哲伦环球航行。

麦哲伦的船队一共有 5 艘船，随行船员达 265 人。这个待遇已经超过了当时发现好望角的迪亚士和抵达印度的达·伽马。他们从塞维利亚港出发，首先用了大约 70 天的时间横渡大西洋，抵达了巴西里约热内卢。

经过一番动荡与修整之后，麦哲伦船队重新启程，继续在大西洋中沿着美洲大陆航行。最终船队在美洲大陆的南端发现了一个奇怪的海峡。那海峡时宽时窄，曲曲折折，两岸山峰在云与海之间显得奇幻莫测，两岸土著居民的篝火却把夜晚照得通明，星星点点，好像火地一般。于是，麦哲伦就把那里取名为火地岛。

出了那个海峡，麦哲伦船队便离开了大西洋。那是一片风平浪静、浩瀚无际的海洋，于是麦哲伦将其命名为"太平洋"。后人为纪念麦哲伦的贡献，就把连接大西洋和太平洋的海峡取名为麦哲伦海峡。

麦哲伦在前不见岛屿、后不见陆地的太平洋上航行了 100 多天，初步判断太平洋是一个比大西洋更为广阔的大洋，从而填补了人类在

① 他既是西班牙国王（1516—1556 年在位），同时也是神圣罗马帝国皇帝（1519—1556 年在位）。

大洋探索方面的空白。不仅如此，他们还增加了天文知识，比如在航海中发现了大小麦哲伦星云和南十字座。

直到 1521 年初，麦哲伦船队才进入亚洲。就在麦哲伦以为自己的人生会因此抵达顶峰时，死神却朝他露出了狰狞的面孔。

1521 年 4 月 27 日夜，麦哲伦在前往菲律宾的途中，因和海岛上的土著居民发生冲突而死于人生巅峰的前夜。最后，由他的同事们帮助他完成了环球探索的遗愿。

环球航行大幅扩充了西班牙帝国在太平洋沿岸的势力，加速了西班牙帝国的崛起，并且为葡萄牙帝国的衰落埋下伏笔。

第二章

西班牙：在黑暗中涅槃重生

地处伊比利亚半岛的西班牙，作为衔接欧洲和非洲且拥有漫长海岸线的国家，先天地缘位置极佳。除此之外，西班牙还是欧洲国土面积第四和人口数量第六的国家。

然而，拥有如此得天独厚的地缘位置、如此辽阔的领土，以及这么多人口的西班牙，如今却并没有与之相配的影响力——不要说全球，单就欧洲而言，俄罗斯、英国、法国、德国，甚至连意大利的影响力都强过西班牙。

西班牙的影响力为何衰弱至此？究其原因，在于西班牙的经济影响力实在一般。

首先，西班牙的人均 GDP 大约为 3 万美元，属于中等发达国家，远不及其在地缘、领土和人口等方面的排名。

其次，西班牙的支柱产业是旅游业、农业和制造业，缺乏真正意义上的高科技产业，且自主的大牌制造业品牌较少，主要是给其他大国做产业配套，因此缺乏国际影响力。加之目前，西班牙国民的性格比较平和，因此今天的西班牙很难让人将其与那个曾经不可一世的帝国联系起来。

那么，曾经辉煌的西班牙帝国是凭借什么而崛起的呢？答案只有三个字：大航海。

大航海的时代红利让葡萄牙得以实现草根逆袭，但最终，还是西班牙吃掉了大航海给欧洲带来的巨型蛋糕上最大的一块。

如果说葡萄牙帝国是草根逆袭，那么西班牙帝国就是奴隶涅槃。大航海之前，西班牙的处境其实远比葡萄牙凄惨。除了具备葡萄牙的全部惨状外，西班牙还多出了两个：其一，中世纪的黑死病并未直接损害葡萄牙，却让西班牙伤筋动骨；其二，西班牙在伊比利亚半岛所占的面积更大，因此受异教徒影响的时间更长，反抗异教徒的战争所持续的时间也更长，战争对其所产生的破坏更大，人民在精神上遭受的痛苦也更大。

第 *1* 节

欧洲的两大噩梦

欧洲的噩梦有两个：一为黑死病，二为异教徒。黑死病攻击的是欧洲人的躯体，异教徒攻击的则是欧洲人的思想。

黑死病堪称欧洲历史上最致命的瘟疫。患有黑死病的人，身上会出现许多血点，这些血点会在之后演变成黑斑，然后患者会在短期内死亡，这也是"黑死病"这个名字的由来。

黑死病其实是一种鼠疫，即由鼠疫杆菌引起的自然疫源性传染疾病。这种传染病主要分为腺鼠疫、肺鼠疫和败血型鼠疫 3 种类型。

那场遍布欧洲大陆的黑死病改变了欧洲基督教文明圈的历史走向。根据资料记载，黑死病是从中亚传播到黑海，然后从那里传入地跨黑海和地中海的东罗马帝国的。

原本风雨飘摇的东罗马帝国在被黑死病折腾了一番后，变得摇摇欲坠。奥斯曼帝国瞅准时机，将其灭亡（1453 年），并从此扼住了欧洲人的喉咙。随后，黑死病又从东罗马帝国传至地中海，并沿着地中海北岸继续在欧洲大地上肆虐。

当黑死病传到意大利半岛时，大量病人的死亡动摇了天主教的统治基础。于是，文艺复兴开始在意大利的土壤发芽，达·芬奇、拉斐尔、米开朗琪罗随之崛起。与此同时，达·芬奇的老乡哥伦布也在文艺复兴新思潮的影响下开始相信地球是圆的，并为日后发现新大陆奠定了思想基础。

在伊比利亚半岛上，虽然黑死病并未直接杀伤葡萄牙，却起到了让心怀天下的亨利王子开始潜心航海大业的作用，并推动了葡萄牙和西班牙的崛起。而后，黑死病又传到了欧洲大陆和英伦三岛，间接推动了当地的宗教改革，而宗教改革又导致了西班牙帝国最终的衰落以及荷兰与英国的崛起。

如果再把历史维度拉长，就会发现鼠疫对中东和欧洲的历史实在是影响深远。时间回到 541 年，逐渐老去的东罗马帝国迎来另一位雄才大略的皇帝——查士丁尼大帝。查士丁尼大帝一生南征北战，眼看就要带领帝国走向中兴，结果一场鼠疫从天而降，从地中海东南角的埃及开罗，到东北角的帝国首都君士坦丁堡，都被笼罩在极其惨烈的死亡阴影中。

这场可怕的瘟疫断断续续地持续了相当长的一段时间，让东罗马帝国的中兴大业不得不戛然而止，也让雄心勃勃的查士丁尼大帝心灰意冷。与此同时，位于东罗马帝国东方边境之外的阿拉伯半岛上，则诞生了一个后来改变了历史进程的人物——伊斯兰教的创始人穆罕默德（约 570—632 年）。

在欧洲世界备受鼠疫摧残的时期，穆罕默德创建了伊斯兰教，并带领穆斯林征伐四方，极大地压缩了东罗马帝国和基督教的势力范围。穆罕默德去世之后，他的继承者们沿着地中海南岸开疆扩土，最终横渡直布罗陀海峡，将地中海西岸的伊比利亚半岛纳入了帝国版图。

对于伊比利亚半岛的基督徒来说，陷入穆斯林的殖民统治之中，无异于是一种极大的痛苦。

由于地理位置和非洲较为接近，伊比利亚半岛很早就有人类活动的痕迹，如今的巴斯克人的祖先是目前能追溯到的最早的生活在伊比利亚半岛的一批人。受极佳的地缘位置所累，历史上的伊比利亚半岛总是频频遭遇外来入侵者，凯尔特人、腓尼基人、希腊人、迦太基人、罗马人、西哥特人等都曾在伊比利亚半岛的历史上留下痕迹。其中，影响最大的当属罗马人和西哥特人。

罗马人将西班牙变成了帝国的一个行省，并在中后期将基督教定为国教。而西班牙地处欧洲边缘，起初并不信仰基督教。在罗马帝国崩溃之后，西哥特人入侵西班牙并创建了西哥特王国，同时为西班牙带来了基督教——从那时开始，基督教开始占据西班牙人的精神世界。

如果说过去的外来入侵者只是在现实中进行权力更迭，那么一旦社会群体皈依某种信仰，其精神世界便很难改变了。人类的历史反复证明，征服一个社会群体纵然不易，但征服一个群体的精神世界更难，而征服一个已经拥有共同信仰的社会群体的精神世界，则是难上加难。蒙古人所向披靡，建立庞大如斯的蒙古帝国，最终却没能完成帝国在信仰层面的统一。

因此，西班牙人在信奉基督教之后，又被信奉伊斯兰教的阿拉伯人征服，是他们最为刻骨铭心的噩梦。

　　作为征服者的阿拉伯人当然没工夫理会西班牙人的感受——他们的当务之急，是通过伊比利亚半岛进入欧洲大陆，进而征服整个欧洲大陆，再把自己的信仰传播到全世界。然而，他们这个宏伟的梦想最终还是没有实现。

第 2 节

权力博弈与一个王国的诞生

在 722 年的科瓦东加战役中，穆斯林军队遭遇惨败，他们征服欧洲的梦想也随之化为泡影。从那时起，伊比利亚半岛的基督徒便开始在法国的支持下拉开了反抗的序幕——而所谓反抗的序幕，就是反抗者点燃了一点星星之火，且以缓慢的速度开始燎原。

科瓦东加战役的英雄佩拉约死后，他的女婿坎塔布里亚公爵之子阿方索一世被选为首领，后来西班牙和葡萄牙的阿方索（阿丰索）系国王都源自这一脉。阿方索一世创立了一个名为阿斯图里亚斯的基督教王国，作为伊比利亚半岛第一个反抗穆斯林的堡垒。

随后，这个阿斯图里亚斯王国分裂为莱昂和卡斯蒂利亚两个王国，再加上法兰克人在驱逐阿拉伯人的过程中建立的阿拉贡王国①，这三个王国都属于如今的西班牙的前身，且均分别以自己的方式抵抗着阿拉伯人。

---

① 历史上一个统治伊比利亚半岛东北部阿拉贡地区的封建王国。

三个王国都想吞并对方，但又都吞并不了，因此彼此之间只能既战争又合作，还经常通婚，最终融合成了西班牙王国。

1037 年，卡斯蒂利亚国王斐迪南一世吞并莱昂王国。再往后，莱昂王国再次独立，随后又遭吞并。如此反复几次后，卡斯蒂利亚王国终于彻底融合了莱昂王国，成为伊比利亚半岛最大的王国，奠定了如今西班牙北部靠近大西洋一侧的领土的基础。

阿方索六世是斐迪南一世的儿子。前文提到，正是阿方索六世将大西洋沿岸新收复的一块领土赐予了自己的女婿恩里克作为封地。恩里克死后，他的儿子寻求独立，从而奠定了葡萄牙的根基，并最终促成了葡萄牙王室的诞生。从某种意义上来说，葡萄牙王室脱胎于属于西班牙前身的卡斯蒂利亚王室。也正因这层血缘关系，西班牙和葡萄牙彼此算计、互相征伐，都想通过血缘关系吞并对方。不过，最后还是西班牙棋高一着，吞并了葡萄牙一段时间，并令巅峰时期的葡萄牙帝国逐渐走向了衰落。

那个时代的欧洲王室联姻成风，他们以爱情、信仰、家族荣耀这些高贵的名义通婚，其本质则都是利益和算计，想通过婚姻吞并对方的领土和财富。1383 年，卡斯蒂利亚国王胡安一世娶了葡萄牙国王费尔南多一世的女儿。由于费尔南多一世没有儿子，所以胡安一世想趁机吞并葡萄牙，结果偷鸡不成反蚀把米，触怒了费尔南多一世的弟弟、葡萄牙阿维什骑士团的大首领若奥。

若奥一不做二不休，趁势夺取了葡萄牙王位（即若奥一世），并打败了胡安一世，随后开始全力支持自己的儿子——亨利王子开展航海事业，进而开辟了一个崭新的时代。

　　卡斯蒂利亚王国吞并葡萄牙不成，便转头打起了阿拉贡王国的主意。时间来到1412年，胡安二世通过一系列机会，让卡斯蒂利亚亲王费尔南多一世②登上了阿拉贡王国的王位，并准备再次蚕食阿拉贡王国。

　　胡安二世一生无所作为，被亲人和权臣玩弄于股掌之中，算是一个"幸运的懦夫"。胡安二世所在的时期和葡萄牙的亨利王子完全重合——他统治卡斯蒂利亚的那些年，正是亨利王子布局大航海的时代，卡斯蒂利亚因此被葡萄牙远远甩在了身后。

　　在历史上，胡安二世这样的国王一般不会善终，但他运气实在不错——一辈子沉迷享受，却仍推动了历史的齿轮。胡安二世结过两次婚，在第一次婚姻中生下了一个儿子，即恩里克四世；在第二次婚姻中生下了一个女儿，即伊莎贝拉一世。

　　胡安二世晚年将自己的王位传给了比自己更为昏庸的恩里克四世。1453年，即位前夕的恩里克四世要求同自己的第一任妻子布兰卡离婚——恩里克四世出生于1425年，要求离婚时已经28岁了，且这段婚姻已经持续了十多年，却未能生下继承人。

　　布兰卡不堪受辱，便宣称自己仍然是处女。官员检查后证实，布兰卡果然还是处女，这在当时是一个天大的笑话。最后为了停止这场闹剧，教皇不得不出面以"巫师阻止了恩里克的房事"为由，宣布他们离婚。

　　离婚后的恩里克四世先后娶过三任老婆，却仅生下了一个女儿，这位公主最终嫁给了葡萄牙国王阿丰索五世。但据传言，就连这个女

---

② 胡安一世的小儿子、恩里克三世的弟弟、胡安二世的叔叔兼岳父。

儿也并非他亲生，而是王后和别人偷情的产物。由于当时没有亲子鉴定技术，因此公主的身世众说纷纭，并最终导致了一场王位争夺战。

由于恩里克四世只有一个女儿，阿丰索五世因此看到了通过婚姻吞并卡斯蒂利亚王国的机会，于是便放下了葡萄牙帝国蒸蒸日上的航海事业，转而专心和西班牙打仗。而卡斯蒂利亚那边，由于部分贵族不认可恩里克四世之女胡安娜，便转而支持他的妹妹伊莎贝拉公主。恩里克四世非常讨厌伊莎贝拉母女，经常虐待她们，并因此导致伊莎贝拉的母亲死于非命。

1475年，女王争夺战爆发，这场战争前后打了三年。原本是一场灾难性的内战，却意外推动了西班牙的历史进程。

为取得战争的胜利，伊莎贝拉偷偷嫁给了阿拉贡国王费尔南多二世（费尔南多一世重孙），因此她获得了阿拉贡王国的支持。战争以伊莎贝拉的胜出告终，伊莎贝拉随即加冕为女王。自此以后，卡斯蒂利亚王国与阿拉贡王国逐渐合二为一，即为西班牙王国。在名义上，此时的西班牙王国由伊莎贝拉和费尔南多二世双王主政、共同掌权。

1492年，在伊莎贝拉一世的领导下，西班牙军队攻克了阿拉伯人在西班牙最后的据点格拉纳达——自此，已经被异教徒统治了几百年的西班牙人终于获得了解放！

作为女王的伊莎贝拉拥有不俗的魄力，更为西班牙做出了卓越的贡献。值得一提的是，在那个时代，伊莎贝拉信任了一个被同时代其他王室认为是"国际骗子"的人——他的名字叫克里斯托弗·哥伦布。而正因为哥伦布，西班牙才得以分得大航海史上最大的一块蛋糕。

第 3 节

伊莎贝拉女王的航海大略

女王争夺战之后，葡萄牙国王阿丰索五世郁郁而终，他的儿子若奥二世很快重拾了航海大业。在若奥二世的支持下，迪亚士发现了好望角，并掠取了那里的大量领土、领海，以及资源。

原本在伊比利亚半岛上，葡萄牙的领土、人口、经济，以及文化影响力等都难以同西班牙相比。但由于在航海探险方面起步较早，葡萄牙吸纳了很多欧洲精英人才并汇聚了诸多资源，逐步发展为欧洲冉冉升起的新星。

反观西班牙这一时期的历史，除反抗阿拉伯殖民者还算值得称道外，便只剩下了内斗。伊莎贝拉一世明白，如果不能有效调整国家战略，那么西班牙双王主政的格局最终也将走向内斗的结局。

伊莎贝拉一世对葡萄牙的航海事业很是羡慕，但也深知不能简单地按图索骥——葡萄牙已经探明并垄断了沿着非洲沿岸向南的大西洋线路，西班牙难以插手。

当时海洋探险并不是单纯的商业活动，也非工程建设，其在意识形态层面还肩负着破除异教徒对欧洲的封锁的使命。葡萄牙向南探索的旗帜除了打通了东方航线外，还联合了传说中的"约翰王"共同对付异教徒，并向其他地区传播基督教。

因此，西班牙也需要拉起自己的旗帜，以号召精英们通过另一种方式对东方进行探索。当时的西方对东方知之甚少，仅因《马可·波罗游记》而对东方有着黄金很多、蒙古人很强悍的印象——事实上此时蒙古帝国已经崩溃。于是，伊莎贝拉一世决定竖起一面属于西班牙的大旗：寻找东方航线，获取东方的香料、丝绸和黄金，并联合蒙古人侧击奥斯曼帝国。这是属于西班牙的海洋战略规划。

自古以来，都是纸上谈兵容易，付诸实践却难上加难。当西班牙准备经略自己的海洋规划时，亨利王子已经为葡萄牙打下了优异的航海业基础，并网罗了大批航海人才。

经历过战争考验的伊莎贝拉是一名成熟的政客，深知时机的重要性，于是她选择了耐心等待。在这一过程中，伊莎贝拉眼看着葡萄牙的航海事业在若奥二世的领导下稳步推进；尤其当她得知迪亚士发现好望角时（1488年），心中更是焦虑万分——好望角的发现，意味着东西方航线的打通近在咫尺。而鉴于伊莎贝拉本人和葡萄牙的关系着实难说友善，因此一旦葡萄牙打通航道，从东方获取了更多的财富和资源，便会对西班牙产生威胁。

然而人算不如天算，若奥二世在关键时刻犯下了一个致命错误，将哥伦布拱手送给了伊莎贝拉。

哥伦布是一个什么样的人？他是一个极其复杂且矛盾的人，甚至在正常人看来，他像是一个怪胎。像哥伦布这种人，仿佛生来就是要做非凡之事的。

第*4*节

哥伦布的偏执与雄心

　　克里斯托弗·哥伦布同达·伽马一样，也是出身于底层的小人物。哥伦布的具体出生年月难以考证，只知道资料上记载的是他大致于 1451 年生于热那亚一个信奉基督教、有犹太血统的工人家庭。因此在哥伦布的性格中，也有着那个时代的犹太人的精明和务实。

　　哥伦布出生不久后，奥斯曼帝国便攻陷了君士坦丁堡。因此，哥伦布的童年、少年和青年时代其实都笼罩在奥斯曼帝国和黑死病的阴影中。压抑无比的生活让哥伦布对改变充满了渴望。而那个时代真正的意大利精英，如距离哥伦布家乡不远的达·芬奇，正潜心于研究学问，并最终推动了意大利的文艺复兴。

　　哥伦布没有达·芬奇一般的才华，但他有着别的梦想——他对曾在热那亚蹲过监狱的马可·波罗非常崇拜，更对《马可·波罗游记》里的内容深信不疑。因为马可·波罗的故事，哥伦布深信地球是圆的，并常常为此和别人争论不休。哥伦布立志要当一名航海家，以证明地球是圆的——在他的性格中，有着极其执着的一面。

由于哥伦布出身不高、自身修养有限，又喜欢和别人争论，因此常常给人一种尖酸刻薄之感。概括一下哥伦布其人：为人精明务实，说话尖酸刻薄、不留情面，但有一种天生的偏执和可怕的直觉——很多很厉害的人物都有着这种能让他们在历史进程的关键时刻做出正确选择的直觉。在那个时代，像哥伦布那种航海业的开拓者，如果没有非比寻常的直觉，早就千百次葬身鱼腹了。

简而言之，哥伦布是一个胸有丘壑的人，如果无事可做，就可能会惹是生非。出生在葡萄牙，大航海的机遇已然落到了迪亚士和达·伽马的身上；而出生在意大利的哥伦布，就必须主动出击，为自己创造历史机遇。

航海是一项烧钱的事业，远不是一般人所能负担的。于是在 25 岁那年[①]，哥伦布便去了当时欧洲的航海中心——葡萄牙首都里斯本。那时候的欧洲可谓万马齐喑，但凡有点雄心和才华的人，都会往葡萄牙跑。

在里斯本，哥伦布经常参加各种日常航海活动。他一方面混口饭吃，以填饱肚子；另一方面积累航海经验，学习各种航海的必需技术和天文气象知识，以待来日。

值得注意的是，提起航海，我们往往想到的是前往未知海域探险。但实际上，探索未知海域是少数非常厉害的人物在王室的支持下才能负担得起的大项目。在平时，绝大多数的航海活动，仍是在已知海域进行简单的基础操作，比如打鱼、运送物资等。

---

① 1476 年，此时伊莎贝拉还在争夺王位。

哥伦布在里斯本的小日子还算顺遂，不但解决了吃饭问题，还收获了甜蜜的爱情。在里斯本，哥伦布找到了他的一生挚爱。哥伦布的妻子名叫菲利帕，而他的岳父也是个从意大利前来投身航海大业的航海爱好者。在外人看来，哥伦布身上有很多让人讨厌的地方，但他和他老婆十分投契。

航海探险在那时是葡萄牙的热门事业，上到王室、下到民间，都在讨论航海与发财的事。

当时葡萄牙的主流航海探险思想是，沿着大西洋向南，绕过非洲，抵达印度。但哥伦布没有争取这条路线，因为他知道，这种相对成熟的方案，王室必然会选择亲信，所以轮不到他这个外来户。另外，由于这条路线无法证明地球是圆的，所以也无法激起哥伦布的兴趣。

除此之外，另一种在当时还不算成熟的航海探险思想也在探讨之中，即从大西洋一直向西，横渡大西洋，最终抵达东方。若奥二世曾召集专家仔细研究过这个方案，但一大群专家、学者讨论了半天，最后都否认了这个方案的可行性，因为大家都不知道大西洋究竟有多大。

在得知这个消息后，哥伦布觉得自己的机会来了，因为这个方案可以证明地球是圆的，他对这个观点深信不疑。1483 年，哥伦布带着自己的航海计划去面见若奥二世，并希望若奥二世能给自己提供资助。但在提交这个计划之前，哥伦布是一个航海精英；在提交这个计划之后，他俨然成了一个大骗子、大忽悠。

第 5 节

国际"巨骗"

当哥伦布怀揣着自己的航海计划，信心满满地找到若奥二世投资时，直接把若奥二世气得翻了白眼。

首先，哥伦布告诉国王，没有人比自己更加了解海洋。与他相比，葡萄牙那些所谓的权威专家都只不过徒有其表而已。若奥二世对这种说法尚且能够容忍，毕竟哥伦布要向他介绍新的项目，自夸是不可避免的，而葡萄牙那些专家群体中也确实有滥竽充数之辈。

其次，哥伦布提出了一笔很高的费用，以及以下几点要求。

一、授予他贵族身份和海洋统帅的官职。当时在葡萄牙的历史上还没有航海家能成为贵族的，达·伽马获封贵族还是几十年后的先例，哥伦布相当于是让国王为他改变游戏规则。

哥伦布本质上只是在向国王投石问路，一上来就索要贵族封号着实过于贪婪。如果国王对贵族头衔随意许之，那么就显得贵族身份过于廉价了，因此即便是国王，也不可能轻易承诺。

二、授予他所发现的土地的终身总督和副王之职。这相当于要裂土封疆，当一方诸侯。一般来说，国王可以授予你权力，但你自己不能强行索要权力；如果强行索要，下场往往不会太好。而且哥伦布的航海计划八字还没一撇就漫天要价，万一竹篮打水一场空，国王岂不是也跟着丢人？

三、给予他所发现的土地上的收益的十分之一。这一做法是效仿教皇征收"什一税"，表明哥伦布在潜意识里把自己当成了新领土的教皇。

四、以上这些权利在哥伦布死后，由他的长子继承，且世袭罔替。

面对哥伦布的漫天要价，若奥二世无比愤怒——一旦他允诺了这些要求，自己似乎就成了帮助哥伦布完成航海大业的工具人，而非让哥伦布为葡萄牙的航海蓝图鞠躬尽瘁，这无疑让他大为光火。

而最让若奥二世气愤的还不是哥伦布的漫天要价，而是他那漏洞百出的航海项目计划书。

比如，哥伦布一边骂葡萄牙的航海专家徒有其表，一边相信预言家埃斯特拉"地球表面的海洋只占整个地球的六分之一"的观点。

比如，哥伦布犯了一些常识性的错误，以至于他认为日本位于西经85°，而实际上日本是在东经140°左右的范围。如果按照哥伦布的错误结论，日本到佛得角圣文森特的距离就直接缩短了8000英里。

比如，哥伦布还说："横渡大西洋抵达印度非常简单，比绕过非洲近多了。"

诸如此类，让若奥二世觉得哥伦布简直是在把自己当傻子。而葡萄牙王室已经在航海领域深耕了半个世纪，若奥二世的祖爷爷、爷爷，以及父亲都曾主持过航海探险，因此若论海洋知识，哥伦布未必比得上若奥二世。在这种情况下，若奥二世自然对哥伦布"不现实"的航海计划嗤之以鼻。

在若奥二世眼中，哥伦布的航海项目满是漏洞，核心只有一句话："相信我，给我钱，给我权力，给我荣耀！"因此，若奥二世很难不认为哥伦布不过是个彻头彻尾的骗子，因此懒得同他多费口舌，而是选择直接打发他走人。

眼见葡萄牙国王不支持自己的计划，哥伦布便于 1485 年去了西班牙。在西班牙，哥伦布参加了很多会议、浪费了很多口舌、付出了很多时间和精力，却仍没能把项目拿下来。最后，西班牙航海计划委员会主席塔拉凡神父甚至直接致信王室，要求逮捕妖言惑众的哥伦布，并送到宗教裁判所。

随后，哥伦布又去往英国，试图说服欠缺航海经验的英国国王，仍未成功。而后，他又前往法国推销他的项目，还是举步维艰。为了自己心中的航海大业，哥伦布浪费了很多时间，生活也日渐拮据。当时没有人相信他的理论，甚至还把他当成到处行骗的骗子。其实哥伦布还是太天真了，因为欧洲王室都是亲戚，只要他在一个地方不被信任，关于他的消息很快就会传到另一个地方。

时间来到 1490 年，哥伦布日渐落魄，1488 年迪亚士发现好望角一事更是大大刺激了哥伦布。迪亚士的成功不仅刺激了哥伦布，也极大地刺激了伊莎贝拉女王。随着 1492 年西班牙收复失地运动的完成，伊莎贝拉召见哥伦布，表示可以再谈谈。

哥伦布决定抓住最后的机会——如果再失败，那他可能要郁郁而终了。哥伦布充分调动自己毕生的智慧和口才，对女王发动进攻，并且在最后时刻深情且悲壮地说："只要您能慷慨地施以援手，一旦成功，您就可以获得无尽的财富；倘若失败，您也不过损失了几艘船而已。"

就是这最后一搏，哥伦布成功了。他的话打动了雄心勃勃的伊莎贝拉女王，她决定相信这个被整个欧洲视为"国际骗子"的男人。历史从这一刻起被改写——哥伦布从一个"国际骗子"摇身一变，成为历史大玩家，伊莎贝拉一世也成了享誉西班牙历史的大政治家。

第 6 节

历史大玩家

1492 年 8 月 3 日，哥伦布带着他梦寐以求的航海队上路了。总开支方面，一半由女王资助，另一半由其支持者提供（主要是平松家族）。

哥伦布的船队一共有 3 艘船，船员共计 87 人（另说为 90 人或 120 人）；其中一艘船叫"圣玛丽亚号"，是哥伦布及其支持者租借来的，载重 100 多吨，作为旗舰；另外两艘叫"平塔号"和"尼尼亚号"，为女王资助的三桅帆船，舰长是支持哥伦布的平松兄弟。

在资金和设备方面，伊莎贝拉把投资降到了一个很低的水平；在荣耀和未来收益方面，则对哥伦布做了很大的让步。

首先，荣誉层面，哥伦布此行的身份是西班牙"大西洋海军元帅"。这看似是虚衔，却让平民出身的哥伦布倍感兴奋和荣耀。其次，级别层面，伊莎贝拉女王将未来发现的土地的总督的头衔授予了哥伦布。最后，利益层面，伊莎贝拉女王承诺给予哥伦布未来发现领土收益的十分之一。

除了并未直接投入大量资金，伊莎贝拉女王的行事风格比隔壁的若奥二世雷厉风行了不少。对哥伦布来说，虽然直接融资的情况不理想，但终究还是获得了一份让他兴奋不已的合同。

哥伦布的船队航行的前一个月，海面风平浪静，大家诸事顺利，而且有吃有喝。

——此处补充一些那个时代航海生活的常识。早期的航海船只设计简陋，甚至连简单的床都没有，水手只能挤在甲板、货舱、军械舱内，条件极差。那个时代的船只都是由橡木制作的，橡木如果在海水里泡的时间太长，会有怪味，而且容易泛潮气，船蛆、老鼠等动物更是肆意横行。因此，长期生活在那种环境下，极容易染上各种疾病，船员的死亡率极高。

实际上最难熬的还不是住，而是吃。

以哥伦布的出行为例，船队所备食物为面粉、咸肉、蔬菜、水果，所备饮品为淡水和酒（啤酒和蒸馏酒），调料主要有油盐和醋。在这些物资中，蔬菜、水果和淡水是保存不了多久的，通常一周左右就会变质。也就是说，仅仅一周以后，水手们就无法享用它们了。

失去淡水之后，就只能靠酒水代替淡水。但那时的啤酒是桶装，一般半个月左右也会变质，所以最后只能用蒸馏酒当饮料。

受限于条件，在那个时代航行于大洋上的水手们，其愉悦的心情也就保持一个月左右。再往后推，他们就要靠咸肉、面饼与酒水慢慢煎熬了。一旦熬不住了，大家就会想着往回走。因此，像迪亚士、达·伽马、麦哲伦与哥伦布这些航海大咖们，其实都遭遇过水手不愿继续前行的情况，因为海上生活实在是太艰苦了。

哥伦布的船队在整个 8 月的氛围还不错。到了 9 月，随着陆地逐渐消失在眼前，水手们也开始焦虑。往往在这种时候，就要靠领头人给水手们做思想工作了。哥伦布能言善辩，把当初游说欧洲各大王室的口才搬了出来，继续忽悠水手们。

在硬生生地忽悠了大家一个多月后，哥伦布仍然没发现任何陆地的踪影。水手们失去了探寻新大陆的希望，都逐渐地熬不下去了，任凭哥伦布威逼利诱、发誓赌咒，他们都不为所动——毕竟大家都是血肉之躯，承受力是有限的。

但哥伦布不同，毕竟是他拉了投资、租了船，如果一无所获就回去，等待他的轻则是破产，重则是丢命——可以说他已经把身家性命都押在了航海上。

更重要的是，哥伦布是一个极其自信的人，他相信陆地就在前方，让他返航就等于让他放弃自己的信念，这相当于摧毁他的精神信仰，是绝对不能忍受的。

到了 10 月 9 日，哥伦布实在忽悠不动了，就连他的铁杆支持者平松兄弟都对安抚水手一事无计可施了。于是，哥伦布只能祈求水手们再给自己 3 天时间，如果还没有收获，他们就返航："我（哥伦布）对此事毫不担忧，因为上帝既然赐予了我们这种出航的好天气，那必定也会赐予更多的好天气让我们返航。你们（造反者）是不可能如愿的，因为你们即使将我和我的仆人都杀死，也捞不到什么好处。不过你们还可以做一件事，就是给我三四天时间，让我沿原航线继续航行。如果我在期限内仍然没有发现陆地，那船队就照你们的希望返航吧。"

10 月 10 日，没有发现陆地。大家都很焦虑，但哥伦布假装淡定。

10 月 11 日，有水手从海里发现了一根很嫩的树枝，捞上来一看，上面还长有一朵像是野玫瑰的小花——毫无疑问，嫩枝和小花都是陆地的象征。

附近有陆地！所有船员都打起了十二分的精神，并陆续在海面上寻得藤蔓、树枝、木板、植物等陆地上才有的东西，甚至还捞起了一根带有明显加工痕迹的小木棍。

此时此刻，再也没有人提返航的事了，且都开始积极主动地承担起了瞭望员的工作。而在平时，大家最烦的就是当瞭望员——作为瞭望员，要爬上高高的桅杆，无聊地看着远方，稍不留神，便可能有生命危险。

伊莎贝拉女王早有命令：谁第一个发现新陆地，就赐予谁一件体面的丝绸衣物和每年一万马拉维迪的年薪，这在当时是一大笔钱。于是在接下来的时间里，大家又开始争论谁是第一个陆地发现者，哥伦布和其中的某些水手还为此争执了很长一段时间，最后甚至不惜闹上法庭，这也导致了其晚年的不幸。

1492 年 10 月 11 日晚至 10 月 12 日早上，这个极其重要的夜晚被西方史学家称为"有关人类命运的重要一晚"——因为按照约定，如果哥伦布在这个晚上还无法发现新陆地，他的船队就要返航了。若是如此，大航海的历史就会被改写，西班牙和大半个欧洲国家的命运也会被改写。

这是个让所有船员都无法入眠的夜晚。10 月 12 日凌晨两点钟，借着月光，平塔号探险船的瞭望员突然看到了一个庞然大物的阴影——他立即意识到那可能是悬崖，于是大声呼喊："陆地！陆地！"

船长马丁·平松（哥伦布的资助者之一）听到呼喊后进行了一番确认——是陆地！哥伦布封神的一刻到了！

哥伦布以为自己到了印度，实际上那是巴哈马群岛——西班牙跟随哥伦布的脚步，踏上了帝国崛起的征程。

在那一刻，哥伦布终于成了大航海时代的超级巨星。他的光芒不仅照耀了西班牙，更照耀了整个欧洲。然而，与欧洲人的幸运相伴而生的，是非洲黑人和美洲印第安人的不幸。

第 7 节

历史选中了哥伦布，同时也羞辱了他

10 月 12 日，哥伦布发现巴哈马群岛中的圣萨瓦尔多（救世主之意）岛。紧接着，他发现了古巴的东北海岸；而后哥伦布船队继续东航，发现了海地岛，并称其为"伊斯帕尼奥拉"（小西班牙之意）。

哥伦布一行人在海地岛上寻找黄金、修建纳维达德堡，并派人驻守，随后返航。

1493 年 3 月 15 日，哥伦布船队回到西班牙。此次航海探险全程 7 个多月，完成了近代欧洲历史上首次横渡大西洋的壮举，再加上发现新大陆与新人种的伟大功绩，因此被称为"自开天辟地以来，除造物主的降生与死亡外最伟大的事件"。

与此同时，在欧洲政坛上，伊莎贝拉女王成为哥伦布此次航行的最大的赢家——仅仅用一次赌博，伊莎贝拉女王就让西班牙帝国得以同葡萄牙帝国并驾齐驱。1494 年，在教皇的见证下，西班牙和葡萄牙签订了幼稚且蛮横的教皇子午线。

这可能是人类历史上收益最大的一次赌博。要知道，在伊莎贝拉女王押注哥伦布之前，整个葡萄牙从亨利王子算起，在大航海上已经前仆后继了好几代人，花费了好几十年的时间。

若奥二世懊悔不已，于1494年签完《托尔德西里亚斯条约》之后不久，便郁郁而终。他的儿子曼努埃尔一世即位后，决定加快寻找印度航线的步伐，便启用了达·伽马，并最终获得了巨大的收益。

哥伦布后来又三次抵达美洲大陆。他第二次前往美洲大陆是在1493年9月，并于1496年6月回来。哥伦布的这次航行获得了西班牙的鼎力支持，船队共有17艘船，多达1500人参与，目的是到他所谓的"亚洲大陆印度"建立永久性殖民统治。他们先后到达了中美洲的多米尼加岛、背风群岛，以及波多黎各岛。

第三次是于1498年5月出发，抵达了南美洲的委内瑞拉等地。但此次航行成了哥伦布一生的耻辱，因为他是被西班牙王室派去的使者逮捕并押解回西班牙的。之所以造成这个局面，表面原因是哥伦布本人性格高傲且爱财，和所有人的关系都处理得非常糟糕，因此招致了各种告状和污蔑，最终引发王室对他的猜忌。

西班牙王室派新总督博瓦迪利亚监视哥伦布。这位新总督与哥伦布不睦，刚到美洲就把哥伦布和他的兄弟抓了起来，并煽动其手下指证哥伦布有罪，再将哥伦布押解回欧洲。

历史选中了哥伦布，同时也羞辱了他。究其原因，还是西班牙高层嫉贤妒能，很多人认为哥伦布从航海中得到的实在是太多了——毕竟哥伦布一开始只是个没有人看好的外乡人，最终却获得了成功。既然无法做出超越哥伦布的成就，就给这位航海巨星泼脏水，把他拉下神坛。

但哥伦布毕竟功勋卓著，加上有伊莎贝拉女王的庇护，即便确实有一些"小辫子"，但回到西班牙之后，所谓的"罪行"还是不了了之了。更重要的是，此时葡萄牙的达·伽马打通了前往印度的路线，因此西班牙高层认为自己还是需要依靠哥伦布抗衡葡萄牙。

于是在 1502 年夏季，在达·伽马再次率队前往印度之后，西班牙也第四次派遣哥伦布前往美洲。哥伦布这次照例发现了一些新地方，然后返航。

随后不久，一直大力支持哥伦布的伊莎贝拉一世女王去世，西班牙内部陷入了剧烈的内斗，哥伦布变得孤立无援。1506 年，哥伦布郁郁而终。

相比迪亚士、麦哲伦死于探险途中，达·伽马死于海外，哥伦布终究算是寿终正寝了。

哥伦布去世之后，西班牙与欧洲历史都给予了他足够的荣耀和尊重。但在哥伦布荣耀的背后，不但是西班牙和欧洲高层之间的血腥博弈，更是非洲人的眼泪，以及印第安人的鲜血。

第 8 节

血腥的博弈

权力非常迷人，但迷人的东西往往泛着血腥味。西班牙帝国充满血腥味的权力博弈，一面披着爱情的外衣，一面打着联姻的面纱。

在西班牙的历史中，除了反异教徒战争，联姻也是促成西班牙诞生的重要因素。卡斯蒂利亚和莱昂的联姻奠定了统一西班牙北部的基础；卡斯蒂利亚和阿拉贡的联姻，则最终让西班牙完成了统一。

在西班牙崛起的过程中，联姻的经验被发扬光大。但由于莱昂、阿拉贡王室本质上和卡斯蒂利王室同出一脉，而且西班牙王室近亲结婚普遍，因此人丁逐渐稀薄。例如，伊莎贝拉一世女王和费尔南多二世国王看似来自不同的王室，实际上仍属于近亲结合。

伊莎贝拉女王一生共生育七次，其中一个男婴和一个女婴早亡，另外有一子四女成年。

她的儿子原本是王储，却不幸早夭。她的大女儿嫁给了葡萄牙国王曼努埃尔一世，却因难产而死；随后，伊莎贝拉女王又把自己的三女儿嫁了过去，以维系两国联姻。伊莎贝拉女王最小的女儿凯瑟琳，则成了英格兰亨利八世的首任王后。

在伊莎贝拉去世（1504 年）时，按照王位继承法，卡斯蒂利亚王国应由次女胡安娜继承——而正是这位胡安娜女王，把王室之中权力博弈的血腥展示到了极致。

通常提到女王的权力斗争，大多都是女王猛烈出击，强势上位，比如唐朝的武则天、沙俄的叶卡捷琳娜二世，或者英国的伊丽莎白一世。历史上的女王们往往都是精于权力博弈的狠角色，胡安娜则不然。

胡安娜从 1504 年继位到 1555 年去世，在位时间长达半个多世纪，而且西班牙帝国的国力在那段时间可谓蒸蒸日上。按理说，她也该是一位有所作为的女王，然而事实却截然相反。

在胡安娜漫长的、半个世纪的女王生涯中，她经历了三个时代——被父亲软禁的时代、被丈夫软禁的时代，以及被儿子软禁的时代。

胡安娜的丈夫是哈布斯堡家族①的腓力一世，他是奥地利大公、勃艮第公爵、尼德兰（荷兰）领主，以及那个时代著名的美男子。这场联姻和伊莎贝拉与费尔南多二世联姻一样，再次大幅扩大了西班牙在欧洲的领土，类似通过婚姻让资产翻倍。

胡安娜继位之后，腓力一世自然也成了卡斯蒂利亚的国王。但问题是，费尔南多二世此时仍然在世，并不愿意退出权力的舞台，还想继续控制西班牙。

---

① 欧洲历史上最为显赫、统治地域最广的几个王室之一。

胡安娜与腓力直到 1506 年才回到西班牙，与此同时，权力争夺大赛也达到了高潮——首先是费尔南多称女儿胡安娜被腓力囚禁，公开发表声明，要为女儿讨回公道。

在当年 6 月的会议上，在教会高层的协调下，费尔南多表面上同意由他"挚爱的孩子"——胡安娜和腓力——接管西班牙。但随后，费尔南多又和腓力勾结，一致声明胡安娜的身体和精神存在问题，无法履行君主职权。也就是说，胡安娜同时遭到了来自父亲和丈夫的背叛，并且被自己的亲人和爱人软禁了起来。

难道费尔南多和腓力要上演翁婿情深？当然不是。随后，两人又经历了一番明争暗斗。最后，年仅 28 岁的腓力一世竟然在 1506 年 9 月，即他到西班牙还不足半年的时候就突然因伤寒去世。当时许多人都觉得这匪夷所思，甚至有人怀疑腓力一世是被毒死的。

腓力的死因没有定论，但许多人猜测是费尔南多干的。有趣的是，腓力一世去世后被葬在了格拉纳达皇家礼拜堂内，最终与他的妻子胡安娜、岳父费尔南多、岳母伊莎贝拉葬在了一起——一家人到了另一个世界，不知道会不会继续争权夺利。

腓力一世死后，费尔南多强迫女儿胡安娜把卡斯蒂利亚的统治权交给自己，并继续对外宣称胡安娜的精神有问题，然后把她软禁起来。

为了巩固自己手中的权力，费尔南多续娶法国公主，并试图重新生育子嗣继承王位，却最终未能如愿。于是在临终之前（1516 年），他不得不将权力交给"疯女儿"胡安娜。然而，胡安娜的命运却并未就此迎来转折，因为她和腓力的儿子查理（生于 1500 年）已经 16 岁了——于是，胡安娜又开启了被儿子囚禁的岁月。这位查理就是未来神圣罗马帝国的皇帝查理五世，西班牙的查理一世（也称卡洛斯一世）。

查理的父系来自奥地利的哈布斯堡家族，但并不是纯正的奥地利血统。在查理五世 6 岁那年，其父腓力一世便去世了，查理五世也由此成为尼德兰君主。

查理的母系来自西班牙王族，但他并非在西班牙长大。16 岁那年，其外公费尔南多二世去世，查理就此继承西班牙王位。随后，查理五世又在 19 岁那年兼任德意志国王，在 20 岁那年兼任神圣罗马帝国哈布斯堡王朝皇帝。

查理的母语是法语，他却和法国是死敌。能驾驭复杂局面的君王往往雄才大略，查理五世正是如此。后来，他依靠自己的才华稳住了复杂的局面，而且把西班牙帝国推向了巅峰。

查理五世一生共有 71 个头衔，掌握着 27 个王国、13 个公国、22 个伯国和 9 个封建领主。因此，他曾得意地说过一句名言："在朕的领土上，太阳永不落下。"

但不可否认的是，西班牙帝国的辉煌是建立在残忍地剥削殖民美洲、奴役非洲的基础之上的。

第 *9* 节

残忍的剥削

说到西班牙帝国在美洲残忍的剥削行为，不得不说，这不是一般意义上的残忍，也不是一般意义上的剥削，而是在"崇高"旗号和"宏伟"目标下进行的。查理五世的"崇高"旗号便是向世界传福音，因此殖民者群体中往往有拿着《圣经》的传教士，这是欧洲人的政治措施。

查理五世的"宏伟"目标便是继续推进西班牙的大航海工程。当麦哲伦的全球航行计划没能在葡萄牙融资成功而移师西班牙时，年轻的查理五世连想都没想就同意了。

在传播福音和全球探险这两面大旗之下，西班牙残忍地剥削殖民地的进程开始了。1519 年，19 岁的查理五世刚囚禁了自己的母亲胡安娜。不久后，西班牙殖民者控制了古巴，并登陆墨西哥，建立巴拿马城，全面拉开了侵略美洲的帷幕。

大航海之前，美洲的印第安人建立过三个较为原始的文明系统，分别是玛雅文明、阿兹特克文明和印加文明。其中，玛雅文明后来成了一个谜。西班牙殖民者科尔特斯征服了阿兹特克帝国，并废掉了阿兹特克文明；皮萨罗征服了印加帝国，并毁掉了印加文明。

科尔特斯本人是一个学法律的小贵族，在当时也算知识精英。科尔特斯曾和查理五世达成协议，即所有殖民所得财富，科尔特斯本人将获取五分之一，查理五世亦获得五分之一，其余分给全体殖民者，其中大部分是无业游民、酒鬼、破产者，甚至还有地痞流氓。

那群贪婪、狡诈且残忍的殖民者在受到了阿兹特克人的热情招待之后选择了背信弃义，无情地控制了阿兹特克国王蒙特祖马二世，然后对阿兹特克人大开杀戒。

尤其让人不齿的是，科尔特斯在包围阿兹特克帝国首都时，故意给城内的人送了不少沾有天花病毒的毛毯，让瘟疫开始在城中蔓延。而与科尔特斯同行的西班牙人因为多数已罹患过天花，因此得以免疫。科尔特斯不但让当地的印第安人的人口大幅减少，更加深了他们对西班牙人的畏惧。

殖民者之所以能在短时间内征服印第安人，其中一个重要的原因是美洲地区没有马，印第安人没见过马上的骑兵，所以他们原始的队伍碰上配备枪械的骑兵，总是伤亡惨重。原本平稳的印加帝国与印加文明就这样被西班牙殖民者摧毁了。

皮萨罗征服印加帝国的过程则更为血腥。皮萨罗是科尔特斯的好友，他获得殖民侵略南美的机会，也有科尔特斯的引荐之功。

1532 年 9 月，皮萨罗带着一支不到 200 人的队伍翻越安第斯山脉，向卡哈马卡城进发——他们打算在那里打败印加帝国的国王阿塔华尔帕。

印加帝国拥有庞大的人口和领土，但因为阿塔华尔帕野蛮且愚蠢的统治，帝国正处于内乱之中。和阿塔华尔帕一起驻扎在卡哈马卡城的军队大约有 4 万人，可谓天时地利人和全占。其实，只要他们在皮萨罗前进的道路上进行伏击骚扰，就足以拖垮那一百多人，但他们什么都没做，只是眼看着侵略者到达自己眼前。

皮萨罗抵达卡哈马卡的时间是 11 月 15 日，并于第二天假惺惺地邀请阿塔华尔帕国王到卡哈马卡广场谈判，同时要求对方只能带 5000 名非武装士兵。狡猾的皮萨罗让那一百多亡命之徒埋伏在广场周边，并在广场附近进行了精心的布置。

愚蠢的印加国王打扮得花枝招展，全然不知危险已然临近。

经过简单交流后，皮萨罗让随队神父向印加国王长篇大论地宣传基督教教义，让他们皈依基督教——当然，宣传教义是假，借宣传教义践行欧洲人的政治措施才是真。阿塔华尔帕听罢，明确告诉皮萨罗："我们只信仰太阳。"

皮萨罗等的就是这个时刻。神父大喝一声："出来吧！基督徒们！向这些拒绝福音的人冲过去！"埋伏在四周的殖民者放了一炮，然后冲了出来。

转眼之间，印加人全乱了。对于还处于原始时代的印加人来说，不但西班牙殖民者看起来像新人种，西班牙人胯下的战马像新物种，连西班牙人身上的铁甲、手中的长矛和火器也是见所未见的新工具。尤其是火器，更是让印加人闻风丧胆。

乱局之中，皮萨罗的人冲向国王阿塔华尔帕，杀光了他的高级随从，并且俘虏了他。由于在印加帝国的体系中，国王有着不可替代的位置，因此整个帝国便乱作一团。随后，野蛮的皮萨罗露出了其贪婪的本色：他让印加人准备一屋的黄金和两屋的白银作为赎金，赎回他们的国王阿塔华尔帕。

印加人满足了皮萨罗的胃口。但皮萨罗再次背信弃义，他在给阿塔华尔帕安上了一堆罪名之后，再将其绞死。随后，皮萨罗带领殖民者占领了印加帝国的首都库斯科，一个庞大的帝国自此土崩瓦解。此后，越来越多的西班牙殖民者加入杀戮大军，再加上殖民者们传播的天花病毒，整个印加文明就此陨落！

该如何评价皮萨罗的行为呢？站在征服者角度看，皮萨罗创造了一个军事战争史上的奇迹：用最小的代价博取了最大的收益。但站在印第安人角度看，他们遭遇了最无耻的背叛和最残忍的杀戮。而站在历史角度看，殖民者虽然狡诈无耻，但他们对于原始印第安人来说确实是降维打击。

在此后的几个世纪里，在广袤的美洲大陆上，印第安人在欧洲人的屠刀和天花病毒的双重打击下，人口大幅下降，从这片大陆原本的主人变成了绝对意义上的少数民族。

历史是残酷且无情的，任何一个民族或国家都要力争走在历史的前沿，因为一旦落后，就可能被淘汰出局。

第 *10* 节

吞下最大的那块蛋糕

阿塔华尔帕临死之前，曾诅咒皮萨罗不得好死，皮萨罗对此不屑一顾。随着印加文明的陨落，厄运还是降临到了皮萨罗身上。虽然他帮西班牙帝国立下了大功，但他并不是西班牙帝国的最高统治者——就像当初哥伦布发现新大陆，却仍然会遭到诽谤一样，皮萨罗注定不会有好下场。更何况，哥伦布的形象非常正面，只需略微打压；而皮萨罗更像一个见不得光的刽子手，最好做完自己的事情就消失。

"狡兔死，走狗烹"的戏码，在欧洲历史上也不足为奇。由于皮萨罗在印加获得的财富太多，且本人抽成太高，导致查理五世不满。从最高统治者的角度考虑，除掉皮萨罗才是对帝国最佳的选择。于是，查理五世略施小计，就让皮萨罗的朋友、伙伴兼得力干将阿尔马格罗与其反目成仇。

随后，阿尔马格罗背叛了皮萨罗，皮萨罗用残忍的手段杀了阿尔马格罗。但阿尔马格罗的儿子又找到了一个机会，并于1541年6月26日带领叛军攻入了皮萨罗所住的宫殿。年迈的皮萨罗奋起战斗，杀死了两名袭击者，并用剑刺穿了第三人。但他随后就被刺中咽喉，跌倒在地，又被连刺几刀——在愤怒、痛苦与不甘中，皮萨罗结束了他罪恶的一生。

讽刺的是，据说皮萨罗死前还在用自己的血在地板上画十字架，向上帝求援——如果上帝真的存在，也只会把皮萨罗这种角色安排到地狱吧。或许皮萨罗死到临头才终于明白，自己虽然能决定很多印第安人的生死，但也只是查理五世手下的一条猎狗，打猎结束之后随时可能被宰杀。

皮萨罗虽死，西班牙帝国还在继续壮大。在屠刀、病毒与神父的开路之下，西班牙帝国在美洲获取了三个层面的巨大收益。

第一个层面是土地收益：西班牙获得了大量殖民地。

从 1535 年开始，西班牙便为管理美洲殖民地而建立了四大总督区：新西班牙总督区（首府墨西哥城）；秘鲁总督区（首府利马），管辖整个西属南美；新格拉纳达总督区（首府波哥大）；拉普拉塔总督区（首府布宜诺斯艾利斯）。

巅峰期的西班牙帝国，在美洲的殖民地从北美的加利福尼亚到中美洲的加勒比海，再到南美洲的布宜诺斯艾利斯，纵贯整个美洲大陆。

第二个层面是物质收益：西班牙帝国通过海外殖民掠夺了大量金银。

在西班牙殖民美洲期间，墨西哥与秘鲁等地相继发现了金矿和银矿。16 世纪末期，白银的开采量多于黄金，而秘鲁的白银产量几乎占殖民地出口量的三分之二。依靠这些美洲的金银财宝，西班牙帝国一跃成为当时欧洲最富有的国家。当时欧洲国家与东方国家处在正常贸易中，黄金和白银大幅流出——主要用于购买香料、丝绸、瓷器等，可以说是苦不堪言。但西班牙通过殖民掠夺，弥补了自己国家的贸易亏空。

第三个层面是贸易收益。

由于西班牙殖民者的屠刀和病毒的杀伤力太强，美洲的印第安人数量大幅减少。西班牙人为了开发殖民地的资源——贵金属、蔗糖、棉花、烟草、咖啡、燃料等，开始从非洲贩卖奴隶以从事种植和开采，导致非洲人开始了长达几个世纪的悲惨生活。

西班牙用自己的农作物和家畜，以不等价的方式换回殖民地的资源。而这一切商品的运输和贸易，全部由西班牙帝国垄断，其中所产生的巨大利润让西班牙帝国逼近世界巅峰。

在查理五世的统治下，西班牙帝国蒸蒸日上。如果用一句话来概括，那便是查理五世统治下的西班牙帝国把大航海模式推向了极致，分到了大航海时代最大的一块蛋糕。然而在查理五世之后，巅峰期的西班牙帝国仅在短短的半世纪内，便出现三次财政破产。为什么会这样？

究其原因，西班牙帝国并非现代意义上的国家，其运作方式和价值观都极为扭曲，因此在走向巅峰的途中，也埋下了衰落的伏笔。

第 *11* 节

一桩由求婚引发的血案

葡萄牙帝国走向巅峰的根源在于开启了大航海时代，从而使得帝国可以依赖海外殖民地迅速崛起；西班牙帝国虽然把海外殖民推向了巅峰，但帝国扩张的基础仍是传统联姻，并以此吞并了巅峰时期的葡萄牙。

1555 年，也就是查理五世的母亲胡安娜去世的那年，他自己也发表了辞职演说，并于 1556 年把西班牙帝国传给了自己的儿子费利佩二世。安排好后事之后，查理五世已是风烛残年。1558 年，退休的查理五世安然去世。

查理五世是一位很特别的君主，他在自己死前大约半年时提前为自己举行了葬礼，连裹尸布和棺材等都一应俱全。葬礼的程序走完之后，他"从棺材里站起来，回到了自己的公寓"。

按照中国人的说法，提前退位的查理五世当了太上皇。

据史料记载，查理五世死时，他手中仍然拿着妻子伊莎贝尔去世时拿着的十字架。

伊莎贝尔王后是葡萄牙国王曼努埃尔一世与其王后阿拉贡的玛利亚之女，伊莎贝拉一世女王之外孙女，即查理五世的表妹。同时，伊莎贝尔也是一位美丽且有才华的女子。西班牙帝国依靠联姻发展壮大，查理五世自然也不会放过联姻所带来的潜在收益。此时的他正在布局，想通过联姻吞并葡萄牙。而葡萄牙那边，曼努埃尔一世死后将王位传给了查理的大舅哥兼表弟若奥三世。

在查理五世看来，西班牙帝国如果能吞并葡萄牙，那么帝国危机就会迎刃而解。他不仅自己娶了葡萄牙的公主，还把自己的女儿嫁给葡萄牙国王若奥三世之子（表兄妹联姻），又让自己的儿子费利佩二世娶了若奥三世的女儿（还是表兄妹联姻）。

查理五世退位时（1556 年），若奥三世也已经是风烛残年。若奥三世原本计划把王位传给儿子曼努埃尔王储，结果王储先于自己一步去世，他便只能把王位传给王储之子塞巴斯蒂昂。当时的塞巴斯蒂昂还是一个 3 岁的幼童，只能由其皇祖母若奥三世的妻子卡塔琳娜摄政，而卡塔琳娜又是胡安娜的幼女，也就是查理五世的妹妹。因此，查理五世便希望通过这层关系兼并葡萄牙。

后来的事情非常有戏剧性：卡塔琳娜把自己的孙子教育成了一个有理想、有担当、有才华的年轻人，在正常情况下，这位年轻的国王会带领葡萄牙帝国走向一个新的高峰——如果历史剧本朝着这个方向发展，查理五世的愿望大概就会落空了。然而，非正常的情况出现了。

话分两头说。在若奥三世时代，葡萄牙帝国的危机已经逐渐暴露了出来。巅峰时期的葡萄牙帝国分为四大板块：北非帝国（不赚钱）、东方帝国（香料和瓷器贸易）、巴西帝国（蔗糖和烟草贸易），以及中南非洲帝国（奴隶和宝石贸易）。

摊子铺得大，开销自然就大，再加上要维护远洋船队，政府财政压力可想而知。

在原本葡萄牙帝国的版图中，东方的香料贸易非常赚钱。但随着时间的推移，香料价格逐渐下降，利润也逐渐降低。不仅如此，葡萄牙的商贸路线还经常遭到异教徒的攻击。而更动摇葡萄牙帝国根基的是，国内刮起了一股享乐之风——毕竟国家富强了，享乐之风在所难免。但是葡萄牙本土人口并不多，如果全都耽于享乐，就会缺乏足够的精英维持帝国机器的正常运转。

若奥三世无计可施，只能向帝国子民宣传要信奉天主教，试图以精神信仰抑制享乐之风，但收效甚微。年轻的塞巴斯蒂昂雄心勃勃，准备效仿祖先，通过武力维护贸易运输线，带领葡萄牙的年轻一代开疆扩土，并雄心勃勃地开始践行自己的计划——然而，眼看局面一片大好，灾难却突然降临了。

1578 年，年仅 24 岁的塞巴斯蒂昂国王在指挥葡萄牙军队和摩洛哥打仗时，因横渡马哈赞河而溺水身亡。更要命的是，也许是频繁的近亲结婚导致其生育能力下降，年轻的国王并未留下任何继承人。这对葡萄牙帝国无疑是沉重的一击。

由于葡萄牙人不能接受年轻的国王溺亡，所以便一厢情愿地认为他只是失踪了。于是，塞巴斯蒂昂便成了葡萄牙爱国者眼中"沉睡的国王"与不朽的传奇。

塞巴斯蒂昂一死，若奥三世一脉已然绝嗣。再往前，便是曼努埃尔一世一脉，但也只剩下了一个 66 岁的恩里克一世。恩里克一世也没有留下子嗣，并且两年后就过世了。

葡萄牙王位再一次悬空了。而此时的西班牙帝国正处于查理五世之子费利佩二世的时代——这对父子多年的布局，终于盼来了收获的时机。

机不可失，时不再来。费利佩二世当机立断，以曼努埃尔一世之外孙、国王若奥三世之女婿的身份派遣一支军队直奔葡萄牙，轻而易举地进入了里斯本。随后，费利佩二世顺利成为葡萄牙国王。

赫赫有名的葡萄牙帝国就这样轻而易举地被西班牙吞并了，葡萄牙帝国的国运也由此发生了转折。虽然仅仅在半个世纪之后，葡萄牙就实现了复国，但也难复从前的辉煌，甚至被荷兰、英国等后起之秀轮番羞辱。

西班牙王国通过多次联姻，终于将帝国推向了巅峰。然而物极必反，尝到巨大甜头的费利佩二世想继续用联姻的方法实现自己的野心，又把目光瞄准了英格兰。

费利佩二世的第二任妻子就是英格兰都铎王朝的女王玛丽一世，因此他名义上也当过英格兰的国王。但由于玛丽成婚时已非妙龄，费利佩二世嫌弃她的年纪和容貌，因此不肯和她同居，故而也没能在英格兰留下什么影响力。玛丽一世未能生育子嗣，其死后王位由妹妹伊丽莎白公主继承，费利佩二世也就失去了英格兰国王的身份。

失去英格兰王位的费利佩二世追悔莫及，又跑去追求刚刚即位的伊丽莎白女王。

伊丽莎白一世即位时 25 岁，还是一位美人，因此颇受费利佩二世青睐。但在伊丽莎白女王眼中，英国的利益高于一切，为此她终身未婚，被称为"童贞女王"。由于英格兰的国力蒸蒸日上，英国王位的重要性也日渐显现，因此哪怕到了 1580 年，费利佩二世仍试图再次与已经 47 岁的伊丽莎白女王联姻，以期再次成为英国国王，但最终未能如愿。

其实，如果当时西班牙和英国再次联姻，其联盟在欧洲便可以所向披靡了。但伊丽莎白一世作为坚定的新教徒，与作为天主教徒的费利佩二世在宗教信仰方面有着不可调和的矛盾。于是，伊丽莎白一世从英格兰的利益出发，一方面巧妙地利用费利佩二世的联姻之心与之周旋，另一方面又支持荷兰的独立战争，西班牙帝国的国运由此被改写。

心怀不满的费利佩二世组织无敌舰队远征英国，试图通过武力让伊丽莎白对他屈服，却最终成了伊丽莎白的手下败将，英国也由此而崛起。

西班牙帝国的衰落，从表面上看是一桩由求婚引发的血案，实则是源于宗教问题。反对异教徒这面旗帜虽然给西班牙帝国的海外殖民提供了庇护，但也为帝国的衰落埋下了种子。

第三章

荷兰：商人治国的局限性

今天的荷兰面积虽小，人口却多，而且非常富裕——人均GDP 高达 5.87 万美元（2021 年），是典型的高度发达国家。

荷兰经济的支柱产业，如食品加工、化学工业[①]，以及机械制造，都是名副其实的高端制造业，其光刻机企业更是堪称独步全球。

荷兰社会福利良好，人均寿命高达 83.3 岁。此外，荷兰男性平均身高超过 1.8 米，女性平均身高超过 1.7 米。

荷兰的社会风气极其开放，过去几百年来，在欧洲这么多的国家中，也算是非常领先的。

如此富足又开放的荷兰，理应是"两耳不闻窗外事，一心只过小日子"的理想场所。通常，富有之地的人群战斗力普遍不强悍；然而就是这样的荷兰，曾经也是地球村一霸、欧洲列强之一——纵横海洋百余年，扮演"海上马车夫"的角色，殖民地遍布世界各地。

荷兰帝国的兴衰，诠释了一个掌握了财富密码的群体的命运沉浮。

---

① 化学工业方面，主要是在医药领域。

第 *1* 节

荷兰崛起的三大根脉

多重因素决定着荷兰的历史走向和现实生态。

首先是地缘。荷兰地处英、法、德之间，在欧洲属于低地国家。所谓低地，就是大河入海口。位于欧洲大陆的德国和法国的工业群主要沿莱茵河分布，而荷兰正好位于莱茵河的入海处。如果对应中国，那么荷兰的位置就相当于长三角的龙头城市——上海，这也是现代荷兰得以如此富裕的原因之一。而且从 16 世纪到现在，荷兰的阿姆斯特丹一直是欧洲重要的港口之一。

当然，按照历史的进程，大河入海口之地也并非历来富有，不论是荷兰还是上海，早期在历史上的存在感都不强。在罗马帝国时代，荷兰所在的莱茵河下游低地地区既曾属于高卢行省，也曾属于日耳曼行省。

放眼整个中世纪，由于欧洲王室之间不停地通婚，荷兰一带也常属于不同王室。大航海时代刚刚开启之时，荷兰——那时还叫尼德兰——归哈布斯堡家族统治；西班牙统一之后，伊莎贝拉女王的女儿胡安娜和腓力一世联姻，荷兰又随腓力一世（尼德兰领主）并入西班牙版图。

并入西班牙之后，荷兰很快成为西班牙帝国的命门。荷兰之所以如此重要，是因为伊莎贝拉女王时期的西班牙帝国因着哥伦布发现新大陆，而成了和葡萄牙帝国并驾齐驱的海洋帝国，而荷兰的地缘位置决定了其和海洋帝国乃是天作之合。

前文说过，伊比利亚半岛东临地中海、西面大西洋，而大航海探险的重点正是大西洋。伊比利亚半岛所面临大西洋的海岸线主要属于葡萄牙帝国，里斯本则一直是那个时代的航海中心。西班牙帝国崛起之后，其临大西洋的海岸线便一直沿着欧洲大陆向北延伸。

腓力一世把位于莱茵河下游的低地国家纳入了西班牙版图，相当于给西班牙帝国插上了一双翅膀。但其实腓力一世统治西班牙的时间非常短，帝国的政权很快被其子查理五世继承。

查理五世在位期间大力开发殖民地贸易，促进了荷兰的腾飞。

查理五世对低地国家荷兰（尼德兰）非常有感情——他出生于低地国家，并在那里度过了童年。查理五世的父亲腓力一世死后，他便继承了低地国家的统治权。

其实在查理五世心中，荷兰才是他的故乡——在每个人心中，都有一个名为"故乡"的特殊的地方，那里承载了他们诸多童年的记忆，查理五世也不例外。荷兰寄托着查理五世发自内心的故乡情怀，因此他无时无刻不在想着发展家乡。因此，当他主宰了西班牙帝国之后，便对家乡投入了许多资源。

早在 1548 年，查理五世便依靠皮萨罗等殖民者基本完成了对美洲的血腥征服。荷兰精英趁此机会，向查理五世递交了一份请愿书。与其说这是请愿书，不如说是一份对家乡开发的战略规划，内容主要包括两点：一是围海造田，发展航海相关产业；二是建立贸易中心，使其为整个帝国体系服务。

从后来的历史进程看，荷兰就是一直沿着这份请愿书中的战略规划建设的。只不过在这些规划之外，一种崭新的产业也逐渐发展了起来——金融服务业。

在西班牙帝国的加持下，荷兰（尼德兰）很快成为西欧的经济发达地区，尤其是南方的安特卫普①，更是成了当时的国际贸易中心，北部的阿姆斯特丹则是当时的经济中心。

大航海时代的荷兰只有巴掌大的一点地方，却拥有了300万人口——要知道，就连当时的葡萄牙帝国也没有这么多人口。最关键的是，当时荷兰的人口主要集中于城市——也就是说，荷兰已经基本实现了城市化，这非常了不得。要知道，就算是当今世界的很多国家和地区，都没能完全实现城市化。

由于地理位置狭小且没有平原，生活在荷兰的人们的生存空间非常拥挤，大家必须通过手工业以及贸易来讨生活。他们从海外获得原材料，再将它们加工成成品出口，产品远销西班牙、葡萄牙、德意志、苏格兰、波罗的海周边国家等。而后，荷兰人又从海外运回许多货物和商品，尤其是小麦和其他谷物。

---

① 现比利时第二大城市，居民主要说荷兰语，在大航海时代是葡萄牙帝国的香料倾销地之一。

得益于得天独厚的地理优势，荷兰最厉害的产业是造船业，甚至可以说是造船业的天堂。荷兰的造船产业链齐全，不仅水平高，而且成本低，在行业内处于绝对领先的地位。

别的国家国民的主要群体是农民或牧民，荷兰的主要国民群体则是商人、各领域手艺人、船长、海员、造船工人，以及产业相关人员。正是这些人推动了荷兰的生产力与贸易发展。

强大的工商业催生了早期的金融服务业。商人群体自古便龙蛇混杂，既有勤勤恳恳开展生产贸易的企业家，利用金融服务扩大生产与贸易；也有无利不起早的投机分子，利用金融服务业不断套利。反过来，金融服务业再次促进了工商业的发展。

简而言之，繁荣富足的荷兰不仅成了西班牙帝国的钱袋子，更成为西班牙"王冠上的一颗珍珠"。在当时，西班牙帝国财政收入的一半都来自荷兰。

围海造田、贸易中心与金融服务成为近代荷兰帝国崛起的三大根脉，同时也是导致西班牙帝国衰落的重要推手。

荷兰的经济发展引发了其阶级属性的变化，阶级属性的变化则必然导致意识形态的变化——这一切都预示着，资本主义已经在荷兰萌芽。

新兴资产阶级是一个非常凶猛的群体。对于下层的农民、渔民、牧民阶层，他们要开拓市场；对于上层的权贵阶层，他们需要争取其支持。对于传统世界的方方面面，资产阶级都有着颠覆性的诉求。

由于繁荣的工业生产和商业贸易需要自由度，而天主教提供不了这样的自由，所以日渐繁荣的荷兰逐渐与传统天主教离心，转而心向新教。这无异于触碰了西班牙帝国的逆鳞，因为西班牙帝国完全无法容忍天主教以外的意识形态。

查理五世本人就是天主教坚定的捍卫者，他固然心系家乡，但故乡荷兰于他而言，也仅仅是西班牙帝国的钱袋子而已。一旦他发现"钱袋子"的意识形态与自己不一致，便果断地选择镇压。

对抗的种子已经埋下，接下来就是生根发芽，并茁壮成长。

第 2 节

罗马教廷的罪与罚

前文说过，黑死病曾于中世纪在欧洲肆虐，也加速了东罗马帝国的衰亡，甚至动摇了基督教在欧洲的统治根基。

在阿尔卑斯山以南的意大利，文艺复兴运动悄然兴起。文艺复兴某种意义上就是打着恢复古希腊与古罗马文化的旗号，释放被宗教规则压抑的世俗欲念。

阿尔卑斯山以北的德国、以西的法国，以及海外的英伦三岛则都出现了宗教改革运动。

受文艺复兴所带来的开放思想的影响，罗马教廷的生活日渐奢靡，甚至很多教皇就来自大商人之家，他们精通赚钱之道和享乐，比如美第奇家族。奢靡的生活需要金钱作为后盾，但当时受黑死病影响，教廷和政府的财政收入都大为减少，所以如果教廷想要维持奢靡的生活，就只能剑走偏锋。

为此，教廷选择了出售"公德"与"罪孽"。

所谓出售"公德"，就是让教徒们通过给教廷捐款积累公德，比如什一捐、特别捐、特赦捐等。捐得越多，教廷就会代表上帝赐予教徒越多的公德。而出售"罪孽"，就是出售赎罪券。教廷宣布，不论多么大奸大恶之人，只要购买了赎罪券，那么教廷就会代表上帝宽恕其罪孽——这就相当于花钱购买胡作非为的特权。

出售"公德"与"罪孽"看似神秘，实际上和买卖官爵如出一辙。由于可以购买赎罪券，所以权贵们无论干什么都能被教廷赦免，因此对底层的欺压更是肆无忌惮。

底层由于生活贫困，连基本的调味香料都买不起，自然也没钱购买"赎罪券"。久而久之，他们对社会的贫富差距和权贵的无所顾忌便深恶痛绝。

虽然底层的诉求在大多数时候容易被视而不见，但当底层诉求汇聚成民意洪流时，就会爆发惊人的能量，并推出自己的代言人。底层人民苦教廷久矣，于是便迎来了一位重量级反对者——鼎鼎大名的马丁·路德。

路德本身也是一位传教士，但他勇敢地站了出来，实名反对罗马教廷出售赎罪券。1517年，同时也是美第奇家族族长的教皇利奥十世，派代表前去德国兜售赎罪券，路德就跑到维滕贝格教堂门前张贴反对销售赎罪券的《九十五条论纲》，直接和教皇对抗。在历史上，正是路德的这一行为拉开了宗教改革的序幕。

所谓宗教改革，便是要求"上帝的归上帝，恺撒的归恺撒"，反对教廷打着上帝的头衔干涉民众的世俗生活，进而限制教廷的权力。

对于这种公开反对的行为，教皇当然不能容忍。1520年，利奥十世颁布《斥马丁·路德谕》，限他 60 天内改变立场。然而，路德不仅公开烧毁了教皇的通谕，还继续反对教皇，更接连发表了几篇文章，和教皇打起了笔墨官司。同时，路德还向大众阐述了自己的神学见解和政治纲领。几个回合下来，教皇颜面扫地、狼狈不堪。

事已至此，教皇却无法直接处理路德，于是便向友人查理五世写信求助。查理五世不仅是西班牙帝国的国王，还兼任德国的皇帝。1521 年，查理五世应教皇要求，把路德叫到沃尔姆斯议会受审。

一番唇枪舌剑之后，路德被宣判为不受法律保护的人，禁止人民给他吃、给他住、给他任何形式的支持和帮助。

随后，路德又被判为异端，但仍然没有屈服。

路德并非一个人在战斗，他很快便在欧洲获得了一大群支持者，正是这群人演变成了后来的新教徒，并在西欧、北欧掀起了宗教改革的海啸。法国、英国、瑞士，尤其是荷兰的社会信仰开始向新教倾斜，并因此得到了巨大的历史红利。

荷兰因为经济发达且资本主义萌芽较早，更为崇尚自由，所以接受马丁·路德的思想更为容易。1536 年，荷兰的天主教神父门诺·西门斯正式脱离天主教会，加入了再洗礼派，这标志着新教在荷兰的发展达到一个高峰。

查理五世对此非常愤怒，便派人抓捕门诺，但总是扑空。门诺虽然疾病缠身，但总可以在躲避抓捕的过程中撰写宗教改革方面的文章，而正是门诺与他的文章推动了荷兰资产阶级的觉醒。

宗教改革的本质在于削弱教廷对世俗政权的控制。按理来说，查理五世应该乐于接受宗教改革，但历史上的宗教改革触碰了西班牙帝国和查理五世的逆鳞。查理五世不仅自己镇压新教徒，其子费利佩二世仍继续镇压新教徒，并导致了荷兰独立战争，更为西班牙与英国海战的惨败埋下了伏笔。

第 *3* 节

帝国逆鳞

所谓逆鳞，就是不可触碰之处。对于帝国和统治者来说，其逆鳞无非有三处：一、触碰意识形态；二、触碰权力神经；三、触碰金钱层面的利益。

西班牙帝国为什么会如此在意其天主教信仰？这个问题要从几个方面来寻找答案。

首先，西班牙在独立的过程中一直依靠天主教意识形态对抗伊斯兰教意识形态，因此可以说天主教信仰就是西班牙的立国之本。而且西班牙刚完成独立，开国君主之一的费尔南多二世于 1516 年才去世，西班牙反对伊斯兰教的斗争已经持续了几百年，天主教的意识形态早已渗透西班牙人的每一个细胞，因此西班牙上下都容不得任何与异教有关的东西。

其次，教廷给了西班牙巨大的支持。除了在独立过程中得到了教廷的支持以外，西班牙的航海事业也得到了来自教廷的巨大支持。西班牙在 1492 年才完成统一，两年之后教皇便支持西班牙和葡萄牙签订了《托尔德西里亚斯条约》，和葡萄牙瓜分世界。当时西班牙之所以能和葡萄牙"平分世界"，教皇的支持是非常重要的原因，因此西班牙对教廷很是感激。

最后，西班牙帝国开展海外探险的旗号就是"传播上帝福音、打击异教徒"。在当时的欧洲，所谓上帝福音，就是天主教意识形态。西班牙利用这个旗号在海外大肆抢占殖民地，让国土范围扩大到"日不落帝国"的形态，把西班牙的地缘利益最大化，同时大肆搜刮殖民地财富，从中攫取了巨大的经济利益。换句话说，天主教的意识形态不仅是西班牙帝国的立国之本，更让西班牙帝国的政治、经济、地缘利益实现了最大化。

因此，否定天主教就是触碰西班牙帝国的逆鳞；谁否定天主教，谁就是西班牙帝国的敌人。为了维护天主教的地位，西班牙帝国一直在和敌人打仗。而打仗打的就是财富。

西班牙帝国的敌人很多，其中，最大的敌人就是奥斯曼帝国。那场可怕的黑死病之后，奥斯曼帝国成了整个基督教世界的噩梦。

奥斯曼帝国在攻陷君士坦丁堡（1453年）之后进入全盛时代，领土横跨亚、非、欧三大洲。但奥斯曼帝国的统治者还不满足，还想效仿罗马帝国，把地中海变成帝国内海。在苏莱曼大帝（1520—1566年在位）时代，奥斯曼帝国走上了前所未有的巅峰。

但任凭苏莱曼大帝如何雄才大略，也无法征服欧洲，因为经过大航海的锤炼，葡萄牙帝国和西班牙帝国已然崛起。面对两个新兴的海洋霸主，奥斯曼帝国日渐力不从心。

而与苏莱曼争锋的西班牙国王，正是查理五世。既然奥斯曼帝国要称霸地中海，就不可避免地和西班牙帝国发生碰撞。在希腊罗德岛（1521 年）、在突尼斯（1535 年）、在阿尔及利亚（1541 年）……几方打得天昏地暗。双方如此这般在地中海周边拉锯几十年，互有胜败，两边都打得筋疲力尽、财政亏空，但谁也不能停止。两个看似强大的帝国，就这样不停地流着血，消耗着资源。而这些钱都要从"钱袋子"里掏——确切地说，都要从荷兰"抽血"。

西班牙帝国的敌人并非只有奥斯曼帝国，他们还要在欧洲内部同法兰西帝国争夺欧洲大陆的霸权。而对于信奉天主教的西班牙帝国来说，由于教廷在意大利，因此其必须争夺意大利的主导权。

从 1521 年到 1544 年，查理五世连续针对法国发动了四次"意大利战争"。战火从意大利的北部蔓延到中部，并蔓延到法国境内，迫使法国皇帝弗朗索瓦一世签订了屈辱条约，并承认了查理五世在意大利的霸权。

教皇也非常配合，于 1530 年 2 月 24 日在圣佩特罗尼奥教堂为查理五世加冕，承认他为神圣罗马帝国的皇帝，满足了查理五世的虚荣心。

从大历史的角度看，西班牙制霸意大利并不是什么好事。查理五世纵兵洗劫了达·芬奇的家乡佛罗伦萨，在加强天主教意识形态的同时，逐渐熄灭了意大利的文艺复兴之火。而后，布鲁诺被烧死在了罗马鲜花广场，便与此有关。

意大利的战争虽然提高了查理五世的个人声望，但收益不大。更为关键的是，法国并没有彻底屈服于西班牙，两国的战争还在继续。而这些在战争中所耗费的钱财，也需要从西班牙帝国的"钱袋子"里掏——也就是从荷兰处"抽血"。

奥斯曼帝国也好，法兰西帝国也罢，其实都远不是西班牙帝国最致命的敌人。西班牙帝国真正的敌人在帝国内部——荷兰。

第4节
造反领头羊

一次"抽血"，荷兰人也就忍了。在一段时间内不停地"抽血"，荷兰人也勉强能忍。但长时间不停地"抽血"，荷兰人就难以忍受了。

因查理五世建设家乡有功，荷兰人勉强对他有一些耐心。但其子费利佩二世对荷兰的发展并没有特殊的贡献，却也学着查理五世从荷兰"抽血"，荷兰人对此便忍无可忍。于是荷兰人迫切地希望改变，便支持宗教改革。当然，新兴的资产阶级也不是一无所图，他们支持宗教改革的另一个目的是打着改革的旗号吞并天主教的资产。

查理五世虽然把荷兰当成家乡，并对其投入了大量的帝国资源，但对于一个君王来说，凡是富裕之处，皆为帝国钱袋子，即便是自己的家乡。

在查理五世眼中，既然自己向家乡投入了资源，家乡就理应知恩图报，好好扮演帝国钱袋子的角色。如果自己的故乡能安心扮演钱袋子的角色，那自然是皆大欢喜；但如果钱袋子有了别样的意识形态，就必须铁腕镇压。

查理五世镇压新教徒的手段非常粗暴：建宗教裁判所、绞刑架与火刑柱。

早在 1522 年，路德首次受审后不久，查理五世便在荷兰宗教裁判所将新教徒当作异教徒对待——只要被认为稍有违反教规的嫌疑，就会被酷刑对待。由于荷兰的资本主义观念萌芽早，又是受新教影响的重灾区，所以很多荷兰人遭到了残忍的处罚。

为增加威慑力，查理五世又颁布了臭名昭著的"血腥诏令"（1550年）。此后，任何传播非天主教意识形态的学说都被视为异端。那些条例非常变态，比如，被定罪的妇女如认罪就会被活埋，不认罪则会被烧死，并没收其财产。不仅如此，那些残酷的条例还有连坐功能。如果对异端分子不予揭发，或以任何方式帮助异端犯者或异端嫌疑者，都和异端分子同罪。

因此在查理五世时代，西班牙帝国虽然看上去蒸蒸日上，但内部也是矛盾重重。异端法庭的火刑柱经久不息地燃烧着，很多荷兰老乡都被查理五世送上了黄泉路。由于查理五世的统治手段过于残酷，内部对新教徒太狠，外部对殖民地人民太狠，惹得天怒人怨。鉴于西班牙巅峰时期的实力过于强悍，所以大家拿他没办法。但是在反对者的内心深处，都盼着查理五世赶紧归西。

然而，大家好不容易熬到查理五世退位（1556 年），等来了费利佩二世，希望新国王能仁慈一点，能够出台一些休养生息的政策，但他们很快就发现自己错了。费利佩二世的狠厉比之其父有过之而无不及。费利佩二世认为，西班牙帝国的困局并不是因为战争——对外继续和奥斯曼帝国对抗、压榨殖民地，而是因为战争机器还不够强大。

于是，他决定花费巨额资金打造无敌舰队，这导致西班牙帝国的军费大幅增加。

西班牙的财政原本就紧张，费利佩二世为了弥补因大幅增加军费而造成的亏空，选择大力征税，而荷兰正是加税的重点。

但荷兰的资产阶级也不是吃素的，他们并不配合新国王的政策。费利佩二世干脆一不做二不休，于1557年宣布国家破产。这里的国家破产并不是说国家灭亡了，而是指国家"无力偿还"借款——也就是说，欠的钱不还了。

西班牙的债主大部分是荷兰的商人和银行家。这群人原本都是人精，善于算计，面对费利佩二世意料之外的赖账，无不目瞪口呆。

费利佩二世的做法虽然短时间赖掉了大笔债务，但对帝国的信誉是巨大的打击。但费利佩二世并不认为自己有错，而是认为是荷兰商人的贪得无厌造成了帝国危机，于是决心让荷兰人变得听话。

费利佩二世继承查理五世的遗志，加强对宗教裁判所的建设，处决了更多的异端分子，想通过高压手段让荷兰资产阶级屈服。而后，费利佩二世提高了西班牙收购羊毛的价格，使输入荷兰的羊毛减少，导致许多荷兰的工厂倒闭、工人失业，想通过釜底抽薪的方式让资产阶级听话。

费利佩二世的一系列手段彻底惹怒了荷兰人。而更让荷兰权贵愤怒的是，以费利佩二世好大喜功且喜怒无常的性格，荷兰人将来肯定没好日子过。而且赖账这种事情，有一就有二，费利佩二世尝到赖账的甜头之后，马上就开始酝酿第二次。于是，费利佩二世在1575年再次宣布国家破产，也就是他的第二次赖账。

既然日子没有希望，不如奋起反抗。费利佩二世就这样把帝国的钱袋子逼反了。而造反是需要领头人的，荷兰革命的领头人便是威廉。威廉的祖上很有名望，当过神圣罗马帝国的皇帝。在荷兰资产阶级革命之前的几百年中，他们家在荷兰一带一直颇有影响力，拥有一个拿骚伯爵的头衔和一块领地。

16 世纪初，拿骚伯爵家族的势力达到巅峰。威廉的父亲继承了家族的权力和财富，他的伯父则被查理五世任命为荷兰总督。

威廉本人在年轻时便因一系列原因继承了相当的权力和财富，并成了查理五世的秘书，在帝国权力中枢接受了充分的历练。查理五世一直把威廉一家当自己人——当然，最初威廉一家也把查理五世当自己人，配合他管理荷兰，帮助他从荷兰获取利益。

但费利佩二世因为缺乏帝王之术，把荷兰总督的位置给了查理五世的私生女玛格丽特，让她继续利用宗教法庭迫害新教徒。由于女公爵对荷兰资产阶级并不了解，导致她的一系列政策激化了当地的矛盾。

当时的西班牙王室非常高傲，认为新教徒都是一帮不能吃苦耐劳、不懂艰苦奋斗、不懂统治阶级的天恩浩荡，而且期望天上掉馅饼的"底层乞丐"。

威廉对荷兰比较了解，知道荷兰人民心向新教徒，所以希望用较为和平的方式缓和西班牙统治阶级和荷兰资产阶级之间的矛盾。于是，他和几个大贵族于 1566 年 4 月的某天把自己打扮成乞丐的模样去总督府向女公爵请愿，希望西班牙王室能够对新教徒实施宽松一点的宗教政策。

女总督对此大为光火，大骂一通之后把他们通通赶走。荷兰精英终于失望了，荷兰群众也愤怒了。愤怒的荷兰群众冲向天主教堂和修道院，口中喊着"乞丐万岁"，将神龛里的圣母像掀倒在地，并捣毁了教堂内部的装饰物。他们的行为引发了大规模的破坏圣像运动，人们以此表达自己对宗教自由的向往，进而拉开了荷兰资产阶级革命的序幕。

费利佩二世非常愤怒，他感觉自己高高在上的统治阶级的尊严受到了侵害，于是疯狂地调兵遣将，任命著名的将领和刽子手阿尔瓦为荷兰总督，残酷地镇压荷兰革命。

普通老百姓当然不是正规军的对手，宗教运动也很快遭到了镇压。阿尔瓦替代费利佩二世进行清算，成立所谓的"除暴法庭"，把能抓到的参与者都拉去审判。一时间，荷兰血流成河、绞索成林、人头滚滚，就连资产阶级领头人、安特卫普的市长也被送上了绞刑架。

威廉逃到德国，得以躲过一劫。在威廉领导荷兰资产阶级革命期间，曾经历过多次陆地战败、海上战败、军队哗变等变故，以及数不清的外出流亡，最后终于熬到了胜利。

荷兰资产阶级革命之所以能胜利，并不是因为威廉多么雄才大略——终其一生，也没见他指挥过一场像样的战役。而是因为荷兰底层群众非常坚韧，且外部环境对西班牙非常不利。

为了摧毁荷兰革命的根基，阿尔瓦重新制定了税制，要求荷兰一切动产和不动产都要交税，所有的商品都要交税。他留下一句凶狠的名言："宁留一个贫穷的尼德兰（荷兰）给上帝，也不留一个富裕的尼德兰给魔鬼。"

阿尔瓦的行为彻底激怒了荷兰人。既然正规军打不过西班牙，那就打游击战！

在北方，渔民、水手和码头工人组成了一支又一支被称为"海上乞丐"的游击队。他们驾着轻便小船，利用地理优势，沿着海岸游弋。他们的后勤成本极低，只需要打鱼就能维持生活，一有机会就发动袭击。由于低地地区河流密布，"海上乞丐"们经常可以出其不意地袭击西班牙的运输船。他们不进行正面进攻，而是专门挑西班牙军队的薄弱之处下手，并取得若干小胜利。

时间久了，便可以积小胜为大胜。"海上乞丐"们用了大约7年时间，到1573年底，终于解放了荷兰北部各省（主要是莱茵河入海口以北），并且把屡战屡败的威廉推向了领导岗位。

阿尔瓦打正规战虽然凶悍，却被游击战搞得头焦额烂。1574年5月，他好不容易率大军包围了北方的海滨城市来登，想取得一个大胜利，却一不小心被守军来了个"水淹七军"，最终惨败而归。

正值北方"海上乞丐"们节节胜利之时，南方的荷兰人又在密林中成立了"森林乞丐"游击队，也是专门袭扰西班牙的小股部队。由于阿尔瓦的残暴，很多荷兰人暗中支持游击队。

原本对付北方的"海上乞丐"就很吃力了，再加上南方的"森林乞丐"，阿尔瓦很快便撑不住了。1576年9月4日，布鲁塞尔爆发起义，起义人群直接占领了总督府。从那以后，西班牙在荷兰的统治就已经名存实亡了。

西班牙作为海洋帝国，为何输给了小小的荷兰？原因很简单：西班牙帝国的主力在别处打仗。

当"海上乞丐"四处打游击时，西班牙帝国正和奥斯曼帝国在地中海争霸。1571 年，奥斯曼军队占领塞浦路斯，整个基督教世界都感受到了极大的威胁。费利佩二世与教皇以及威尼斯随即结成同盟，组成了一支强大的海上远征军。同年 10 月 7 日，两个帝国的海军主力在希腊西部的勒班陀海峡相遇。

勒班陀海战是历史上最大的几场海战之一。在此次海战中，奥斯曼帝国出动了 230 艘战舰，西班牙联军出动了 208 艘战舰。尽管西班牙取得了最终的胜利，但也为此付出了惨重的代价。

在陆地层面，费利佩二世也没闲着。一方面，先是继续和法国打仗，虽然取得了一些胜利，但消耗也极大，自然没法集中力量对付荷兰革命者。更何况，法国和英国也在偷偷支持着荷兰革命者。另一方面，费利佩二世还在盯着葡萄牙王位，他在积蓄陆地力量，准备找机会拿下葡萄牙王位。在费利佩二世眼中，吞并葡萄牙帝国的机会一辈子可能就一次，价值远比镇压荷兰革命大。

终于，在 1580 年，费利佩二世如愿以偿地成了葡萄牙国王。

在随后的 1581 年，荷兰成立联省共和国，人类历史上第一个资产阶级共和国由此诞生，屡败屡战的威廉一世也由此而成为荷兰国父，即"最高执政"。

威廉一世在海牙会议上宣布与西班牙的"断绝关系法令"中说了这么一段话："人人皆知，上帝命令君主珍爱其臣民，犹如牧人看管羊群。当君主没尽到这个职责，当他压迫其臣民，践踏他们的权利和自由并待之若奴隶时，那他就不是君主而是暴君。这样，三级会议应合法地废除他，而代之以别人。"这段鼓励大家造反的话把费利佩二世气得半死。

当然，西班牙帝国并不承认荷兰独立，西班牙和荷兰的战争还在继续。费利佩二世恨透了威廉一世，决心派刺客杀死他。经过几次的失败之后，费利佩二世的刺客终于在 1584 年成功刺杀了威廉一世。

在费利佩二世眼中，荷兰就是一个富裕的弹丸之地，只要他腾出手来，就能将其碾碎。

但费利佩二世仍然没法集中力量对付荷兰，因为在他眼中，征服英国和伊丽莎白一世女王才是更为重要的事。只要搞定了英国，不仅西班牙帝国的势力会继续壮大，而且还能断了荷兰的重要外援。然而天不遂人愿，费利佩二世不仅没能征服英国，还为了自己的野心，把西班牙的无敌舰队搭了进去（1588 年）。

但费利佩二世并不接受自己的失败，于是选择重新调动西班牙帝国的财富和资源，再造无敌舰队远征英国。在 16 世纪末，西班牙都在试图征服英国。在费利佩二世的认知中，只要征服了英国，荷兰的问题便迎刃而解。

但问题是，西班牙最后不仅没能征服英国，反被英国将了一军。更为严重的是，荷兰利用西班牙和英国互相征伐的战略机遇，顺利度过了危险期，并且武装了起来，开始对西班牙主动出击。

第 5 节
天才的反击

费利佩二世以为刺杀了威廉一世，就可以打击荷兰的士气。然而威廉一世死后，他18岁的次子莫里斯成了荷兰的领导人。莫里斯不像威廉一世那般不善军事，而是实打实的军事天才。

莫里斯从小就爱好数学、弹道学和军事工程学，学习成绩优异，是一个优秀的军事人才。其父遇刺后，历史便为他提供了发挥才华的机会。当然，莫里斯并非一个人在战斗，他还有两个得力助手：老政客约翰①和幼弟亨德里克。他们三人组成了荷兰独立之初的三驾马车，而莫里斯专门负责军事。

莫里斯上任后，首先对荷兰军队进行了改良，把那些"海上乞丐"和"森林乞丐"游击队改编成正规军，并进行了良好的训练。此外，他还针对西班牙军队的弱点训练荷兰士兵。

由于荷兰本身非常富有，加上老政客约翰长袖善舞，所以军饷十

---

① 荷兰东印度公司发起人，后来和莫里斯反目，并被砍了头。

分充足，荷兰士兵打仗也比较有动力。接下来，就是反攻的时刻了。

荷兰人首先利用了自己的天时地利，沿着海岸线发起攻击，彻底占领了低地地区的海岸线，夺取了纽波特和敦刻尔克两个港口，加固了荷兰的军事根基。在取得一系列胜利之后，莫里斯开始尝试在陆地上打城市攻坚战。由于双方互有胜负，荷兰很难扩大自己的陆地疆域。比如，当莫里斯率兵进入佛兰德，遇到军事才能与其相当的西班牙名将斯皮诺拉，便遭遇了失败，毕竟西班牙在欧洲大陆拥有更多的战争资源。

为何号称军事天才的莫里斯无法把西班牙打得落花流水呢？因为西班牙帝国是在浴血奋战中成长起来的，西班牙的将士都经历过血与火的考验。他们常年和奥斯曼帝国、法国的精锐作战，是当时的精英队伍，可以说是百炼成钢。

而莫里斯指挥的新编的荷兰士兵能正面和西班牙打得有来有回，已经算很厉害了。考虑到荷兰在欧洲的国土面积很小，虽然很富有，但兵源其实十分有限。荷兰周围的西班牙、法国、德国和英国，根本没有一个软柿子。鉴于这些情况，莫里斯虽然在军事方面颇有天赋，但很难在欧洲开疆扩土。

荷兰的处境和一个世纪之前的葡萄牙帝国类似。当时的葡萄牙凭借抢占了大航海的先机，在海外掠取了不少财富和领土；但因为其在欧洲本土面积狭小、兵源有限，而很难在欧洲扩大领土。最终，葡萄牙只能落得一个被西班牙兼并的下场。

西班牙之所以能够在欧洲占领那么多领土，主要受益于联姻战略。一次又一次联姻让西班牙在欧洲的领土一次又一次地扩大，但是荷兰是资产阶级建立的共和国，在权力层面不存在天然的血缘传承，所以明显不可能走联姻的路子。

既然荷兰很难在欧洲通过军事击倒西班牙，那就应该换一种方式实现击倒西班牙的目标。该如何达到这个目标呢？莫里斯、约翰等人一番筹谋之后，做了一个天才的战略决定。

对内，巩固荷兰优势，做大做强荷兰的优势产业链。具体来说，就是"苦练内功，壮大自身"，同时联合盟友英国和法国，一起消耗西班牙的资源。

对外，荷兰效仿葡萄牙和西班牙，走海外扩张道路，然后让西班牙和葡萄牙无路可走。具体来说，就是抢占西班牙的贸易运输线。

荷兰人相信，只要走好这两条路，就可以扳倒西班牙帝国。只有扳倒西班牙帝国，荷兰才能彻底安全。

第 6 节

苦练内功，壮大自身

荷兰原本就是欧洲的贸易中心，在欧洲有着得天独厚的区位优势。在欧洲的众多产业链中，荷兰因其地缘优势在造船领域有着举足轻重的地位。前文说过，在别处造船不易的情况下，荷兰甚至可以很多船只同时开工。而造船和航海恰好是那个时代欧洲人的前沿领域，因此反过来促进了荷兰商业贸易的繁荣。

荷兰独立之后便不再充当西班牙战争机器的钱袋子。没有了西班牙的"抽血"，荷兰迎来了一次飞速发展。

当时的荷兰拥有 1.5 万艘商船，在阿姆斯特丹港内，经常有 2000 多艘商船停泊。作为比较，大家可以回顾一下在达·伽马与哥伦布探险时，整个船队也只有几艘船，可见大航海极大地促进了欧洲的发展，甚至可以用一日千里来形容。

当时荷兰商船的吨位占欧洲总吨位的四分之三，几乎垄断了海上贸易。北欧（主要是挪威和丹麦）的木材和鱼类、东欧的粮食和毛皮、东南亚的香料和棉纺织品，以及中国的丝绸和瓷器等，大都由荷兰商船转运，再经荷兰商人转手在欧洲销售。

凭借造船和贸易领域的优势，荷兰赢得了"海上马车夫"的美名。相比那个时代的葡萄牙和西班牙帝国，荷兰商人的信誉相对较好。西班牙帝国的商船经常打着上帝的名义进行掠夺，而荷兰资产阶级的商船较为重视契约精神和信誉。也就是这细微的差别，奠定了那个时代荷兰商人无与伦比的竞争力。

在那个并不太平的时代，商船在海盗和敌对国眼中就和肥羊差不多。因此，荷兰还需要创造一种新模式，以更好地进行贸易和对外掠夺。于是，在老政客约翰的筹划下，荷兰于1602年创建了荷兰东印度公司。这个公司不是一个简单的公司，而是历史上第一个通过资本运作诞生的股份有限公司。荷兰东印度公司每年给荷兰政府分红18%，数目非常可观。而且这种结构可以把荷兰各界的权贵利益汇聚到一起，做到有钱大家赚。

荷兰东印度公司发展成了一个超级巨无霸，不仅可以开展贸易，可以和别的政府签订协议，还能通过雇佣兵组建军队保护贸易线，还可以进行殖民掠夺。更有甚者，荷兰东印度公司还可以在战争时期自己发行货币，简直像一个微型国家。

如果说荷兰凝聚了那个时代欧洲造船业与贸易的精华，那么荷兰东印度公司就汇聚了荷兰的精华。17世纪的荷兰帝国之所以能纵横地球村，荷兰东印度公司的贡献不可谓不大。有了荷兰东印度公司，荷兰的商业贸易就有了保障，荷兰商船就不再是肥羊。也正是凭借荷兰东印度公司的强大功能，荷兰最终走向了巅峰。实际上，荷兰东印度公司也改变了东南亚的政治格局，比如现代印尼的形成就与荷兰东印度公司密不可分。

从历史规律的角度来看，像荷兰东印度公司这样的庞然大物不可能出现在资本主义来临以前。不论是君权时代还是神权时代，都不会允许这样的公司存在，因为荷兰东印度公司是股份制公司，本质上是分权。而君权与神权都追求极端集权，根本容不得半点分权——任何有可能瓜分君权与神权的因素，都将引发战争。

从本质上来说，近代资本主义革命的历程就是资本主义政权逐步"瓜分"君权和神权的过程。这个革命始于荷兰，并在之后爆发了惊人的能量。

资本主义的本质是开展资本运作，因此仅靠公司是远远不够的。那个时代的荷兰，贸易和金融业发达，因此需要更新金融组织。于是在 1609 年，阿姆斯特丹银行横空出世，它不仅是荷兰第一家大银行，也是欧洲最早的几家银行之一。

阿姆斯特丹银行推出了银行券，规定超过 600 荷兰盾的交易必须使用银行券。欧洲的商人们可以把手里的贵金属货币存到银行以获取银行券，银行还为商人开设了标准化的货币账户，并实行了支票和自动转款业务，大大简化了货物交易流程。这种金融创新大幅提升了荷兰金融中心的地位。

阿姆斯特丹银行的银行券是那个年代的硬通货，相当于等额的金银。由于荷兰的商业信誉很好，所以欧洲的权贵纷纷把自己的金银存到阿姆斯特丹银行——即便西班牙和荷兰正处于战争，西班牙的权贵还是选择把财产放在了阿姆斯特丹银行。

至此，荷兰凭借巩固自己的内在优势，实力一日千里，终于在欧洲立于不败之地。即便西班牙不承认荷兰独立，强大起来的荷兰也会打到让西班牙承认自己。

荷兰精英明白，要扳倒庞大的西班牙帝国，必须从水面上击败西班牙和葡萄牙的舰队，抢夺其殖民地和重要港口，取代其海上贸易霸主的地位。荷兰成立东印度公司，既有贪婪的成分，也有被逼迫的因素。

众所周知，达·伽马打通东方航线之后，葡萄牙从东方贸易（尤其是香料贸易）中赚了非常多的利润。而葡萄牙的东方贸易也是在低地地区销售，因此荷兰商人一直眼红葡萄牙从东方获取的利润。

荷兰独立之后，葡萄牙已经被西班牙兼并。费利佩二世禁止荷兰商船在伊比利亚半岛停泊，试图以此打击荷兰的商业贸易。如此一来，就相当于荷兰和葡萄牙也成了敌人。由于被西班牙兼并时已经衰落，此时的葡萄牙就成了荷兰攻击西班牙最薄弱的环节。

荷兰的攻击从刺探情报开始。因为葡萄牙垄断了东方贸易路线，其他国家并不知晓具体情况，所以荷兰商人成立了一个公司，派商业间谍混在葡萄牙商人中收集情报。

1595 年，一个在葡萄牙潜伏了十多年的商业间谍回到荷兰，带回了大量从欧洲出发到东方的航线资料。荷兰商人根据这些资料，在随后的 1596 年突破了西班牙和葡萄牙的封锁，抵达东方的印尼万丹、雅加达和巴厘岛海域。由于荷兰没有海外殖民经验，所以陷入了与当地居民的纠纷。尽管没怎么赚到钱，但荷兰还是看到了葡萄牙在东方的虚弱。

随后，荷兰人纷纷成立各种"殖民公司"，如远东公司、鹿特丹公司、泽兰联合公司和阿姆斯特丹联合公司等，并纷纷派商船前往东方。然而，这些公司没能把葡萄牙打垮，反而自己打起了价格战。比如，他们一窝蜂地到马鲁古和爪哇抢购香料，导致当地香料价格飙升了八倍，大幅压低了自己转售香料的利润空间。

但荷兰的这番操作也算是瞎猫撞到死耗子，香料利润空间的大幅下降也导致了西班牙帝国的财政困境。1597年，在费利佩二世去世前夕，西班牙帝国再次破产。1598年，骄横的费利佩二世去世了，并给儿子费利佩三世留下了基本上永远无法偿还的债务——帝国财政收入的三分之二都要被拿来支付这些债务。

西班牙帝国的衰落已成定局，与之对应的是蒸蒸日上的荷兰。经历了多年摸索，荷兰终于摸清了东方的格局和葡萄牙的力量。为了解决内耗，荷兰下决心把这些公司协调起来，统一成立荷兰东印度公司（1602年）。

与此同时，荷兰开始集中力量对付葡萄牙。

1601年，荷兰赶走葡萄牙人，控制了锡兰（斯里兰卡）。

1602年，荷兰在印尼的班达群岛击败葡萄牙舰队。

1603年，荷兰在印尼的巴达维亚（雅加达）建立了荷兰第一个永久殖民地。

1605年，荷兰攻占由葡萄牙人所控制的安汶岛。

一系列的攻击让葡萄牙无力招架。葡萄牙曾经也是海上一霸，但自从被西班牙兼并之后，就一直走下坡路。而西班牙自己的无敌舰队已被击败，随后便陷入了一个不停地打造无敌舰队，又不停地被击败的恶性循环，自然没有余力帮助葡萄牙。因此，面临新兴的荷兰，葡萄牙显得弱不禁风。

但葡萄牙名义上仍属于西班牙，所以葡萄牙的失败也是西班牙的失败，荷兰对葡萄牙的攻击就相当于击打了西班牙的软肋。但西班牙由于无敌战舰的数次战败，财政难以为继，更没有能力从战略层面支援葡萄牙。

与此同时，荷兰也不满足于仅仅进攻葡萄牙。到了1607年，荷兰舰队直接在欧洲袭击西班牙的直布罗陀港，导致西班牙损失惨重。

西班牙对此感到无以为继，于是费利佩三世便与莫里斯达成了一个停战协议：双方决定从1609年开始休战12年。这相当于西班牙默认了荷兰独立，但还未最后确认。

休战期间，荷兰人继续从思想和现实层面壮大自身。

在思想层面，荷兰天才格劳秀斯在1609年出版了一本名为《海洋自由论》的书。这本书影响极大，书中强调：荷兰船队可以自由航行到当时已知的所有海域，将葡萄牙在东方的航行权、贸易权、东印度主权三个垄断性权利相继攻陷，葡萄牙在亚洲赖以生存的物质基础被严重削弱，荷兰就可以壮大。

在现实层面，荷兰调整了荷兰东印度公司的结构，让其具有更强的攻击性，例如，在1610年设立总督的职位，结束了由公司舰队指挥官"轮流坐庄"的领导模式。正是在荷兰东印度公司的运作下，荷兰得以迅速蚕食葡萄牙在亚洲的贸易路线和主导地位。

荷兰利用自己所控制的印尼岛屿，在种植园大量种植丁香和肉豆蔻等香料，再用商船将其运回欧洲，导致西方的香料价格大幅下滑。本来就难以为继的葡萄牙，在香料价格下滑的形势下更是雪上加霜，无力再与荷兰竞争。荷兰逐步在东方取代了葡萄牙的地位。

　　西班牙与荷兰在 12 年的休战协议到期后（1621 年）并没有立刻开战。西班牙正值费利佩三世去世，费利佩四世立足未稳；荷兰那边，天才莫里斯垂垂老矣，已无力折腾。

　　西班牙帝国江河日下，费利佩四世虽然顶着"地球之王"的名头，但帝国财政已是难以为继。但是他已经无法停下扩张的脚步，只能硬着头皮继续扩军备战，并在不久之后导致了西班牙帝国的再一次破产（1627 年）。

第 7 节

漫长的战役

荷兰蒸蒸日上的海外殖民脚步没有停下，他们筹建荷兰西印度公司、扩大海外殖民地，并为接下来的战争做准备。1625 年，莫里斯去世。因为他没有儿子，所以他的幼弟亨德里克担任了荷兰的新执政。

新官上任三把火，为树立自己的威信，亨德里克决心扳倒已经因财政危机而虚弱不堪的西班牙帝国。于是他领导军队投入了欧洲的"三十年战争"，发动荷兰和西班牙最后的对决。

亨德里克长年追随莫里斯，深得莫里斯真传。他深知帝国博弈不是请客吃饭，而是讲究战略上的深谋远虑与战术上的精准出击。西班牙帝国因为财政问题走下坡路，西班牙军队的战斗力也已经大幅下降。与此同时，西班牙富人却把财产存放到了阿姆斯特丹银行。此时的荷兰准备火上浇油，让西班牙快点倒下。

为了打击摇摇欲坠的西班牙帝国，亨德里克从海陆两线出击。

欧洲大陆上，亨德里克小试牛刀，指挥荷兰军队先后攻陷了西班牙统治下的赫龙洛（1627 年）、斯海尔托亨博斯（1629 年）、马斯特里赫特（1632 年）。

为了摧毁西班牙在欧洲大陆的根基，亨德里克和法国结盟（1635年）。之前西班牙强势时，把法国打得丢盔卸甲；现在法国与荷兰联合对西班牙展开报复，让西班牙的处境更是雪上加霜。亨德里克趁机指挥荷兰军队攻占了西班牙统治的布雷达（1637 年）、根特（1644年）、胡斯特（1645 年），西班牙军队疲于奔命。

要彻底打倒西班牙帝国，就必须从海洋上击垮它。由于西班牙无敌舰队远征英国接连几次失败，所以帝国的海军也早已大不如前。与此同时，荷兰凭借自身的造船优势建立并保持了一支强大的海上武装力量。

荷兰海军不仅拥有那个时代先进且威力巨大的三层甲板战舰，还有大量灵活、威力很大的快速帆船，可以在战时起到极好的巡逻和侦察作用。总体上来说，新兴的荷兰海军面对老迈不堪的西班牙海军，已经具备诸多优势。

在美洲的马坦萨斯湾海战（1628 年）中，荷兰在马坦萨斯港①截获西班牙珍宝船队，让西班牙损失惨重，可谓是精准打击，直接加剧了西班牙的财政危机。

随后，荷兰又与西班牙多次海战，每次都把西班牙搞得很难堪。决定性的一战发生在 1639 年的唐斯。当时，西班牙国王费利佩四世利用英国即将爆发内战的机遇，组织了一支庞大的舰队进攻荷兰，但最终惨败而归。

---

① 古巴西部的一座港口。

荷兰海军名将马顿·特罗普利用一系列天时地利，击败了西班牙舰队。从那以后，西班牙帝国彻底衰落。

西班牙败于荷兰（还有英国和法国），很快难以为继。而帝国走向解体的第一步，便是把 1580 年兼并的葡萄牙帝国给吐了出来。1640 年，唐斯海战的第二年，葡萄牙通过一场复国战争摆脱了西班牙的统治。

顺带一提，带领葡萄牙复国的国王是若奥四世，是若奥大帝的后代。当年，也正是若奥大帝和亨利王子开启了欧洲大航海时代。但若奥四世显然没有祖先们的风采，葡萄牙复国是借助了荷兰独立的东风。但在弱肉强食的世界，是没有免费的午餐的。复国之后的葡萄牙更为虚弱，亨德里克让荷兰海军趁火打劫，发动了针对葡萄牙的马六甲战役。1641 年，也就是葡萄牙复国的第二年，荷兰人便在柔佛人的帮助下从葡萄牙人手中夺取了马六甲，摧毁了葡萄牙在东方的百年布局，同时奠定了荷兰在东南亚的霸主地位。

荷兰夺取了马六甲还不算完，又在 1648 年占领了好望角。如前文所述，迪亚士于 1488 年发现好望角，并自此奠定了葡萄牙帝国腾飞的基础。但如今好望角被荷兰占领，就意味着葡萄牙帝国落入低谷。

当然，西班牙帝国的日子也不好过。就在荷兰夺取好望角之时，疲惫不堪的费利佩四世最终承认了荷兰（尼德兰）独立。

经过 80 余年的奋斗，荷兰终于获得了彻底独立。

第8节

历史大戏

荷兰在走向独立的同时也逐渐变得强大。

战争之初，西班牙帝国如日中天，荷兰只是其钱袋子。取得胜利之时，西班牙帝国摇摇欲坠，荷兰成了地球村一霸。

荷兰不仅在非洲、南美、南亚、东南亚有着完善的贸易和殖民系统，更在北美洲以哈德逊河流域为基础，建立了新尼德兰殖民地，并在河口夺取曼哈顿岛，建立了新阿姆斯特丹——后来的纽约。在大洋洲，荷兰更是用自己的一个省命名了新西兰。

巅峰时期的荷兰为什么没有完成在欧洲的开疆扩土呢？当时的战略环境对荷兰非常友好，且西班牙、英国和法国都处于内乱中。

在西班牙衰落的过程中，法国也迎来了自己的春天。法王路易十三重用黎塞留为首相，对法国进行了一系列改革，成功把法国的国力提升到了一个新的档次。

亨德里克对付西班牙的主要盟友就是黎塞留。但在西班牙正式承认荷兰独立的时候，黎塞留和路易十三已经先后去世，新王路易十四则年纪尚轻。同时，政权的新老过渡阶段并不顺利，甚至一度导致了投石党人运动（1648 年）。

由于起义势头很猛，路易十四被迫离开了巴黎，直到四年之后才得以返回。对于巅峰时期的荷兰而言，近在咫尺的法国内乱无疑是其扩张的好机会。

法国处于内乱的时候，英国更乱。漫长的资产阶级革命在 17 世纪 40 年代爆发。在先后经历了第一波内战[①]、第二波内战，并最后把英王查理一世送上断头台（1649 年）后，克伦威尔开始了独裁统治，死后又被清算。而后，查理二世复辟。前前后后，欧洲折腾了几十年。

至于西班牙，则是继续衰落，且持续的时间较长。

费利佩四世并非雄才大略之主，他才能平庸，没有能力挽救西班牙帝国的衰落。但是西班牙帝国衰落的致命一击，其实是源自费利佩四世去世，因为他的继承者是卡洛斯二世。

1665 年，年仅 4 岁的卡洛斯二世登上王位，预示着西班牙帝国将沉入低谷。

西班牙王室和葡萄牙王室一样，都因为近亲结婚而导致了继承人危机，而所有的负面因素都汇聚在了卡洛斯二世的身上——他身患多种遗传病，以及智障和癫痫，体质虚弱得随时可能死亡。

他在 4 岁继位时还没有断奶，且不会走路。由于跛足，卡洛斯二世 10 岁才学会走路，这导致他无法接受一位君王在成长过程中的基

---

① 1644 年之前是国王主动进攻，之后是议会占优势。

础教育。

卡洛斯二世的相貌也变了形：过于巨大的下颚使他无法正常咀嚼，所以他直到 5 岁才断奶；他的舌头也出奇的大，导致他讲话别人很难听懂，这对于一个君王来说无疑是致命的。

简而言之，卡洛斯二世是一个天生的残疾人，却不幸成为一个衰落帝国的君王。更为不幸的是，这样一个极其不合格的君王居然统治了西班牙 30 多年，直到 1700 年才离世。而最为致命的是，卡洛斯二世不能生育，因此他死后，又引发了争抢西班牙王位的一系列大战。在人生的最后时刻，他的精神和行为都变得极为怪异。

在主要竞争对手法国、英国都处于乱世的历史当口，荷兰为何没有选择继续打下去，并尝试在欧洲开疆扩土呢？荷兰同意停战的原因有两个：一方面，亨德里克去世（1647 年），荷兰失去了天才统帅；另一方面，荷兰自己也陷入了乱局之中。

亨德里克去世之后，把荷兰执政的位置传给自己的儿子威廉二世，这就暴露了荷兰资产阶级革命的致命缺点——不彻底。

成熟的近现代国家都以政党政治取代了家天下。荷兰虽然建立了共和国，但最高执政的位置还是通过血缘关系传承。威廉一世死后，大位传给儿子莫里斯；莫里斯没有儿子，大位传给弟弟亨德里克；亨德里克又把大位传给了自己的儿子威廉二世；随后还有威廉三世和威廉四世。与此同时，荷兰议会的权力也很大，这导致最高执政一家和议会的冲突在所难免。

威廉二世继位之后，就试图把荷兰联省共和国打造成以海牙为中心的中亚集权制国家。换句话说，就是让资产阶级共和国后退一步变成王国，这就使其与议会派商人发生了激烈的冲突。威廉二世也毫不手软，直接出动军队兵临阿姆斯特丹城下，迫使议会暂时屈服于他的意志。

就在威廉二世春风得意之际，自己却感染了天花，很快便一命呜呼（1650 年）。此时，威廉二世的遗孀才 20 岁，腹中的胎儿即将临盆。在威廉二世死后的第八天，他的遗孀生下了一个儿子，即后来的威廉三世。议会里的商人派乘机发动政变，废除了"执政继承体制"。从那以后的 20 多年，荷兰进入了由商人寡头统治的时代。

荷兰宿命的悲哀之处在于，商人更注重利益和自由，对开疆扩土没什么兴趣。在商人统治荷兰的那段时间里，荷兰的贸易风生水起。随着荷兰东印度公司的不断扩张，贸易站在波斯、孟加拉、马六甲、暹罗和马拉巴尔等荷兰殖民地上纷纷建立。到了 1669 年，荷兰东印度公司成为世界上最富有的公司。

在这个过程中，荷兰商人赚得盆满钵满。但在商人的把持下，理论上应该很强大的荷兰海军战斗力却非常一般。

由于荷兰赚了很多钱，英国非常眼红。打倒了查理一世的克伦威尔向英国议会提交了一份《航海法案》（1651 年），要求保护英国商人的利益，这也相当于动了荷兰商人的奶酪。于是，第一次英荷战争爆发。

荷兰的指挥官还是名将马顿·特罗普，他曾经在唐斯海战中击溃西班牙主力舰队。此时的英国因为遭遇资产阶级革命，海军力量并不在巅峰时期。但是占优势的荷兰海军最终还是输了，而马顿·特罗普也在战争中殒命。

荷兰海军为何战败而归？因为荷兰军舰上的水手虽然技艺高超，但性格上深受商人的影响，热爱自由、缺乏组织纪律，有时候非常热血勇敢，但关键时刻很惜命，不敢拼刺刀。他们一见到战局不利，就经常不服从指挥，各自逃命。

翻看荷兰的历史，可以发现一个奇特的现象：几乎每次海战，都有荷兰船长因拒绝作战而擅自撤退，几乎所有的荷兰将领都善于组织防守和撤退。如此一来，荷兰海军虽然纸面实力很强，却从未完全发挥全部潜力。

在第二次英荷战争中（1665 年），英国强占了荷兰北美殖民地新阿姆斯特丹，并将其改名为纽约。

统治荷兰的商人执政团队根本不懂军事，便找了骑兵军官奥普达姆作为荷兰海军司令。然而更要命的是，商人执政团队没有给作为舰队司令的奥普达姆在战场上随意调动部队的权力，这导致了多次的战机贻误。

最终，在决定性的洛斯托夫特海战中，奥普达姆阵亡，荷兰惨败。在随后的拉锯战中，荷兰海军虽然依靠奇袭战术挽回了部分颜面，但新阿姆斯特丹还是永远丢失了。

荷兰商人执政团队暴露的弱点让英法两国开始觊觎荷兰。尤其是法国，路易十四平叛之后，开始逐渐露出其大政治家的本色。在黎塞留和路易十三的基础上，路易十四带领法国南征北战，逐渐成为欧洲大陆的霸主。

路易十四觊觎荷兰的财富，想要征服荷兰，将其变成自己的钱袋子。于是在 1672 年，法国和英国合谋进攻荷兰：法国从陆地上大兵压境，英国则从海面上发动第三次英荷战争。

荷兰瞬间陷入了严重的危机之中，稍有不慎就可能被英法瓜分。荷兰在欧洲的体量实在太小，只要几个重点城市（尤其是阿姆斯特丹）被法国攻陷，就会面临亡国风险。而当时的荷兰，已经被逼得自掘堤坝以阻挡法军。

在生死存亡关头，控制议会的荷兰商人再次发扬趋利避害的商人本质，试图找一个人出来顶雷，于是便把威廉二世年仅 22 岁的儿子威廉三世推出来担任最高执政。威廉三世虽然年纪轻轻，却像他的爷爷亨德里克以及爷爷的哥哥莫里斯一样，颇有真才实学，而且运气特别好。

威廉三世为鼓舞士气，表态道："我不会看着国家失败，因为我会战死在最后一道壕沟里。"在他的鼓励下，荷兰人在危急关头上下一心，终于渡过了最初的难关。随后，他又和西班牙、普鲁士、奥地利等国结盟，让路易十四吞并荷兰的梦想化为泡影。

此外，由于英王查理二世是威廉三世的舅舅，所以英国没有对他下死手，这也是商人推他出来做执政官的重要原因。在第三次英荷海战中，英荷双方互有胜负。另外，由于英国议会的牵制，查理二世的行动也处处受限。

由于英国议会被资产阶级控制，更倾向于新教，因此英国议会并不信任斯图亚特家族。当时统治英国的斯图亚特家族倾向于天主教，查理一世甚至因宗教战争被送上断头台。而查理二世本人也同情天主教，并在临死之前皈依了天主教（1685 年）。当然，查理二世在皈依天主教之前，先签署了国会制定的"人权保护法"，承诺不再搞迫害清算（克伦威尔死后被清算）。

查理二世死后，他的弟弟詹姆斯二世继承王位。詹姆斯二世就是威廉三世的岳父，也是更加虔诚的天主教徒。詹姆斯二世试图在英国恢复天主教的地位，甚至还想解散议会。

一时间，英国再次面临狂风暴雨。英国议会的权贵秘密邀请威廉三世前往英国担任国王，以取代詹姆斯二世。在那个时代，宗教的意识形态斗争高于世俗权力争夺。因此，威廉三世虽然是荷兰首脑，但由于他信奉新教，且没有改变荷兰联省共和国体制的意图，所以成了英国议会心中完美的英王人选。

威廉三世知道机不可失，时不再来。尽管要对付自己的岳父，但权力的诱惑实在太大。1688 年，威廉三世亲率 2.1 万大军横渡英吉利海峡，登陆英国争夺王位。

照理来说，威廉三世要攻占英国并不容易。要知道，英国海军是那个时代首屈一指的海上力量，曾经多次击败西班牙与荷兰舰队。然而充满戏剧性的是，据说英国海军被一阵大风刮得出不了港，而那阵风就成了英国人疯狂赞叹的“新教神风”。

这是巧合吗？当然不是。要知道，英国海军在作战时，总是能够利用风向来为自己提高胜算。所谓的出不了港，其实只是英国内应不想让海军出港拦截威廉三世——毕竟威廉三世登陆之后，英军就纷纷倒戈了。威廉三世轻而易举地攻下了伦敦，并将其岳父詹姆斯二世赶到法国流亡，顺利加冕为英国国王。这就是英国历史上鼎鼎大名的“光荣革命”。

当然，天下没有免费的午餐。威廉三世接受了议会拟定的《权利法案》，重申了议会控制税收和立法的主张，限制了君王的权力，大大促进了英国的发展。

英国的实力大幅增长最终导致了荷兰在 18 世纪的衰落。荷兰帝国还是没能摆脱被英法联合灭亡的宿命。

第 9 节

投机误国

威廉三世被加冕为英国国王之后，主导了英国与荷兰签订的一系列同盟条约，两国成了一家人。在威廉三世时代，这种条约无异于双赢。

对于荷兰来说，有了英国做后盾，法国就没了吞并荷兰的本钱。在威廉三世的主导下，英荷联盟和法国、西班牙打了一场"九年战争"，彻底稳住了自身。

对于英国来说，有了荷兰这样一个金融和贸易中心在欧洲做桥头堡，对英国自身的发展也是百利无一害。

但由于那个时代的欧洲人喜欢激荡冒险的天性以及各国之间错综复杂的恩怨情仇，英、荷两国这种稳定关系注定不会长久。威廉三世死后（1702 年），历史来到 18 世纪，局面又发生了剧烈的变化。

由于威廉三世与玛丽二世终身无嗣，英国的王位由玛丽二世的妹妹安妮公主继承，荷兰执政则由威廉一世的后代威廉四世继承。此后，英国与荷兰进入了一个相对平和的时期。但在那段时间内，英国一日千里，荷兰却止步不前且武备松弛，成了一只肥美的羔羊。

美国独立战争爆发后，英荷同盟土崩瓦解，双方还大打出手。原本同盟的两国为何开战？这要从资本家贪婪的一面说起。

前面说过，荷兰非常富有，在金融方面有很多创新。但是历史无数次证明，金融创新很大概率伴随着投机与风险。而17世纪的荷兰还没有那么多应对金融危机的经验，所以投机与风险渐渐变得不可控，最典型的一个例子便是郁金香泡沫。

郁金香在现在并不稀奇，但在古代曾经非常珍贵。在阿拉伯帝国和奥斯曼帝国时代，郁金香有着崇高的地位。随着奥斯曼帝国的崛起，郁金香传入欧洲。珍贵的花朵和新生的金融结合在一起，创造了一个巨大的泡沫。

在郁金香炒作最疯狂的时代，一名普通荷兰技术工人的年薪约150荷兰盾，与同时期其他欧洲国家相比，是一笔较高的收入，而一支郁金香的价格就在2000荷兰盾以上。换句话说，一个普通荷兰技术工人工作十年也买不了一支郁金香。

由于骗子太过疯狂，导致傻子没能力接盘，泡沫最终还是破裂了，很多人也因此破产。然而，郁金香泡沫虽然破裂了，却没有浇灭很多荷兰银行家暴富的梦想。他们觉得正常投资和贸易来钱太慢，便迷上了高息贷款、以钱生钱的游戏。

荷兰的银行家们不再把钱放在本国搞建设，而是借给诸如神圣罗马帝国皇帝、萨克森选帝侯、巴伐利亚选帝侯、俄国的皇室、法兰西的国王等。当然，还包括北美那帮正在筹备独立战争的"爱国者"。

在这群银行家的影响下，荷兰普通人的思维也变了，他们开始进行投机活动。由于荷兰的人口本就不多，制造业和贸易很快就停滞不前了，"海上马车夫"日渐疲惫。大家都想着投机，武备自然也就衰弱了下来。

投机取巧的人群逐渐壮大，经济危机便悄然而至。1772年，一位英国银行家因做空东印度公司股票投机失败亏损了一大笔钱，跑到法国躲债，从而引发了英国的金融风暴。随后，这场金融风暴席卷了欧洲大陆。

这场金融危机直接摧毁了荷兰的金融体系，导致荷兰资本转移，造成国库空虚。同时，英国的财政也变得非常紧张，引发了"波士顿倾茶事件"和美国独立战争，英荷同盟名存实亡。

美国独立战争爆发前后，荷兰虽然表面上保持中立，却在暗中利用加勒比海的殖民地给华盛顿的军队提供军火支持。

英国一开始不吭声，后来眼见美国独立已经不可避免，索性以荷兰支持独立战争为借口，发动了第四次英荷战争，抢占了大量荷兰的殖民地与财富，弥补了北美独立的损失。

然而，输给英国只是荷兰噩梦的开始，美国独立战争的主要支持者其实是法国。而由于法国的支持过于猛烈，又引发了法国大革命。不久后，拿破仑上台，直接给了荷兰致命一击。

第四章

英国：边陲岛国，殖民世界

英国的全称是"大不列颠及北爱尔兰联合王国"，位于欧洲西北部不列颠群岛，西临大西洋、东隔北海，南隔多佛尔海峡和英吉利海峡，同欧洲大陆相望。

不列颠群岛还有一个隐蔽的身份：欧洲人发现的第一块新大陆。英国的建立者主要是来自欧洲各地的外来入侵者，而非不列颠群岛的原始居民。他们经过与本地民族的长期融合，才成为今日的英国人。

亚洲的华夏文明圈，历史趋势以大一统为主；欧洲的基督教文明圈历史，则是另一种趋势——在欧洲历史上，只有罗马帝国完成过欧洲大陆的大一统，其余时间欧洲大陆都处于碎片化状态。

近代以来，英国对欧洲大陆一直奉行的是"离岸平衡"战略。具体来说，就是拉一派、打一派。每当欧洲大陆上出现强势的国家，有希望再次完成欧洲大陆的统一时，英国就会拉拢其敌对势力将其打倒。英国是绝对不允许欧洲大陆出现一个一家独大、再次一统欧洲的国家的——这其实很容易理解，因为英国是一个岛国。

一旦欧洲大陆完成统一，英国就势必会被边缘化。以日本为例，由于古代的中国一直处于大一统状态，所以古代日本只能一直孤悬海外，对东亚大陆的影响力非常有限。

而英国的厉害之处在于，总能联合一众国家击败欧洲大陆的强者。

第 *1* 节

英国王室有多 "乱"

早期的英国历史一直存在争议。但可以肯定的是，古代的欧洲人一直在努力渡过英吉利海峡，在不列颠群岛落地生根。

罗马帝国时代，恺撒及其后继者们终于征服了不列颠群岛。也正是在罗马帝国时代，基督教传入了不列颠群岛，并且逐渐统治了不列颠群岛居民的思想。

罗马帝国灭亡之后，盎格鲁－撒克逊人抵达不列颠群岛，建立了一系列小国。9 世纪，一个名叫爱格伯特的国王通过战争兼并了其他国家，并建立了威塞克斯王朝。

在 200 多年之后的 11 世纪，由北欧海盗建立的丹麦帝国强大了起来，并开始入侵英国。一系列的战争之后，克努特大帝终于带着海盗征服了英国，并建立了丹麦王朝。

雄才大略的克努特大帝带头主持编纂了《克努特法典》，这部法典明文规定了国王的权力，在古代，这是非常了不起的举动。

由于海盗精于抢掠且统治手段粗暴，所以很多英国人不服，丹麦王朝因此很快被推翻。忏悔者爱德华短暂地复辟过威塞克斯王朝，但由于他没有后代，所以英国又被来自欧洲大陆的诺曼底公爵威廉一世（即征服者威廉）征服，随后建立了诺曼王朝。但诺曼王朝并不稳固，前后仅不足百年。征服者威廉的小儿子亨利一世原本是个不可多得的人才，在位期间一直励精图治，却无奈继承人夭折，只得宣布把王位传给女儿，结果又导致他的外甥——法国人斯蒂芬前来争夺王位。斯蒂芬的成功让另一个法国人——亨利一世的外孙亨利二世眼红，于是也加入了王位抢夺大战。经过一番战斗之后，双方达成妥协：斯蒂芬先当英国国王，也是诺曼王朝的最后一位国王，死后将王位传给亨利二世。

亨利二世继位之后开创了金雀花王朝，这个王朝在英国的历史上留下了两个巨大的烙印。

第一个烙印是在大学层面。亨利二世上台后和法国的国王交恶，由于英法关系恶化，亨利二世直接禁止了英国学生去巴黎大学学习（1167 年），从而推动了牛津大学的发展。1209 年，部分牛津师生因暴力事件离开了牛津，随后创办了剑桥大学。正是牛津和剑桥这两所大学奠定了英国在工业文明阶段腾飞的基础。

第二个烙印在法典层面。金雀花王朝的第四位国王名叫约翰。这位英王原本是没有资格继承王位的，而且在经过一系列阴差阳错的事件成为国王之后，还丢了很多国土。由于不得人心，约翰招致很多的人反对。1215 年，在大封建领主、教士、骑士和城市市民的联合施压下，约翰被迫签署了《自由大宪章》。这是英国历史上重要的文件之一，主要内容是保障了封建贵族和教会的特权及骑士、市民的利益，限制了王权。

《自由大宪章》奠定了"私人财产不可侵犯"的基础。这里的"私人"指的是贵族、教会、骑士等既得利益阶层。当这些人的利益得到保护之后，就会想方设法侵害最底层的利益。于是，英国于1235年出台了《默顿条例》、于1285年出台了《威斯敏斯特第二条例》，授权庄园领主圈占老百姓不需要的荒地，因而导致了圈地运动。这个残忍的政策在后来促进了英国工业革命，当然这是后话。

由于诺曼王朝、金雀花王朝都和法国存在诸多恩怨，因此最终导致了英法百年战争。那场旷世之战从14世纪中期一直打到了15世纪中期，甚至在金雀花王朝终结之后，英国的兰开斯特王朝还在接着打。

英法百年战争奠定了法国后来的辉煌，也让英国意识到自己不可能通过武力征服欧洲，需要重新打算。

15世纪的欧洲最重要的两件事，一是奥斯曼帝国于1453年攻陷君士坦丁堡，扼住了基督教世界的喉咙；二是大航海拉开帷幕，欧洲人开始征服海洋。

既然没办法在欧洲大陆开疆扩土，英国便把目光转向了海外，试图效仿葡萄牙帝国与西班牙帝国，通过海外探险的方式进行殖民掠夺。对于欧洲大陆，英国则开始推广离岸平衡战略，不允许任何欧陆国家一家独大。

回到前文的问题：英国为什么能联合一众欧陆国家击败欧洲潜在的霸主？答案就在英国的王室历史中。

细究英国王室的历史，会发现他们和欧洲的许多国家都有着千丝万缕的联系，甚至后来西班牙的费利佩二世和荷兰的威廉三世竟然当上了英国的国王。从某种意义上来说，英国王室甚至是欧洲人的"共享王室"。

欧洲大陆一旦有潜在的霸主出现，便很容易引起其他国家的警惕与危机感。由于英国王室几乎和所有欧洲王室都存在亲戚关系，所以联合一众国家对付潜在的霸主就变得轻而易举。

英法百年战争停止没多久，英国又开始打内战。金雀花王朝的最后一位国王被他的堂弟发动政变赶下台，金雀花王朝由此终结，而他的堂弟就是建立兰开斯特王朝的亨利四世。

由于王位来路不正，兰开斯特王朝也没能持续多久。约克公爵起兵造反，建立了另一个短命的王朝——约克王朝。

以红玫瑰为徽章的兰开斯特家族和以白玫瑰为徽章的约克家族同出一脉，却为了争夺王位打了30年仗。以前打仗都还有所约束，但自相残杀的英国内战是非常凶狠的，甚至恨不得在对方地盘上实行"三光政策"。结果一场战争下来，英国贵族死了一大半（平民更不用说），连欧洲的贵族们也对其决绝之态目瞪口呆。

两败俱伤之下，兰开斯特家族和约克家族终于想起彼此本是同根生，便再次实施联姻政策。

这场持续了30年的英国内战被称为"玫瑰战争"。玫瑰战争打得太过凶残，导致贵族伤亡惨重，大批工商业主进入上层，为后来英国的资产阶级革命埋下了伏笔——最终的结果，是都铎王朝正式登上历史舞台。

都铎王朝的第二位国王亨利八世开启了英国宗教改革的序幕。

英国为何要开展宗教改革？起因还是黑死病。黑死病的肆虐让欧洲死伤惨重，英国则尤其惨烈，许多人因此死于非命。而英国之所以那么惨，还是因为中世纪的英国卫生条件非常差。

在 1235 年的《默顿条例》和 1285 年的《威斯敏斯特第二条例》颁布后，英国允许既得利益者圈地，很多基层人民因此失去了土地，被迫从农村向城市迁移，导致了城市的人口膨胀。与此同时，英国城市的治理却没有跟上，伦敦等城市原本就不好的卫生环境迅速恶化。

在伦敦大街上，人和牲畜的排泄物、屠夫丢弃的动物内脏、渔民丢弃的臭鱼烂虾，以及酒鬼呕吐物等各类污秽屡见不鲜，空气中飘荡着难以名状的气味，甚至连王宫的国王都在抱怨："因为街上腐臭的血污，还有扔进泰晤士河里的内脏，城市空气受到了严重的腐蚀和感染。"

由于卫生条件实在太差，伦敦政府不得不于 1309 年出台律法，规定乱倒垃圾者一律罚款 46 便士，但收效甚微，因为很多被罚款的人都是流浪汉，或是难以谋生的穷苦之人。最后，无计可施的伦敦政府不得不请了清洁工、掏粪工等工人来维持伦敦的卫生，但问题仍然难以解决。

英国城市的这种环境非常有利于疾病的传播，所以黑死病传到英国之后便开始肆虐，给英国造成了沉重的打击。

首先在现实层面，由于大量居民死亡，导致各行各业劳动力短缺，百业凋零。其次在精神层面，由于无法解释病因，教会就告诉人们："瘟疫是上帝的惩罚。"这种解释在基督教教义中是说得通的。但是接下来，教会居然开始不厚道地向世人散播消息，让大家向教会捐献自己的家财以寻求宽恕，或参与祷告活动祈求庇佑。然而，很多虔诚的信徒在捐献财物之后并没有换取平安，因此非常失望。

如此一来，大家对传统天主教的信仰便发生了动摇，这就为宗教改革奠定了基础。当马丁·路德掀起的宗教改革运动从欧洲大陆传到英国时，立刻引起了很多人的共鸣，并在最后形成了一股历史大潮。而其中的关键人物就是亨利八世。

在亨利八世（1491—1547年）所处的时代，欧洲最强的国家是正处于巅峰的西班牙帝国。于是，亨利八世的父亲，也就是开创了都铎王朝的亨利七世，便想方设法地和西班牙帝国联姻。亨利七世先是让长子亚瑟娶了西班牙公主凯瑟琳①，结果无奈亚瑟年岁不永，15岁结婚，16岁便早逝了。

为了获得西班牙帝国的支持，亨利七世又把凯瑟琳公主嫁给了自己的次子亨利八世——也就是说，亨利八世娶了自己的长嫂。按照当时的宗教传统，男性是被禁止娶自己兄弟的遗孀的。但对于当时的西班牙和英国王室来说，联姻势在必行，宗教的规矩自然也是可以改变的。一方面，凯瑟琳坚称自己仍是处女②；另一方面，西班牙和英国王室不断施压，最终促成了这场联姻。

凯瑟琳比亨利八世大5岁，婚后的凯瑟琳王后凭借自身素质，给英国人留下了良好的印象，非常受欢迎。但是遗憾的是，凯瑟琳婚后多次流产，只有一个名叫玛丽的女儿存活了下来，即后来的玛丽一世

---

① 伊莎贝拉女王之女，查理五世的姑姑。

② 根据教会法规，婚姻要等到夫妻双方发生了性关系后才能生效。

女王，也称"血腥玛丽"。

亨利八世一直想要儿子，因为在英格兰的历史上，还没有出现过女王。在亨利八世看来，但凡缺少男性继承人的王国，王位最终都会落到他人之手。

但在那个时代的欧洲，国王的婚姻需要符合宗教规矩，需要教皇认证。因此，1527 年，亨利八世以没有男性继承人为由向教皇提出申请，要求与王后凯瑟琳离婚。但当时对教廷影响最大的国家是西班牙，查理五世更是教皇最重要的支持者，而凯瑟琳又是查理五世的姑姑。所以在查理五世的压力下，教皇没有批准亨利八世的离婚请求。

此前亨利八世一直衷心拥护教皇，坚决反对英国宗教改革，甚至把异教徒送上了火刑柱。不仅如此，他还亲自撰文抨击马丁·路德，称其言论为异端邪说，教皇还因此授予他"信仰捍卫者"的称号，马丁·路德则斥之为"戴着王冠的蠢参谋长"。然而现在的亨利八世发现，自己所拥护的教皇竟然不准他为了生儿子而离婚，因此感到非常失望。再加上此前在对法国的战争中，查理五世以迎娶表妹玛丽公主为筹码，忽悠亨利八世参加了对法战争，结果战争胜利后，查理五世转头便娶了自己的西班牙表妹。这一切，都让亨利八世深深地感到自己被查理五世玩弄于股掌之间。

愤怒之下的亨利八世决心放弃天主教，转而在英国推动新教改革，创立了一个英国圣公会，并宣称国王是宗教首脑。如此一来，亨利八世便可以自己决定自己的事情，比如是否离婚。随后，亨利八世宣布自己和凯瑟琳王后离婚，又同凯瑟琳的侍从女官安妮·博林结婚。

实际上，早在正式结婚之前，安妮·博林和亨利八世便已暗通款曲多年。安妮·博林本人不但长得花容月貌，还博学多才，一度深得亨利八世的喜爱。但遗憾的是，安妮·博林也只生下了一个女儿，就是后来的伊丽莎白一世女王。最后，安妮·博林也遭遇了和凯瑟琳同样的命运——她的侍女珍·摩西成了亨利八世的新情妇。

实际上，安妮·博林的结局比凯瑟琳更为惨烈。由于她为人傲慢且排场大，得罪了很多人，最终被政敌构陷偷情，随后被关入了伦敦塔，落到一个被斩首处决的下场。

安妮·博林被斩首后，珍·摩西便成为英国王后，也是亨利八世的第三位妻子。在这段婚姻中，亨利八世总算得偿所愿——珍·摩西生了一个儿子，也就是爱德华八世。但她也因此耗尽元气，产后不久便一命呜呼。

珍·摩西死后，亨利八世又有过三段婚姻。他和第四任王后没有同房就离婚了；第五位王后因卷入宗教斗争和绯闻的旋涡，最终死于非命；第六位王后则是一个四婚女人。简而言之，亨利八世虽然掌握了自己的婚姻大权，但他的婚姻却是一地鸡毛。之所以会如此，根源在于宗教改革实在是动了太多人的奶酪，牵扯了太多利益。

第 **2** 节

可怜人的争斗

亨利八世死后，他唯一的儿子爱德华六世继位，成为都铎王朝的第三位君主。

爱德华六世和亨利八世有着颇为相似的地方——他博学多才、意志坚强、精于谋略，且是新教的忠实支持者。亨利八世对这个儿子很满意，以为自己找到了完美的接班人。

然而，爱德华六世先天不足、体弱多病。1547 年，亨利八世去世，年仅 9 岁的爱德华六世继位。虽然他有诸多优点，但他的身体却支撑不起一个国王需要承担的工作。因此，爱德华六世在位仅 6 年便早逝，且没有留下任何子嗣。

由于爱德华六世生前担心天主教会卷土重来，便和国会合谋修改了《继承法》，把一个旁支的简·格雷①推上了王位，英国首位女王由此而诞生。

---

① 亨利八世的妹妹的外孙女。

简·格雷和爱德华六世同岁，虽然综合素质非常不错，但由于王位来路不正，所以难以服众。于是，在传统天主教势力的支持下，玛丽公主发动政变，轻而易举地推翻简·格雷的统治，成为英国历史上的第二任女王——玛丽一世女王。

可怜的简·格雷，仅仅当了九天的女王便成了阶下囚，随后便被处决，年仅 16 岁。简·格雷用自己的遭遇证明了权力斗争的残酷。

玛丽一世虽然当上了女王，但她人生的悲惨程度其实不下于简·格雷。

生于 1516 年的玛丽原本有一个幸福的童年。那时的她是亨利八世国王和凯瑟琳王后唯一的女儿，他们视她为掌上明珠；她的外婆家是欧洲最强大的王室——西班牙王室；赫赫有名的查理五世是她表哥。亨利八世当时非常想推动英国和西班牙的关系，因此极力促成查理五世和玛丽的联姻。

在西班牙和法国开战时，查理五世允诺将迎娶玛丽，亨利八世便漂洋过海帮助西班牙攻打法国。但在那场战争中，英军表现不及预期，查理五世也没有践行诺言，转头就娶了葡萄牙的公主，玛丽的命运就此而改变。

随后就是亨利八世开展宗教改革，然后和凯瑟琳王后离婚。玛丽由万人仰慕的公主变成了弃子，她不仅失去了公主的头衔，还遭到继母的排挤打压，成为继母之女伊丽莎白的侍女。然后，她的母亲郁郁而终，自己却连葬礼都没法出席。

最糟糕的时候，玛丽被软禁在牢房，随时有可能丧命。因为地位低下，她失去了所有婚嫁的可能性。在那个时代，一般王室的公主很早就订婚了，十三四岁就嫁人了，玛丽却年过二十还未婚嫁。直到爱德华六世出生，亨利八世有了男性继承人，玛丽的地位才稍微提高。

等到 1553 年继位为女王时，玛丽已经 37 岁了。这个年纪在现在看不算大，但中世纪欧洲人的平均寿命也就 30 多岁。再加上玛丽之前的人生颇为不顺，基本上可以说时日无多。但由于她成了女王，便又成了欧洲王室婚恋的香饽饽。很多位高权重之人向玛丽求婚，或者说向她手中的权力求婚。查理五世眼见当年被自己抛弃的表妹成了女王，也积极地行动起来。当然，此时的查理五世已经年老体衰，于是他决定代他的儿子费利佩二世向玛丽求婚。

费利佩二世第一任妻子是葡萄牙公主，但此时已经去世。由于玛丽是虔诚的天主教徒，而西班牙是天主教最强悍的支持者；再加上她母亲是西班牙公主，所以玛丽对西班牙王室的感情很深，于是她便答应了与费利佩二世的婚事。尽管她的辈分比费利佩二世高，年龄比费利佩二世大，颜值也不符合费利佩二世的审美，但是她是英国女王，这就够了。

玛丽对费利佩二世倾注了心血，但费利佩二世并不爱玛丽，最后他直接离开了英国。

玛丽对英国最大的影响是试图在英国恢复天主教。她痛恨新教徒，认为如果没有新教改革，自己的父母便不会离婚，自己就不会遭遇那么多不幸。为此，她不惜杀掉了一批新教徒，因此获得了"血腥玛丽"的称呼。

玛丽因年事已高、人生不顺、爱情不顺，导致心思不顺，很快便于 1558 年去世。玛丽去世后，更为年轻的伊丽莎白公主成为英国历史上第三位女王。从生平来说，伊丽莎白也是一个可怜人。整个童年和青年时期，伊丽莎白都活得小心翼翼。但不同的是，在成为女王的伊丽莎白的领导下，英国成就了一番不平凡的事业。

伊丽莎白身上有三个不同于玛丽的特点。

第一，伊丽莎白继位时正值壮年。1533 年出生的她，继位时年仅 25 岁，算是处于人生的壮年阶段，更是个人魅力的巅峰。伊丽莎白的母亲安妮·博林拥有着不容置辩的颜值和魅力，伊丽莎白则更是青出于蓝而胜于蓝。她天资聪敏、勤奋好学，受过古典、历史、数学、诗歌和语言的教育，可以用英语、法语、意大利语、西班牙语、拉丁语和希腊语写书信。

由于早年人生坎坷，伊丽莎白练就了察言观色的本领。她的座右铭是"明察无言"（即"我观看，我沉默"）。她的性格不仅圆滑，而且冷酷。也正因为伊丽莎白的颜值和魅力，在她遭遇玛丽女王的打击时，才得到了费利佩二世的帮助——好色且刚愎自用的费利佩二世对伊丽莎白有好感，从中斡旋，才让她保住了性命。

第二，伊丽莎白是新教徒。单凭这一点，她就不可能答应费利佩二世的求婚。

从个人层面来说，天主教不允许离婚，因此伊丽莎白的母亲的王后地位并没有被教廷认可。如果伊丽莎白信奉天主教，就意味着她自己的王位的合法性会遭到质疑。

从大局来说，西班牙王室眼中只有天主教，容不下新教徒。而在英国，新教已经成为大势所趋。举个简单的例子，亨利八世改革之前，英国从没出现过女王；但是宗教改革之后，英国接二连三出现女王。究其原因，就是英国的资产阶级开始萌芽，议会的权贵们不仅要限制王权，还要改造王权。对议会那帮人来说，王权越弱，对他们的制约和威胁就越小。因此，他们不需要传统的强悍的君王，他们需要幼小的国王，需要女王。

只要伊丽莎白尊奉新教，就能获得议会的支持；相反，如果她要和西班牙帝国联姻，就会面临议会的质疑。

第三，伊丽莎白对权力颇有感悟。

美国历史学教授威尔·杜兰特说："伊丽莎白一世在政治上最大的秘密武器，就是她一直不婚。"不错，她把自己的婚姻当成了筹码。

伊丽莎白出身帝王之家，父母之间的恩怨情仇已经让她看透了皇家婚姻不过是一场闹剧。伊丽莎白清晰地认识到，婚姻是靠不住的，爱情是靠不住的，只有权力才是靠谱的。她不结婚，可以享受巨大的权力。因为继承了新教的教义，她便宣称"国王是上帝在人间的全权代表"，因此接受臣民对她的服从与崇拜。

第 *3* 节

伊丽莎白时代的大师

在伊丽莎白女王统治英国的时期，政治环境较为宽松，出现了不少改变英国历史的大师。他们对英国和世界的影响并不在伊丽莎白女王之下。

弗朗西斯·培根，英国历史上重要的人物之一——一句"知识就是力量"，影响了无数人。

培根生于 1561 年，他的家族受益于英国改革，算是资产阶级新贵族。培根的父亲是伊丽莎白女王的掌玺大臣，他的母亲是一位博学多才的贵族妇女，他的姨父则是伊丽莎白女王最宠信的大臣威廉·塞西尔。凭借家族关系，培根幼年时就能出入宫廷，并得到伊丽莎白女王的赞赏，称其为"我的小掌玺大臣"。

培根毕业于剑桥大学，从小天赋过人、勤学好问、博览群书。毕业后，培根又去法国深造。但在父亲死后，培根一度家道中落。为了振兴家族，培根举债学了法律，成为一名律师。1584 年，23 岁的培根进入议院，前途一片大好。

培根在历史上的地位，源自他的历史贡献。

在科学领域，培根提倡的实验科学法和归纳推理法影响了英国科学史。在培根之前，英国堪称科学荒漠；在培根之后，英国的科学革命开始爆发，牛顿、胡克、麦克斯韦等人相继出世。也正因为科学革命的爆发，才让英国最终成为世界强国。

在哲学领域，培根创立了经验主义哲学，强调通过观察和实验来获得知识。这种思想对后来的英国，甚至整个欧洲大陆的哲学发展都产生了深远的影响，也影响了现代思想和认识论的发展。培根的这种思想也直接推动了实用主义，影响不可谓不深远。

在教育领域，培根认为文化教育应该以人的实际需求为出发点，注重实践和应用，培养适应社会需要的人才。

伊丽莎白女王的偶像是那个时代了不起的天才——莎士比亚。她经常看莎士比亚的戏剧作品，最后甚至授予了莎士比亚爵位，让他成为一位贵族。在伊丽莎白的支持下，莎士比亚的才华得以最大限度地发挥。

莎士比亚不仅是英国历史上最出色的作家，也是整个基督教世界里重要的作家之一。

在莎士比亚之前，英国是冒险家的乐园，被欧洲大陆视为文化沙漠，英国王室甚至长期以使用法语为荣。

在莎士比亚之后，英国开始向欧洲输出文化，英国人也逐渐有了属于自己的文化自信。莎士比亚的戏剧和诗歌的重要之处在于挖掘了英语的美感，给原本平淡无奇的英语注入了灵魂，重塑了英语，使英语逐渐成了一种强势语言。

因此，现在讲英语的国家都推崇莎士比亚。在英语世界，莎士比亚的作品的销量仅次于《圣经》，莎士比亚不仅是艺术家，对英语这门语言的贡献更是无与伦比。

和培根一样，莎士比亚之所以能取得如此辉煌的成绩，离不开伊丽莎白时代的英国宽松且蒸蒸日上的社会氛围。伊丽莎白女王之所以能在英国长时间维持一个宽松且蒸蒸日上的社会氛围，其根源在于在她的带领下，英国得以以弱胜强，并战胜了西班牙的无敌舰队。

对于一个国王来说，只有打胜仗、立国威，才有放纵的资本。

第*4*节

旷世大战

　　伊丽莎白女王一开始拿自己的婚姻当筹码，把法国和西班牙玩弄于股掌之中，但这一套很快就玩不下去了——导火索就是荷兰（尼德兰）革命。

　　西班牙派大军镇压荷兰革命，这让英国非常紧张——因为英国和荷兰离得很近，西班牙大军屯扎荷兰，英国权贵实在难以放心。与此同时，西班牙帝国每年从海外殖民地赚了那么多钱，让英国眼红不已。因为英国与荷兰也想夺取西班牙的海上霸权，因此伊丽莎白女王一直纵容半海盗式人物约翰·霍金斯[①]和他的堂弟弗朗西斯·德雷克抢劫西班牙的殖民地和海上航运商船。

　　巧合的是，荷兰革命正是新教徒主导的资产阶级革命，更符合伊丽莎白的价值观。因此，伊丽莎白一方面选择暗中支持荷兰革命，让

---

① 既是英国海军、海盗，又是有名的奴隶贩子，是伊丽莎白时代开创臭名昭著的三角贸易的人物。

其消耗西班牙的国力；另一方面又暗示可以和法国联姻，以诱导法国支持荷兰革命。

正是由于英法两国的支持，西班牙才始终无法平息荷兰（尼德兰）革命。因此，费利佩二世决心用武力征服伊丽莎白一世。

1580 年，西班牙兼并葡萄牙，荷兰也走向独立。费利佩二世一方面派人暗杀荷兰革命领导人，另一方面开始借助里斯本港的优势打造无敌舰队，准备给英国致命一击。

在费利佩二世看来，只要解决了英国的外部支援，扑灭荷兰革命就是易如反掌的事情。

1588 年，费利佩二世一切准备就绪，决战的时刻终于到了。

英国与西班牙决战的时间对应中国，是明朝万历年间。在明朝初期郑和下西洋的时候，明朝的船队规模和性能远胜后来的达·伽马与哥伦布等人所率领的船队；但到了明朝末年，其航海能力却远不如郑和时期，而西方列强的航海发展一日千里，其舰队早已纵横各大洋了。

西班牙的无敌舰队虽然名字听起来很霸气，实则犹如一锅大乱炖，船只和水手都极其复杂。无敌舰队仅船只型号就包括战舰、武装商船、各类帆船和轻帆船、小型侦察船等系列，每个系列又分很多型号，不同型号的船只上的火炮规格也不统一。不仅如此，西班牙的水手更是来自五湖四海，成分极其繁杂。因此，要让他们熟练地操纵不同型号的船只和火炮，是一项非常有挑战的工作。但是西班牙已经无路可退，因为费利佩二世不仅要守护天主教的意识形态，消灭英国和荷兰的新教徒，还要收回自己的钱袋子（荷兰），更要解除英国海盗对西班牙贸易路线的威胁。最关键的是，他要让伊丽莎白屈服。

而英国那边，其海军纸面实力不如西班牙，主要是英国的主力战舰不如西班牙主力战舰的吨位大，且重炮没有西班牙多。但英国也有自己的优势。英国的优势主要在于伊丽莎白重用了两个人。

第一个人叫沃尔辛厄姆，他帮助女王建立了职业间谍体系（1573年），准确地收集了大量的西班牙情报，诸如费利佩二世在宫廷内的发言、无敌舰队的编制状况和司令官的人事变动、伊比利亚半岛沿岸的防卫体制、西班牙军队的财务与融资情况等。他将这些西班牙情报都准确无误地传给了英国。

常言道："兵马未动，粮草先行。"其实这句话也有失偏颇。高手过招，粮草先行之前，已经情报先行。英国就是依靠沃尔辛厄姆的情报，才知晓了西班牙的军事秘密。

伊丽莎白重用的第二个人就是前文提到的海盗兼奴隶贩子约翰·霍金斯。此人人品低劣且无恶不作，但也确实有一定的能力。

霍金斯直接领导了海军舰船的改建工作。他明白在吨位上拼不过西班牙，只有拼速度与灵活性，因此放弃了大而笨重的战船建造，取而代之的是一批中等型号，但速度和灵活性大幅提升的战船。根据做海盗的经验，霍金斯让这些新建的船只哪怕在恶劣的天气下仍能在海上执行任务。为了适配新型战舰，霍金斯还创造了一种新型火炮。它们的杀伤力虽然不如西班牙的火炮大，但是反冲小、发射速度更快，最关键的是射程更远，而这方面的进步得益于伊丽莎白时代营造的科学氛围。

简单来说，西班牙舰队大而笨重，英国舰队小而灵活——西班牙炮弹的平均重量是英国炮弹的两倍以上。理解了这些，再理解那场战争就会变得容易许多。

英国因为依托本土作战，占据天时和地利，便把舰队摆在了上风口，且在西班牙舰队的射程之外；而笨重的西班牙舰队虽然火炮杀伤力比英军大，但有力无处使。如此一来，那场决定欧洲命运的英吉利海峡大战就演变成了英国群狼对西班牙大笨象的围猎——最终结果是西班牙惨败，费利佩二世征服伊丽莎白的梦想就此破灭。

在很多历史书上，英吉利海峡大战都被视为英国海权崛起、西班牙海权没落之战，或者说是大英"日不落帝国"取代西班牙"日不落帝国"之战。但实际上，这种表述并不准确。英国和西班牙的海权之争并非一战定胜负，而是经过了很长时间的一系列战役。

英吉利海峡大战之后，西班牙又组织了好几次无敌舰队远征英国。1595年，无敌舰队第二次远征英国，船队在比斯开湾因遭到秋季飓风的袭击而损失惨重。1597年，无敌舰队第三次远征，双方均遭遇飓风袭击，损失颇大。同年，费利佩二世再次宣布西班牙国家财政破产，不久后便离世，由他的儿子费利佩三世继位。

费利佩三世随后也多次远征，却皆因各种原因无功而返，帝国难以为继。

西班牙的战争成本越来越高，且因为荷兰独立，西班牙失去了钱袋子。在海外收益方面，西班牙也受到荷兰和英国的冲击，国力日渐不支。

英国的战争成本较低，且因与荷兰合作，科技和经济都持续发展，还享受了巨大的战争红利，帝国逐渐崛起。

1603 年，伊丽莎白女王去世了，她至死未婚。在人类文明史上，很少有人能像她那样，把自己的婚姻当成外交筹码，并运用到极致。她的一生，似乎就是为了英国的崛起。

第 5 节

巨大的红利

在彻底战胜西班牙之前，英国在海外的殖民行动可谓举步维艰。

早在 1587 年，英国就计划在切萨皮克湾建立殖民地，但最终因缺乏战略补给而放弃。实际上，这就是英国缺乏海洋霸权的表现。也正是基于这个原因，伊丽莎白才支持约翰·霍金斯从事海盗事业。

在整个英西战争期间，英国在美洲建立殖民地的计划基本以失败告终，原因是英国的远洋运输会遭到西班牙的武力威胁。

战争停止之后，尤其是 1604 年《伦敦条约》签订后，西班牙对英国的威胁解除了。英国人终于可以在保证自身安全的情况下建立殖民地。随后，英国便在北美建立了第一个殖民地（1607 年），即弗吉尼亚殖民地。

1620 年 12 月，100 多个英国新教徒乘坐的"五月花号"，历经两个多月的艰难航行后，终于在新英格兰地区的普利茅斯登陆，建立了英国在北美的第二个殖民地。当他们看到广袤的北美大陆时，便认定那是上帝为他们安排的千里沃土，那里由此成为他们心中的"新迦南"。

在随后的 100 多年，英国陆陆续续在北美建立了 16 个殖民地。这些殖民地后来成了美国独立的原始力量。在美国独立之前，英国人在北美殖民地享受了诸多红利。

由于伊丽莎白没有继承人，都铎王朝就此谢幕，英国的王位落到了苏格兰斯图亚特王朝的詹姆斯①手里。詹姆斯一世和西班牙早期的国王一样，对殖民公司投资极少，只要求以一定的公司收入作为税款。他授予英国去北美的殖民者管理权、贸易权、公民权、继承权，保障了殖民者掠夺与杀戮的充分自由。

比如在管理权方面，伦敦商人们可以"在弗吉尼亚或美洲东海岸的任何他们认为合适与方便的地方，开始他们的第一次种植和居住，而在北纬 34 度到 41 度之间，他们将拥有所有的土地、森林、地面、避风港、港口、河流、矿山、沼泽、水域、渔业、商品"。

简而言之，所有去殖民地的英国人，只要能活着，就能获益。

如此一来，殖民者就可以毫无顾忌且不受约束地掠取一切他们想要的财富。于是，臭名昭著的"三角贸易"诞生了——英国殖民者需要把在美洲搜刮的资源和财富运回欧洲，这是一个角；由于殖民者屠杀了很多印第安人，导致原本地广人稀的美洲更加缺人，于是他们便跑到非洲贩卖奴隶，这是第二个角；随后，殖民者把奴隶从非洲运往美洲充当劳工，这是第三个角。由于运输条件极其恶劣，大部分奴隶会死在运输途中；即便是安全抵达美洲，壮年奴隶也很快便会在辛苦

---

① 詹姆斯同时是英格兰和苏格兰的国王，苏格兰称詹姆斯六世，英格兰称詹姆斯一世。

劳作中死去。

在三角贸易中，殖民者每一步都能获利，他们在日后成了欧洲资本家，完成了英国资本主义的早期积累。英国利物浦港的崛起就与奴隶贩卖息息相关，因此马克思写文章说："资本来到世间，从头到脚，每一个毛孔都滴着鲜血和肮脏的东西。"

三角贸易是大英帝国战胜西班牙帝国所享受到的红利，而战胜荷兰帝国是英国所享受到的另一波红利。

在英国致力于开发北美殖民地时，荷兰和西班牙、葡萄牙的战争还在继续。经过一番较量，荷兰夺取了葡萄牙帝国在东方的利益，崛起为"海上马车夫"。

17 世纪的荷兰处于历史巅峰，但 17 世纪的英国则正处于革命状态。

虽然近代资产阶级革命最先从荷兰爆发，荷兰也受益于资本主义早期的红利，并因此发展成"海上马车夫"，但是荷兰的体量实在太小了，没能把资本主义的能量发挥到极致。就像葡萄牙，即便占据了大航海的先机，也还是因为自身体量小，没能把大航海的红利最大化，而是由西班牙将大航海推向了极致。体量更大的英国，则把资产阶级革命推上了更高的台阶。

荷兰资产阶级革命源自西班牙支持天主教对新教徒的压迫，英国资产阶级革命也一样。在伊丽莎白时代，英国的新教徒势力已经非常强大，已然掌控了议会大权。但后来的斯图亚特王朝是天主教政权，尽管双方在詹姆斯一世时代还能维持表面的和谐，但等到查理一世时期，矛盾就再也无法掩盖了。

查理一世（1625—1649 年在位）和明朝末代皇帝崇祯（1628—1644 年在位）是同一个时代的君主，结局也有些类似——崇祯上吊了，查理则上了断头台。

无巧不成书，崇祯错信了东林党，查理一世错信了天主教徒。

查理一世先是迷恋上了信仰天主教的西班牙公主，因遭遇各方反对而作罢；随后，他又娶了法国公主，结果这位公主还是天主教徒。正是天主教埋下了查理一世和国会开战的种子。

虽然查理一世一边迷恋西班牙公主，一边娶了法国公主，却没有与西班牙、法国搞好关系，还和两国打起了仗。

英国与西班牙、法国打仗本来是常事，但关键时刻，议会以不信任查理一世宠臣白金汉公爵乔治·维利尔斯为由，不给查理一世拨款。为了筹钱，查理一世不得不采取了一系列极限操作：典卖妻子嫁妆；强行向臣民借款，并监禁拒不借款的 5 名爵士；让士兵住进民宅白吃白喝；不经议会批准而征税。一番折腾下来，查理一世的反对者众多。更为关键的是，查理一世最终战败，因此落了一个劳民伤财、天怒人怨的结局。

接下来，议会就抓着查理一世和他的宠臣维利尔斯持续发难，内忧外侮让他不厌其烦。此后，查理一世十多年都没有再召集议会。直到 1640 年，查理一世才再次召集议会，因为他要继续打仗，需要召集议会拨款。但是议员们并不买账，而是继续抱怨、指责……

查理一世解散议会去苏格兰打仗，结果又吃了败仗。无奈之下，查理一世只好再次召集议会要钱，双方又是一番拉扯。自古以来，一旦外战失利，就容易引发内战。

最终，在 1642 年，查理一世宣布和议会开战，英国内战由此爆发。查理一世亲自挂帅，自封"保皇军"总司令，和议会军对决。

战争开始之际，查理打了好几个胜仗；但在关键时刻，由于优柔寡断，查理一世错失了战机，导致局势失控。议会军占了上风后，保皇军逐渐变得不再受查理一世指挥，查理一世最终以战败收场，被软禁在一处宫殿（1647 年）。但是查理一世心有不甘，便找到一个机会逃了出来，继续和议会开战。

不出意料，查理一世再次战败。这次议会组织特别法庭对国王进行审判，并且以"暴君、叛徒、杀人犯和人民公敌"的罪名判处他死刑。

1649 年 1 月 30 日早晨，英格兰白厅广场前搭起了断头台。临死之前，查理一世还是维持了自己的王者尊严。他面带微笑、态度从容，冷静地说："死亡对我并不可怕，感谢上苍，我已准备好了。"

死前，查理一世对着围观的人群诵读了自己的一首诗:《我的愿望》。

我希望在不久的将来，你们能宽恕将我送至此地的那些人，因为他们的声音不属于他们自己。

同时，我也希望你们能够继续享受作为英国国民所能享受的自由，但愿这不是奢求。

宽恕是君王的特权，现在我将它留给你们。

我将饶恕那些将我置于此地的人。

我希望他们能够悔过自新。

这首诗体现了查理一世作为国王的气度。随后，他走向了断头台，结束了自己的一生。

查理一世虽死，英国的内斗却并没有结束。查理一世的对手是克伦威尔。作为英国资产阶级革命领袖，克伦威尔坚决地处死了查理一世，却没能建立一个让议会满意的社会体制。经过一番博弈之后，克伦威尔解散议会，自己变成了新的独裁者，上演了屠龙少年变成恶龙的戏码。

时间到了 1658 年，查理一世被处死不足十年，克伦威尔也去世了。克伦威尔把自己手中的权力传给自己的长子，但很快就被推翻了。此时，议会已然明白，与其找一个军人出身的独裁者，还不如继续让国王的后代统治英国。于是，查理二世结束流亡，回到英国继任国王。

查理二世虽然是个聪明人，也懂得和议会妥协，但他也是一个和查理一世一样的天主教徒。直到死前，查理二世才恢复本心，皈依了天主教。随后，王位落到了他的弟弟詹姆斯二世身上。然而詹姆斯二世就像他的父亲查理一世一样，是一个不懂隐忍的人，并因此惹恼了议会。议会这次改变了策略，发动了光荣革命，推翻了詹姆斯二世的政权，随后让詹姆斯二世的女婿——荷兰执政官威廉三世前往英国，和其妻玛丽二世（詹姆斯二世长女）共同继位，英国的君主立宪制由此而稳定下来。

17 世纪的英国，政局总体比较乱，但这种乱并没有影响英国的国运。

第 *6* 节
击垮荷兰

在伊丽莎白时代，英国和荷兰联手击败了西班牙帝国。但是接下来，英国因为内战错过了一部分商业机会，荷兰趁机成为全球霸主。面对荷兰从全球获取的商业利益，英国非常眼红，于是决定取而代之。

英国击垮荷兰的第一招——贸易战。

克伦威尔将查理一世送上了断头台，却并没有稳坐钓鱼台，因为王室在英国影响力仍然非常大，还有很多忠实的支持者。克伦威尔想要稳固自己的统治地位，只有做出一番非凡的成就，让各方闭嘴。于是，他试图效仿伊丽莎白女王。

伊丽莎白即位之初也有很多反对者，但伊丽莎白对外战胜了当时的海洋霸主西班牙；对内励精图治，推动了英国文化和科学的繁荣，由此而获得了巨大的声誉。克伦威尔要效仿伊丽莎白，就得先打败当时的海洋霸主荷兰。

于是，克伦威尔颁布了针对荷兰的《航海法案》，主要内容如下。

1. 只有英国或其殖民地的船只可以运装英国或殖民地的货物，其他国家不得插手。即禁止"海上马车夫"荷兰的商船进出英国与英国殖民地，对荷兰最重要的造船产业链与航海贸易造成了打击。

2. 英国政府指定某些殖民地产品（如烟草、糖、棉花等）只准许贩运到英国本土或其他英国殖民地，而这些原料对当时的工业生产（如纺织）非常重要。即对荷兰进行贸易制裁。

3. 其他国家制造的产品必须经由英国本土，不能直接运销殖民地。即推行贸易保护主义，把荷兰的商业贸易排除在英国及其殖民地范围之外。由于荷兰当时是欧洲商品的集散中心，英国对荷兰的针对性打击一方面削减了荷兰的贸易份额，另一方面提高了荷兰工业品的生产成本。但任何贸易保护主义都是一把双刃剑，英国这番贸易保护手段虽然重创了荷兰，却给美国独立战争埋下了伏笔。

面对英国发动的贸易战，荷兰不可能无动于衷。一方面，世界霸主的颜面非常重要，不容挑战；另一方面，现实利益也很重要，必须维护。还有一点，就是荷兰和英国只隔了一个海峡，如果放任不管，英国就会取代荷兰的贸易地位。

愤怒的荷兰决心和英国开战，于是爆发了著名的英荷战争。

英国击垮荷兰的第二招——金融战。

英荷战争并没有因克伦威尔的离世结束，而是前后持续了百余年，直到 18 世纪才分出胜负。英荷战争前后发生了四次，总体上来说各有胜负。但是英国之所以最终取代了荷兰的海上霸权，是因为荷兰人输掉了金融战。

众所周知，打仗打的就是经济，海上战争就更是如此了。要知道，海军的装备都是实打实地靠金钱堆起来的，而17世纪的英国并非海上霸主，财政也非常紧张。

没有钱还要打仗，就只能靠金融手段去筹钱了。

英国为了筹集英荷战争所需的资金而发行了战争债券，相当于借钱打荷兰。不可思议的是，那些英国的战争债券是在荷兰阿姆斯特丹的证券市场上发行的，而且相当一部分卖给了荷兰资本家——这就相当于英国人到荷兰借钱打荷兰。

这件事现在听起来很不可思议，但在当时是早期资本主义的特色。那个时代的资本家太过贪婪，面对英国的高额利息，便顾不上自己国家的安危。马克思曾这般描述资本家的贪婪："当利润达到10%，他们将蠢蠢欲动；当利润达到50%，他们将铤而走险；当利润达到100%，他们敢于践踏人间的一切法律；当利润达到300%，他们敢于冒着绞刑的危险。"

荷兰可以说是兴也资本家，败也资本家。

对于荷兰的资本家来说，这是追求投资获利。正如列宁所说："为了巨大的利益，资本家会把绞死自己的绳索卖给对手。"

而对英国来说，这是一场国家金融战。英国用从荷兰那里融到的钱去造船、造火炮、招募并编练更强大的海军，然后去对付荷兰。

即便如此，英国仍然没有快速战胜荷兰，因为英国自身也有许多问题。查理二世死后，詹姆斯二世试图复辟天主教，英国再次陷入宗教战争的风险。

关键时刻，英国资产阶级联合起来，直接勾结荷兰执政威廉三世，发动了光荣革命（1688年），赶走詹姆斯二世，尊奉英王女婿威廉三世为英国国王。

在接下来的几十年里，英国和荷兰成了"自家人"。英国利用与荷兰姻亲的机会，复制了荷兰的整个金融系统。在威廉三世时代（1689—1702年在位），英国的商业银行纷纷诞生：比如巴克莱银行（1690年）、英格兰银行（1694年）等。稍晚一点的苏格兰皇家银行（1727年）、劳埃德银行（1765年）等，也都是在英荷关系友好时建立的。

当英国把荷兰的金融体系全部复制完成之后，荷兰在英国面前就变得脆弱不堪。很快，在第四次英荷战争中，荷兰被英国彻底击败，英国欠荷兰资本家的大笔债务也一笔勾销。

随后，伦敦取代阿姆斯特丹成为当时的金融中心。荷兰东印度公司难以为继，英国东印度公司则如日中天。

荷兰帝国由此陷入衰败，海上霸权被英国取代，陆地被拿破仑占领，即便后来复国，也像当初的葡萄牙一样，逐渐沦为一个普通的欧洲国家。

英国之所以能打败荷兰，表面上看是因为贸易战和金融战，但本质上是因为科技战。英国引领了第一次科学革命，因而推动了帝国的涅槃。

第 7 节

改变历史走势的科学巨人

从 17 世纪开始，世界历史的走势开始出现根本性的转折。

在 17 世纪之前，伟大的政治家对世界有着决定性的影响力。这种情况在进入 17 世纪之后发生了改变——伟大的科学家的影响力超越了伟大的政治家。

在 17 世纪的欧亚大陆上，至少有三位顶级政治家，分别是亚洲的康熙皇帝、统治权横跨欧亚的彼得大帝，以及法国太阳王路易十四。但是，当时有一个人的影响力超越了他们三个人中的任何一人，他便是科学家牛顿。因为牛顿的出现，英国从科学层面拉开了和所有国家的距离，奠定了"日不落帝国"的基础。

牛顿出生于 1643 年，那年皇太极去世，随后顺治登基，大清处于入关前夕。

牛顿从小热爱科学，勤奋且善于思考，以优异的成绩考上了剑桥大学。他的童年、少年、青年正好经历着英国 17 世纪的乱世。但幸运的是，英国的乱世只是现实和政局层面的混乱，没有思想层面的混乱，更不存在思想禁锢。因此，身处乱世之中的牛顿，仍可以从容地完成学业与科研。

牛顿一生中最主要的成绩体现在物理、数学和哲学层面。

物理学层面，他在光学和科学领域有着基础性与开创性贡献，牛顿三定律和万有引力定律堪称经典物理的巅峰。

数学层面，牛顿在微积分领域的贡献奠定了其最伟大的数学家的地位。

哲学层面，牛顿将很多哲学思想用数学模式表达了出来。他最重要的著作是《自然哲学的数学原理》，其中有很多思想和演算方式至今仍散发着独特的魅力。

牛顿是人类历史长河中的一盏明灯，英格兰诗人亚历山大·蒲柏为牛顿写了这样一段墓志铭：

> 谁是不朽的见证；
>
> 时间，自然，和天空；
>
> 谁又是匆匆过客；
>
> 大理石雕像在这里看着。
>
> 自然，和它的法则，隐匿于黑夜。
>
> 上帝说，让牛顿来！遂显大光明。

这听起来极其狂妄的话，用在牛顿身上却恰如其分。

参考哥白尼被攻击、伽利略差点被送入宗教裁判所的案例，牛顿的科学事业其实和那个时代的宗教规则并不相容，但是英国人并没有难为牛顿。

英国人不仅容忍了牛顿，还给予了他象征世俗荣耀的爵位，让他成为造币厂的厂长。虽然对于科学来说，荣华富贵是过眼云烟，但是世人把荣华富贵给予科学家，就意味着他们对科学和科学家的尊重。

尊重科学与科学家的国度通常都会国运昌隆。正是出于对科学和科学家的尊重，英国才逐渐蜕变为日不落帝国。

牛顿的出现带动了 17 世纪的科学革命。英国享受了科学革命最大的红利。体现在经济层面，就是各种产业蓬勃兴起；体现在军事层面，就是大英帝国的坚船利炮得到了全方位的升级。

在牛顿的带动下，英国的科学家层出不穷，胡克、瓦特、法拉第、焦耳、麦克斯韦等一系列闪耀科学史的名字相继面世。

正是在科学革命的推动下，英国在 18 世纪得以将海洋霸主荷兰彻底击败，并且在 18 世纪和 19 世纪赢得了与法国的全球殖民地争霸战。

直到 20 世纪，英国才迎来德意志帝国的挑战——那是因为在 19 世纪末与 20 世纪初，德国引领了另一波科学革命，让德国的综合国力迅速提升。

第 *8* 节

国运逆转后的疯狂扩张

纵观欧洲历史，脉络其实非常明晰。

15 世纪属于葡萄牙帝国，因为亨利王子开创的航海事业让葡萄牙完成了逆袭。

16 世纪属于西班牙帝国，因为西班牙精英最大化了大航海时代的时代红利。

17 世纪属于荷兰帝国，因为荷兰享受了资本主义初期的贸易红利。

18 世纪开始，欧洲历史进入了大英帝国的赛道。

在英国实现国运的根本性逆转后，开始了疯狂的殖民扩张。

英国的海外殖民之路从北美开始。1607 年，英国在弗吉尼亚建立了第一块永久海外殖民地，随后陆陆续续在北美建立了多个殖民地。其中，就包括第二次英荷战争期间英国从荷兰手里夺得荷属新尼德兰。但总体而言，17 世纪的英国，由于内部剧烈动荡，所以海外殖民地扩展的进程较为缓慢。

进入 18 世纪之后，大英帝国进入了快车道。

18 世纪中期，英法在北美开启殖民地战争（1754—1763 年），史称法国－印第安人战争。这场战争是法国在北美与印第安人结盟攻打北美的英国人，是一场英法争夺北美霸权的战争。

1756 年，战争从北美蔓延到欧洲，英国和普鲁士结盟，法国和奥地利结盟，打了一场影响欧洲走势的七年战争，法国－印第安人战争由此成了七年战争的一部分。

在北美战场，法印联军原本占据优势。但英国战术比较灵活，加上海军占优势，最终取得胜利。而魁北克之战，更是堪称整个战役的缩影。魁北克原本是法属北美殖民地新法兰西的中心，英军只要攻克魁北克，就可以沉重打击法国在北美的势力。英军在处于劣势的情况下，以灵巧的奇袭战术和无畏的勇气攻克了魁北克（1759 年）。

随后法国反扑，法印联军以优势兵力围困魁北克的英军，却始终无法突破英军优势炮火的压制，只得无功而返。

七年战争的最终结果是英普联盟战胜了法奥联盟，英国从法国手中夺取了一大片殖民地，法属北美殖民地、新法兰西（现加拿大境内）由此落到英国手中。加拿大后来成了大英帝国的殖民地，并且现在仍是英联邦国家，这一切都源自七年战争。

当然，要说英国获得了北美的霸权，也不符合事实。因为在 1754 年领导法国－印第安人战争的年轻人叫乔治·华盛顿，在七年战争结束不久，他又领导了美国独立战争。在法国、西班牙与荷兰的支持下，华盛顿给大英帝国在北美的殖民统治造成了沉重的打击。

美国独立战争并没有打断大英帝国崛起的势头。1770 年，英国宣称澳大利亚为英国领土，并且开始往那里移送囚犯。其实在此之前，葡萄牙、西班牙与荷兰殖民者都曾到过澳大利亚，但这些老牌帝国到了18世纪都纷纷衰落了，无力再与英国竞争。

进入19世纪，大英帝国继续壮大，在东亚、非洲、拉美全线扩张。欧亚大陆上的那些传统的帝国，包括但不限于法兰西帝国、奥斯曼帝国、沙俄帝国、大清帝国、莫卧儿帝国等，无不在英国的冲击下日渐衰弱，甚至灰飞烟灭。

巅峰时期的大英帝国是一个跨越所有大洲的怪物。在大英帝国扩张过程中，最典型的一个案例当属征服印度。

早在1600年，伊丽莎白女王便授权英国的冒险家们成立英国东印度公司，为英国的海外扩张做准备。1608年，英国东印度公司借鉴葡萄牙、荷兰的经验，在印度半岛西岸的苏拉特建立了第一个贸易点，试图在东方搞贸易。但因为伊丽莎白的继承人詹姆斯一世的懦弱以及英国海军力量不足，导致英国东印度公司的业务没能大幅扩张。相反，荷兰东印度公司抓住了机遇，取代葡萄牙获得了东方贸易的霸权。

其实葡萄牙也好，荷兰也罢，都没有征服印度的实力。那么英国是如何征服印度的呢？答案其实很简单，一方面是英国实力更强、用兵更狠；另一方面是英国的运气极佳。

印度历史的走势非常有趣。印度在历史上的大部分时间都是分裂的，只有孔雀王朝、莫卧儿王朝时期少部分时间是统一的。

伊斯兰教文明兴起之后，很快便通过伊朗与阿富汗渗透到了南亚大陆。经过几个世纪的酝酿之后，开始在南亚建立以穆斯林为主导的王国。

16 世纪初期，也就是西班牙帝国走向鼎盛的时候，突厥化蒙古人巴布尔 [1] 率军入侵印度，建立了印度历史上最后一个强权王朝，即莫卧儿王朝。

莫卧儿王朝在第三代皇帝阿克巴大帝（1556—1605 年在位）在位时期达到鼎盛。莫卧儿帝国之所以能够在印度壮大，是因为其采取了宗教宽容和平等政策，与印度教徒和睦相处。但好景不长，进入 17 世纪后期，莫卧儿帝国的宗教政策在奥朗则布时代发生了改变，开始变得严厉，最终招致了印度教徒的反抗。奥朗则布在征战中阵亡（1707 年），诸子争立，互相火并。到了 1719 年，穆罕默德·沙即位，莫卧儿帝国 12 年换了 7 个皇帝，局势才初步稳定。

但莫卧儿帝国也因此四分五裂，英法殖民者趁机进入南亚。

在整个 18 世纪，法国虽然海外殖民时间较晚，但进展较快。法国也很看重印度，因此英国在征服印度的过程中，除了要征服印度人之外，还要对付法国人。

由于英法全球争霸，战争危机无处不在。早在两国北美对抗之前，就已经为印度殖民地大打出手。1740 年爆发的奥地利王位继承战争，让英法之间的战火从欧洲战场蔓延到了印度。

在第一阶段的卡纳蒂克战争中，法国获得了胜利。但随后法国内讧，没能把英国赶出印度。英国腾出手，又给了法国一场反击。随后是第二次卡纳蒂克战争（1749 年），英法双方仍然是你来我往、互有

---

① 巴布尔（1483—1530 年），印度莫卧儿帝国建立者，帖木儿的后裔。

伤亡，但因为海军优势，胜利的天平开始向英国倾斜。

英法战争的战火向全球蔓延，北美也打了起来。七年战争爆发，第三次卡纳蒂克战争（1757 年）也随着七年战争而爆发。法国战败，失去了北美和印度殖民地。法国恼羞成怒，在随后的美国独立战争中全力支持美国。虽然在法国的支持下，美国最终独立，但因用力过猛，在随后引发了法国大革命，路易十六走上了断头台。

打赢法国之后，英国获得了独霸印度的机会，拉开了征服印度的序幕。

英国首先从恒河入海口开始，征服了莫卧儿帝国最大的省份，即已经处于半独立状态的孟加拉，然后三面出击、鲸吞印度。虽然莫卧儿帝国已经处于分裂状态，但地方割据势力仍然对英国人进行了强有力的抵抗。

在印度南部，迈索尔统治者蒂普苏丹拼死抗争，英国先后发动四轮战争，才取得迈索尔的统治权。在印度西部，马拉特人联盟也进行了强有力的抵抗，英国经过三轮战役才将其征服。在印度北部，锡克人浴血奋战。

直到 1849 年，英国兼并旁遮普。在经历了长达 92 年（1757—1849 年）的战争之后，英国终于完成了对印度的征服。在这个过程中，英国殖民者杀了不少印度人。

按道理说，印度应该非常痛恨英国征服者，但独立之后的印度似乎并不痛恨英国，还留在了英联邦内部，甚至现在印度权贵还经常移民英国。之所以如此，是因为英国虽然在印度干了不少坏事，但也参与了对印度的建设。

首先，英国在非洲抓奴隶、在美洲屠杀印第安人那一套并没有用到印度。这一方面是因为印度人身体没有黑人壮实，又不像东亚人那么吃苦耐劳，而且印度到美洲路途更远、成本更高；另一方面是因为到了 18 世纪末，那些招数已经逐渐落伍，且不得人心。1807 年 3 月 25 日，在废奴主义者的努力下，英国议会通过了废除奴隶贸易的法案，从法律层面标志着英国不再继续贩卖奴隶。

其次，英国对印度的建设可谓不遗余力。

在基础设施方面，英国帮助印度建立了亚洲第一条铁路、亚洲第一条电气化铁路、亚洲第一个完整的铁路系统。就连印度今天的铁路系统，都是英国人建的。在国家软实力方面，英国对印度的体制设计、政党模式，以及近现代文艺发展同样影响深远。

简单来说，英国虽然殖民印度，但也大力建设印度，以至于印度人对英国殖民者根本恨不起来。从另一个层面来说，这也证明了英国在近代历史中影响巨大。

按照正常思维，列强占领殖民地是为了进行剥削的，英国占领印度直接剥削就行了，为什么要建设殖民地印度呢？当然，我们也可以认为这是为了更好地剥削。但除了剥削之外，其中还隐藏着另外一层逻辑。当年的英国除引爆了科学革命之外，还构筑了资本主义经济基础理论，即古典经济学。这种经济学层面的革命让英国殖民者和之前的葡萄牙、西班牙与荷兰区别开来。

第 *9* 节

他发现了"看不见的手"

在整个 17 世纪，英国除了社会改革和科学革命之外，还在经济层面从封建社会走向了资本主义社会。最终，英国构建了古典经济学，成为一个纯粹的资本主义国家。威廉·配第是其中的一个标志性符号，他是英国古典经济学的创始人。

威廉·配第（1623—1687 年）的思想对经济的影响很大。他的《赋税论》①、《政治算术》②和《货币略论》③等著作对近现代政治经济学影响深远。马克思极其推崇威廉·配第的思想，称其为"最有天才的和最有创见的经济研究家"。

正是因为威廉·配第的出现，英国才把科学革命的成果转化为产业资本，把资本和实体结合起来。英国 17 世纪的主要对手荷兰一直在商业资本中打转，没能把资本和实体结合起来，因此最后功败

---

① 此书讲述赋税改革和一些重要的经济理论。
② 此书突破了重商主义的影响，使英国古典政治经济学走上了科学发展的道路。
③ 此书讨论了货币原理，从多方面论证了货币流通的规律。

垂成。

站在英国古典经济学巅峰的大师，是 18 世纪的亚当·斯密（1723—1790 年）。

在威廉·配第和亚当·斯密之间，还有不少经济学精英。比如，约翰·洛克（1632—1704 年），他从"天赋人权"和人的劳动出发，引出了财产权，相当于发展了威廉·配第的理论。比如，大卫·休谟（1711—1776 年），他更为详尽地论述了确定财产权的规则，并且开始研究利润和利息的关系。再比如詹姆斯·斯图亚特（1712—1780 年），他提出并研究了利润的起源。

亚当·斯密不仅是经济学家，还是一位哲学家。这并不难理解，其实很多领域的大师级人物都是哲学家，比如牛顿、笛卡尔，也都是大哲学家。亚当·斯密有两个称号，一个是"古典经济学之父"，一个是"现代经济学之父"。这两个称号表示他是古典经济学和现代经济学的纽带，正如但丁是最后一个古典文学大师的同时，也是第一位文艺复兴大师。

众所周知，亚当·斯密最重要的著作是《国富论》，是少数能被绝大部分经济学家推崇的经典之一。如果用一句话概括，便是《国富论》奠定了资本主义自由经济的理论基础。

亚当·斯密在《国富论》中强调，研究政治经济学的目标是通过富民的途径富国。通俗来说，就是老百姓富裕了，国家也就富裕了。这个观点并非所有人都认同，有相当一部分人还是认为必须先有国富，然后才能民富。

那么如何才能让国民富裕呢？亚当·斯密认为主要有两条途径和

一个保障。

途径一，通过劳动分工深化和疏通市场，提高劳动生产率；途径二，通过资本积累和适当的资本运作，增加劳动者人数。而一个保障则是指建立最根本的制度，以保障经济自由运行，充分发挥市场的自我调节作用。

亚当·斯密的理论，其实就是通过科技把劳动者组织起来，构筑越来越精密复杂的产业链，从而创造更多的价值。

在这种逻辑之下，贩卖奴隶就成了一种对劳动者的摧残。因此，在古典经济学完善不久后，英国便废除了奴隶贸易法案。

同样，按照亚当·斯密的理论，可以把宗主国和殖民地有机地结合起来，同时稀释宗主国和殖民地的主仆关系（注意是稀释，不是消除）。大力建设殖民地，也相当于增加宗主国的综合国力。因此，英国在征服印度之后，便大力建设印度。

其实不仅是对印度，英国在别的殖民地也并非只干坏事、不搞建设，也正是基于这个原因，大英帝国解体之后，大部分英联邦成员仍然愿意留在英联邦。

这里再做一个简单的回顾，英国 17 世纪的国运突变，源自三大动力。

1. 社会层面的宗教改革。

2. 以牛顿的科学成就为代表的科学革命。

3. 古典经济学的完善和现代经济学的建立。

这三大动力让英国变成了大英帝国，拉开了和那个时代所有国家的距离。

作为对比，葡萄牙和西班牙因为信奉传统的天主教，对异教徒采取不妥协的政策，因此在殖民过程中以掠夺和杀戮为主。荷兰虽然有所进步，但因为纯粹的重商主义，而忽略了对科技和经济理论的构建，最终在和英国的博弈中一败涂地。

大英帝国还在进一步壮大，但危机也逐渐浮出水面。

第 *10* 节

坐不安稳的"老大"位置

巅峰时期的大英帝国并非止步于印度，其侵略足迹一直延伸到了东南亚和东亚。

在东南亚，英国从荷兰手中夺走了马来西亚。在东亚，英国在和清政府的贸易过程中，犯下了殖民史上第三大罪恶①，即通过鸦片贸易获取暴利。

鸦片，即毒品。

包括英国在内的列强的用意其实非常明显，他们希望用鸦片掏空清政府的钱袋子，摧毁中国人的精神和体魄，为后续在中国的殖民做准备。好在清政府的精英阶层中，还有林则徐那样清醒的人，虎门销烟给了英国列强迎头一击。

于是，刚上任不久的维多利亚女王以保护贸易的理由对清政府发动了鸦片战争。

_____

① 前两大罪恶分别是贩卖奴隶和屠杀印第安人。

当时的清政府还是一个传统的农耕国家，自然不是英国的对手，不得已签订了丧权辱国的《南京条约》，承认战败，并割地赔款。从那以后，清政府面对英、法、俄、美等列强一次又一次屈服，最终造成了中国近代史上前所未有的苦难。

之后，大英帝国的国力达到了巅峰。欧亚大陆从东到西，大英帝国的影响力无处不在。从直布罗陀海峡到苏伊士运河，再到江户湾，皆有大英帝国的军舰在游弋。中东、南亚、东南亚与东亚，皆有英国殖民地。在北美，即便美国独立了，英国仍然拥有地广人稀的加拿大。在中美洲和南美洲，英国也有殖民地。甚至在广袤的非洲大陆，英国的殖民地还是随处可见。而整个大洋洲，几乎都置于英国的控制之下。

与此同时，英国的货币——英镑——在全世界流通，堪称霸权货币。英国的思想、文化和理论，风靡全世界。但如此庞大的英国，也面临其他列强的挑战，因为大航海与科学革命的红利并非英国独享，欧洲其他国家的国力也因此蒸蒸日上。

第一个挑战者就是法国。

虽然英国王室与法国王室血脉相连，但英法两国却常常表现得如同是命中注定的冤家。

在大航海之前，英国原本也想通过征服欧洲大陆成就一番霸业。想要征服欧洲，先要征服法国。英法战争打了上百年，终于把英国打醒了——英国放弃了征服欧洲大陆的战略，转而把目光转向海洋，成为一个名副其实的海权帝国。

但法国一直关心自身在欧洲大陆的霸权，是一个名副其实的陆权国家，因此一直热衷于对欧陆霸权的争夺，争夺海外殖民地起步较晚。

英法的全球殖民地争霸，从英法两国角度讲，相当于第二轮百年战争；从全球范围来讲，则是第一轮真正意义上的海权帝国和陆权帝国的全球争霸。但是到了18世纪后期，英法又从敌人逐渐变成盟友——因为德国崛起了。

大英帝国的第二个挑战者便是德国。

维多利亚女王不像伊丽莎白女王那样终身不婚，她生了许多孩子，并让她的孩子们分别和欧洲王室联姻，然后他们又生了许多王子、公主。维多利亚女王的其中一个外孙就是威廉二世。威廉二世带领德意志第二帝国向大英帝国发起挑战，不仅把表哥乔治五世一家折腾得元气大伤，还把表弟沙皇尼古拉二世一家折腾得家破人亡。

相比法国，德国是更为纯粹的陆权帝国。而作为陆权帝国的德国，有三点可怕之处。

其一，德国把陆军推向了前所未有的高峰。之前不论是葡萄牙、西班牙，还是荷兰，陆军都只能说还可以。英国在变成海权帝国之后，重心一直放在海军，陆军虽然也强，但水平仍然有限。法国陆军在德国崛起之前一直较强，但其风头随后便被德国盖过。

其二，德国科技实力大增。单纯的军事上的提高并不是那么可怕，关键是德国在崛起的过程中，还伴随着科技的爆发。强悍的军队加上爆发的科技实力，实在是不容小觑。

其三，德国的哲学爆发。大家可能觉得哲学不是那么实用，但哲学不仅可以把世间的道理讲通，还可以让国家和民族变得意志坚定。

原本德国军队只是勇武好战，但在哲学思想加持之下，他们变得更加顽强。

基于德国崛起的挑战，原本处于敌对状态的英法开始抱团取暖。因此，在两次世界大战中，英法都是盟友。尽管赢得了战争，但最后也把自己折腾得散架了。

然而，大英帝国最大的挑战其实是美国。

英法全球殖民地争霸最大的影响，便是美国的诞生。对英国来说，法国的挑战固然大，但依然能稳居上风；德国的挑战虽然也大，但英国好歹也算扛过去了。但美国和法德不可同日而语。法国和德国都是陆权国家，和英国有着显著区别；但美国和英国一样，都具备海权帝国的属性。

从某种意义上来说，美国属于加强版的英国——英国所有的特点，美国都具备，不仅如此，还有所加强。不论是科技、经济文化，还是政治，美国都吸纳了英国的全部精华。因此，在美国壮大以后，英国就逐步沦为美国的附庸，交出了政治、军事与货币霸权。

第五章

法兰西：从四分五裂到欧陆强国

法国位于欧洲大陆西部，气候温和湿润，地形以平原为主，这样的环境让法国非常宜居。

　　法国本土整体呈六角形，西濒大西洋，西北隔英吉利海峡与英国相望，东南滨地中海。得天独厚的地理位置非常有利于法国拓展海洋霸权、发展对外贸易，以及占领并控制海外殖民地。

　　展开欧洲地图，就会发现法国基本上算是占据了西欧最好的一块地方，因此法国自古以来就是欧洲的人口大国，也是西欧发达的地区之一。法国算得上欧洲的风水宝地，几乎和欧洲所有的强国都产生过恩怨情仇。

第 *1* 节
碎片化的帝国前史

西欧很久以前就有人类活动的痕迹。但法国的文明史并不是非常悠久。在罗马帝国入侵之前，法国文明史一直是碎片化状态。在罗马帝国如日中天的时候，帝国的历史学家把阿尔卑斯山以北的欧洲人分为三大蛮族，即凯尔特人、日耳曼人和斯拉夫人。与此同时，罗马人又把包括法国在内的西欧一带称为高卢，而那里的凯尔特人也被称为高卢人。

恺撒越过阿尔卑斯山，征服了法国（高卢），同时也为那里带去了先进的帝国文明。随后，帝国又从法国出发，征服了欧洲诸多地方，比如英国。

基督教诞生之后，便沿着地中海传播，很快传遍了罗马帝国。

君士坦丁大帝颁布《米兰敕令》（313 年）之后，促进了基督教的广泛传播，基督教也于此时传到了法国境内。罗马帝国崩溃后，尽管欧洲再次进入碎片化时代，基督教却仍然牢牢地统治着欧洲人的精神世界。从罗马帝国开始，法国的文明史逐渐成形，并延续下来。

罗马帝国之所以崩溃，其中一个原因是在君士坦丁大帝迁都之后，罗马帝国便分裂为东西两个部分（395 年），西罗马帝国随后便遭到北方蛮族（主要是日耳曼人）的蹂躏，并于 476 年灭亡，日耳曼人也因此向四周扩散，这对法国的历史产生了深远的影响。

在日耳曼人的支系中，有一支叫西哥特人。他们攻破了罗马城，烧杀抢掠一番之后便扬长而去，随后在法国西南部①建立了王国。日耳曼人的另一支为勃艮第人的支系，则在法国东部建立了王国。

在中世纪，对法国影响最大的一支日耳曼人是法兰克人。法兰克人并没有离开故土，而是有点类似东方农耕民族，以此为核心向四周扩张。他们趁西罗马崩溃之机，在克洛维一世的带领下建立了法兰克王国，并定都巴黎（486 年），史称墨洛温王朝。

早期的法兰克王国并不算成熟的国家，也没有完善的国家机制和传承概念，因此克洛维死后（511 年），法兰克王国便按照当时的习俗将王国分给了克洛维的四个儿子——相当于分裂成了四部分。在随后的两百多年中，这些分裂的各部分势力开始互相残杀，斗争不断。

在不断的内部斗争之中，法兰克王国的王权逐步落入宫相之手。最初，宫相只是国王的一个仆人，随后变成王宫的管家，直至最后大

---

① 大致位置在法国西南部阿基坦大区附近。阿基坦介于比利牛斯山脉和加龙河之间，西濒大西洋比斯开湾，南接西班牙。

权在握，获取了大量的国家资源、财富和管理权——甚至最后，连宫相这一位置也可以父死子继。

就这样，墨洛温王朝的大权落入了丕平家族的手中。传至第三代时，丕平家族的宫相之位传到了一个矮子身上。矮子丕平生性狡诈，残忍非常而善谋略。

首先，矮子丕平联合自己的兄长清洗了所有忠于墨洛温王朝的贵族，为夺权铺平了道路。

其次，他又和兄长举行了一场决斗（746年），并使用计策获得胜利，将自己的哥哥送入修道院，让他做一名念经的修士。最后，时机成熟后，他才出手篡位，推翻墨洛温王朝，建立了加洛林王朝（751年）。

丕平家族之所以能够在宫相位置上一代又一代延续，并最终取代墨洛温王朝，也是因为其对国家功不可没。其中，丕平家族最大的贡献，就在于基督教的推广。

墨洛温王朝的王室在内斗与声色犬马中荒废岁月时，整个世界也是兵荒马乱。7世纪，伊斯兰教文明崛起，沿着地中海南岸向西迅猛扩张，并于8世纪初征服了伊比利亚半岛，摧毁了由西哥特人建立的西哥特王国（714年）。风头正盛的阿拉伯人想要征服欧洲大陆、征服基督教世界，在关键时刻，正是丕平家族的二代宫相（矮子丕平的父亲）、"铁锤"查理·马特率领最早的"十字军"击败了阿拉伯军队，解除了欧洲基督教世界的危机。查理·马特一战成名，成为整个基督教世界的英雄，震慑了所有法国贵族，从而奠定了丕平家族在墨洛温王朝中不可撼动的地位。

从那以后，丕平家族便打着"尊基督"的大旗东征西讨，矮子丕平甚至帮助教皇建立了"教皇国"（754 年），即延续至今的梵蒂冈。

其实，查理·马特完全可以自己登上王位，但他没有那么做，而是把机会留给了自己的儿子。而矮子丕平即位之后，生下了一位非常优秀的继承人，便是查理大帝。

在罗马帝国灭亡之后的欧洲古代史上，查理曼是非常少见的、有雄才大略的帝王。由于基督教一直统治着欧洲人的精神世界，查理曼便继承了丕平家族"尊基督"的大旗东征西讨，建立了一个庞大的查理曼大帝国。

第一步，查理曼重整了法兰克王国，解决了墨洛温王朝时代的分裂问题；第二步，查理曼打着帮助教皇的旗帜，将自己的势力范围扩张到了意大利；第三步，查理曼针对其他支系的日耳曼人和斯拉夫人发动了长达数十年的战争，大幅扩张了国家的领土面积。随着帝国的壮大，查理曼把首都从巴黎迁到了德国的亚琛，巴黎一度衰落。

巅峰时期的查理曼帝国是一个横跨欧洲的大帝国，大有恢复西罗马帝国的势头。教皇为查理曼加冕，是为"罗马人的皇帝"（800 年），承认查理曼成为古罗马帝国的继承人和基督教世界的保护者。

如果继续这样发展下去，查理大帝能恢复罗马帝国的版图也未可知。但历史没有给查理曼帝国这个机会——查理大帝在临死前，又把帝国分给三个儿孙，从而奠定了日后法兰西（西法兰克王国）、德意志（东法兰克王国）和意大利（中法兰克王国）的基础。

随后，法国大约又经过了五百年的乱世，在经历了加洛林王朝和卡佩王朝的起起落落之后，历史来到了 1328 年，也就是黑死病在欧洲肆虐之前。此时，卡佩王朝最后一位国王查理四世去世，由于他没有留下男性后代，王位便落到了其堂兄腓力六世身上。

第 2 节

最憋屈的王朝

腓力六世开启的瓦卢瓦王朝，可以说是法国历史上最为憋屈的王朝。

腓力六世才上台没多久，就遭遇了横行欧洲的黑死病。法国是人口大国，一旦瘟疫肆虐，便是人间惨剧。黑死病从地中海的港口城市马赛输入，很快便席卷了整个法国，所到之处哀鸿遍野。由于黑死病的杀伤力实在太大，法国人心惶惶、人人自危。

由于当时医学并不发达，公共卫生知识也不普及，所以法国人为应对黑死病，想出了很多不可思议的招数。比方说，当时法国人认为洗澡时人的毛孔会张开，容易染病，为了避免感染，要靠皮肤的污垢来保护身体。法国人因此养成了不洗澡的习惯，身体的异味则用香水来掩盖。后来在中世纪的欧洲，公共卫生条件极差，大街上垃圾遍地、污水横流，即便到了 17 世纪，国王路易十四都还在固守着不洗澡的习惯。

黑死病造成的内忧外患，英法都不约而同地选择了战争——以此转移矛盾。腓力六世和英国开战，但让英法两国都没想到的是，这场仗一打就是百年。不仅如此，这场战争对瓦卢瓦王朝来说，还是巨大的屈辱。

首先，是英军打到了法国的领土上，给法国造成了巨大的破坏。其次，在腓力六世死后，其子约翰二世继位，继续战争——而自大的约翰二世，最终竟成了英国的俘虏。黑死病的肆虐加上战争破坏，让法国老百姓不堪忍受，于是开始暴动。

瓦卢瓦王朝摇摇欲坠，但关键时刻，约翰二世的继承人查理五世①勇敢地站了出来，通过一系列行之有效的手段，稳住了风雨飘摇的法国。随后，查理五世扭转了在英法战争中对法国不利的局面。到1380年查理五世去世时，法国已经颇有欣欣向荣之象。

然而好景不长，英明一世的查理五世把王位交给了精神不正常的查理六世。查理六世持续了和英国的百年战争，但不幸的是，和他爷爷约翰二世一样成了俘虏，法国蒸蒸日上的势头也因此戛然而止，又陷入分裂混乱的险境。

在关键时刻，查理六世的儿子——查理七世继位。查理七世并非雄才大略之主，他行事畏畏缩缩，不但出卖了圣女贞德，还背弃了好友雅克·科尔，被当时和后世认为是一个胆小如鼠且愚昧的人。但是他在英法百年战争中，成功阻止了英国征服欧洲大陆的企图，带领法国取得最后的胜利。

---

① 此人不是西班牙帝国的查理五世，而是法国瓦卢瓦王朝的国王（1364—1380年在位）。

　　然而，查理七世的所作所为连他的皇太子——路易十一都看不下去。路易十一是一个类似查理五世的政治人物。由于看不惯父亲查理七世的为人，路易十一多次造反，并与查理七世决裂。查理七世死后，路易十一通过非法途径继承王位，重新统一了法兰西，为法国后来的崛起打下了基础。

　　路易十一去世时（1483年），英国已经退出了争霸欧洲大陆的舞台，而西班牙帝国尚未崛起，荷兰也还没有独立，法国隐隐有了称霸欧陆的趋势。但法国再次错过了成为欧洲霸主的机会，国运再次跌入低谷——一方面，是因为西班牙帝国崛起了；另一方面，是因为瓦卢瓦王朝的弗朗索瓦一世在关键时刻登上了历史舞台。

　　前文提到过，西班牙帝国之所以能崛起，是因为意大利人哥伦布。当初黑死病在意大利肆虐，动摇了宗教在意大利的统治基础，文艺复兴运动随之兴起。由于文艺复兴的启迪，意大利的一群有志青年开始寻找建功立业的机会。哥伦布原本去的是葡萄牙，但不被重用；恰巧西班牙刚刚完成光复运动，女王伊莎贝拉想要成就一番事业，便支持哥伦布远航。而哥伦布也不负众望，发现了美洲新大陆，促进了西班牙帝国的腾飞。从15世纪末到16世纪初，在短短几十年的时间里，西班牙帝国一飞冲天，到查理五世继位时，已是如日中天。

　　哥伦布功成名就去世后，他的一个老乡也离开了意大利。发现新大陆的哥伦布成了欧洲久负盛名的人物之一，而他的那位老乡不论是在当时还是历史上的名望都丝毫不逊于他——那就是鼎鼎大名的达·芬奇，文艺复兴时代最耀眼的巨星。

达·芬奇比哥伦布年轻一岁，老家也离哥伦布的老家不远。1516年，64岁的达·芬奇背井离乡，牵着一头毛驴，带着几个学生和仆人，翻过阿尔卑斯山去了法国。一行人携带着达·芬奇的一些画作、手稿和笔记，而其中一幅作品就是如今卢浮宫的镇馆之宝、早已声名远扬的名画——《蒙娜丽莎》。

达·芬奇的一生，是天才的一生。他年少成名，生活优越，能够让他在晚年离开家乡去异国闯荡，那一定有着非同寻常的理由——达·芬奇之所以选择前往法国，实则是受到了年轻的法国国王弗朗索瓦一世的盛情邀请。

弗朗索瓦一世给予年迈的达·芬奇最高礼遇，不仅任命他为"国王的首席画家、工程师和建筑师"，还把克洛·卢塞城堡赠予他作为生活、办公之用。此外，弗朗索瓦一世在精神层面给予年迈的达·芬奇同样巨大的关怀。在达·芬奇生病时，弗朗索瓦一世一直在他身边照顾。1519年，达·芬奇去世时，就是在弗朗索瓦一世怀中合上了双目。

纵观人类文明史，极少有君王能如弗朗索瓦一世那般，对艺术家和科学家如此贴心与友善。

达·芬奇的到来给法国带来了文艺复兴之风，切实地推动了意大利文艺事业的发展，巴黎更是成了艺术家的天堂。随后，法国文学家、艺术家、科学家层出不穷，法语更是成了欧洲贵族所推崇的语言——不论是西北部的英国，南边的西班牙，还是东边的德国与俄国，哪怕是在战场上和法国兵戎相见，也不耽误贵族精英们对法语的喜爱。而与此同时，弗朗索瓦一世也收获了巨大的声誉。

但作为国王的弗朗索瓦一世，并没有因为对达·芬奇的友善而获得好运，因为在西班牙帝国崛起之后，他迎来一个宿命般的对手——查理五世。

西班牙在复国战争时代和法国是战略盟友，然而"能共患难，不能共富贵"的古训不仅适用于人与人之间，也适用于国与国之间。西班牙帝国崛起之后，就和法国成了潜在的竞争对手，因为两国都想称霸欧洲大陆。

导火索出现在 1519 年（达·芬奇去世）——神圣罗马帝国的皇位空悬，法国国王弗朗索瓦一世和西班牙国王查理五世都是潜在继承人。一番角逐之后，弗朗索瓦一世败下阵来。

但弗朗索瓦一世心有不服，暗中厉兵秣马，等待机会再次和查理五世一决高下。

1525 年，双方终于大打出手。在决定性一战——帕维亚战役中，法军以优势兵力围攻帕维亚。西军在处于弱势的情况下，充分发挥火枪的优势，以较小的代价击溃了法军。

关键时刻，弗朗索瓦一世兵败被俘。被逼无奈之下，弗朗索瓦一世签订了《马德里条约》，放弃了法国在意大利北部的利益，而那是法兰克王国早在查理大帝的父亲的时代就打下的基业。

回到法国之后，弗朗索瓦一世感到非常憋屈，于是撕毁条约、卷土重来，继续和查理五世对决。然而在关键时刻，弗朗索瓦一世再次败给了查理五世。如此一来，西班牙帝国就成了罗马帝国最重要的支持者，法国彻底失去了早在查理大帝的父亲的时代就形成的、在意大利的影响力。法国就此跌入低谷。

但这远远没有结束。由于罗马教皇和查理五世都是忠诚的天主教徒，因此最终导致了新教改革和荷兰资产阶级革命，扭转了西班牙帝国的国运。随后，新教改革的火焰很快传到了法国，而法国的约翰·加尔文（1509—1564 年）就是马丁·路德的支持者。

加尔文是一个漫游者，去过欧洲很多地方，深知天主教已经无法适应被病毒和战争肆虐的欧洲。于是，他于 1536 年定居瑞士的日内瓦，发表了一本名叫《基督教原理》的著作，阐述了自己的改革思想。

加尔文比路德更为激进，他主张按照民主原则管理教会：牧师由信徒推选，废除等级制。

在当时，加尔文的观点无异于动了教会与教皇的奶酪。要知道，在中世纪的欧洲，教皇的权威理论上高于国王，是上帝在人间的代表。而教皇及其支持者们，也乐于享受人间的荣华富贵，才不愿意搞什么选举。但绝对的权威也衍生出了巨大的贪腐，因此加尔文的思想很快便吸引了很多追随者，在欧洲迅速传播。

最初，弗朗索瓦一世由于痛恨教皇和查理五世，便积极支持新教的势力在法国发展。但是到了后期，新教的主张已经威胁到了君主专制统治，因此弗朗索瓦一世也开始转变立场，镇压新教势力。而强行镇压生命力旺盛的新教势力，又导致了法国的一系列内乱。

君主专制的最大弱点，就是继承人的综合素质难以保障。古今中外的王朝，之所以最终都会不可避免地走向衰落，其重要的原因之一就是继承人综合素质的退化。

弗朗索瓦一世依靠尊崇文化人博取了一些名声，但这并不能掩盖他本人能力平平且大好喜功的事实。

第 *3* 节

失控的后宫

大航海之后，梅毒成了飘浮在欧洲上空的另一种时代尘埃，那些滥情之人一不留神就会被击中，不论权贵还是平民，都因此遭受了巨大的折磨。在青霉素发现之前，梅毒很难被治愈。而弗朗索瓦一世由于生活不检点，恰好染上了梅毒，而他又把这种难以启齿的疾病传给了王后，导致整个王宫愁云惨淡。

弗朗索瓦一世的儿子是亨利二世，他的妻子是来自美第奇家族的凯瑟琳。

美第奇家族在意大利非常显赫，他们在东西方贸易中通过金融手段攫取了大量财富，可以说是富可敌国。同时，他们还权势滔天，出过三位教皇与佛罗伦萨众多统治者。他们还非常有名，因为文艺复兴时期的很多巨星都是美第奇家族在背后支持的。

凯瑟琳王后出身显赫，她父亲洛伦佐二世·美第奇（也是因梅毒去世）是佛罗伦萨的实际统治者，而洛伦佐二世的叔叔就是教皇利奥十世——就是那位因力主绝罚路德而引发天主教和新教分裂的教皇。

亨利二世和凯瑟琳是政治婚姻，再加上凯瑟琳本人相貌平平，因此亨利二世不喜欢凯瑟琳。但让人无法理解的是，亨利二世所宠爱的情妇戴安娜是一个和他母亲年龄差不多的老妇。

凯瑟琳虽然没有得到亨利二世的爱，但深通谋略的她懂得隐忍，于是努力和戴安娜搞好关系。亨利二世去世之后，凯瑟琳迎来了属于自己的时代。首先，她的第一个儿子、15岁的弗朗索瓦二世继位（1559年）。但不幸的是，弗朗索瓦二世第二年便染病去世，凯瑟琳于是大权在握；然后是她的二儿子、10岁的夏尔九世继位（1560年），凯瑟琳依旧大权在握。

夏尔九世在位十几年，于24岁时英年早逝。他唯一能让历史铭记之处，便是和母亲凯瑟琳共同策划了屠杀新教徒的臭名昭著的"圣巴托洛缪惨案"。

随后，王位落到了凯瑟琳的第三个儿子亨利三世身上（1574年）。亨利三世是一个喜欢炫耀的异装癖，身边总是围绕着一群男宠，他们经常身着镶满蕾丝花边和艳丽羽毛的盛装在巴黎招摇过市。每逢节日盛典，亨利三世更是身披绫罗绸缎，把自己打扮得珠光宝气，甚至看起来分不清男女。简而言之，亨利三世不像一个国王，而更像是个祸害。如果亨利三世专心玩耍也就算了，但他偏偏喜欢打仗，却打不赢；他也想解决宗教矛盾，却没什么谋略。

凯瑟琳虽然精明强悍，却对亨利三世放任不管。也许是因为她已经失去了前两个儿子，便把所有的母爱寄托在了最后一个儿子身上，任其胡作非为。但母亲惯着他，不代表所有人都会惯着他，哪怕他是国王。

1589 年 8 月 2 日，亨利三世因为宗教矛盾被一名天主教的修士刺杀。他曾颁布《博利厄敕令》，试图促成天主教和新教和解，但双方都不信任他，天主教极端分子更是认为他背叛了天主教，因此决定刺杀他以维护天主教的纯洁性。

由于亨利三世也没有子嗣，瓦卢瓦王朝走到了尽头，王位落到了他的妹夫兼表弟——亨利四世手里。自此，对法国历史影响极大的波旁王朝拉开了大幕。

亨利四世之所以能获得法国王位，主要是因为他的妻子兼表妹——玛格丽特王后。

玛格丽特是法兰西历史上出名的美人，但她并没有因为长得美就受到命运的垂怜，而是遭到了极致的考验。

玛格丽特年轻时，命运被母亲凯瑟琳掌控，被迫嫁给她并不爱的表兄、纳瓦拉王国的国王亨利。由于当时的纳瓦拉王国信奉新教，是当时欧洲大陆的新教领袖之一，和天主教水火不容，所以凯瑟琳希望与纳瓦拉王国联姻，主要是想以此摧毁新教徒。

1572 年，玛格丽特和亨利的婚礼在巴黎圣母院举行。由于亨利是新教徒的领袖之一，因此大批新教徒汇聚在巴黎庆祝婚礼。也就是此时，凯瑟琳和她的二儿子夏尔九世秘密策划了对新教徒的屠杀——"圣巴托洛缪惨案"。巴黎数万名天主教徒与警察以及士兵配合，对城内的新教徒进行了血腥的大屠杀，包括权贵在内的很多新教徒的尸体都被抛进了塞纳河。

而绝世美人玛格丽特的婚礼，也成了"巴黎的血腥婚礼"。

亨利凭借夏尔九世的妹夫和表弟的身份才逃过一死，但也被软禁了起来，并被迫改信了天主教。凯瑟琳对玛格丽特没有丝毫愧疚，并建议她改嫁，但玛格丽特拒绝了——她厌倦了被母亲掌控命运。

在亨利被囚禁期间，玛格丽特开始私下和情人约会。然而，玛格丽特的情人也没有逃过凯瑟琳的毒手。她的第一位情人被控谋反，在遭受了非人的折磨之后死于断头台。据说玛格丽特悲痛欲绝，最后偷走了情人的头颅，并将其秘密安葬。后来，玛格丽特又找了几个情人，有的死了，有的侥幸躲过一劫。

经过一系列历史事件的洗礼，玛格丽特和亨利四世之间虽然没有爱情，但两人还是成了政治伙伴与朋友。

由于玛格丽特没有生育，亨利四世便与其协议离婚。晚年的玛格丽特容颜老去、缺乏收入来源，同时又和她父亲一样热衷于支持贫困艺术家，最终让自己陷入了贫困，只能依靠变卖珠宝度日。后来，她还写了一本回忆录，记录了自己的一生。

1615年5月27日，玛格丽特去世，瓦卢瓦王朝最后的传奇落幕。

放眼整个16世纪，西班牙帝国强势登顶，英国大刀阔斧地开展宗教改革，法国却陷入了无休止的阴谋与战争中，错过了时代的红利。但由于西班牙帝国四面出击，并没有将全部精力放在欧洲大陆，法国才得以避免被彻底击败的厄运。

顺利度过低谷期的法国，接下来很快迎来了腾飞。

第4节

"朕即国家"

离婚后的亨利四世又娶了一位美第奇家的女子（玛丽·德·美第奇）为王后，并生下了路易十三。

1598年，亨利四世颁布了《南特敕令》，宣布天主教为国教，但允许新教徒拥有信仰自由。这是一种变相的宗教自由，同时也是一项和稀泥的政策，获得了当时大部分法国人的认可，但他本人却因为这项政策送了命。

1610年5月13日，亨利四世被一名狂热的天主教徒刺杀，于第二天身亡，年仅10岁的路易十三继位。

路易十三成年之后，带领法兰西帝国东征西讨，为帝国赢得了一系列荣耀，而他最重要的成绩就是打赢了"三十年战争"，奠定了法国崛起的基础。

路易十三在治国理政方面非常果敢，关键时刻的决策都非常准确；最关键的是，他坚定不移地任用黎塞留为首相，哪怕为此和母亲、妻子、兄弟反目成仇也在所不惜。

　　黎塞留是天主教的主教，但他为人冷酷残忍，一点也没有天主教所主张的仁慈之心。

　　黎塞留身兼多职，却假装清廉，不领俸禄，实际上则拥有庞大的教会资产，同时又是法国殖民贸易公司的最大股东，可谓富可敌国，生活奢侈程度堪比国王。

　　早年没得势时，黎塞留趋炎附势；得势之后，则目中无人、霸道无比。黎塞留驱逐太后、驱逐亲王、处死公爵、镇压农民起义和新教徒的反抗，亨利四世好不容易营造的宽容的宗教环境瞬间险恶起来，法国上下更是被他压得喘不过气来。黎塞留的行为已经超出人臣的范畴，法国人甚至称其为"暴君"。

　　很多人痛恨黎塞留，但对他无可奈何。在国际博弈中，黎塞留纵横捭阖，总能找到对手的弱点，将其玩弄于股掌之中。让法国人讨厌的黎塞留，偏偏可以帮助法国战胜对手、获得荣耀。

　　在黎塞留的运作之下，新教势力在法国日渐衰微，法国在往旧陆权帝国发展。这点与英国的战略正好相反。

　　西班牙帝国衰落之后，其海洋霸权被荷兰取代，欧洲大陆的大部分资产落入法国之手。在赢得"三十年战争"之后，法国展露出其称霸欧洲的势头。黎塞留是近代法国"陆权主义"的奠基人与"国家至上"的践行者，他在给路易十三的遗嘱中说："严惩那些以藐视国家法令为荣的个人，就是对公众做好事。"

　　由于支持黎塞留，路易十三把王后视为敌人，将其打入冷宫将近20年，直到法国上下都在要求王位继承人时，路易十三才又接触王后，并且生了两个儿子。路易十三的大儿子路易十四出生时，他已经

38 岁，即便在如今也是晚婚晚育。

1642 年，57 岁的黎塞留因身体原因一命呜呼。1643 年，黎塞留去世第二年，路易十三不幸骑马落水，并引发了肺炎，追随黎塞留而去，法国王位落到了年仅 5 岁的路易十四身上。路易十四极其不简单，他把法兰西帝国推上了一个高峰。

法国历史上，在查理曼与拿破仑之间的一千多年里，路易十四是影响最大的君王，号称"太阳王"。哪怕在整个 17 世纪的欧亚大陆上，也仅有康熙和彼得的影响力与之相当。

路易十四在位时间超长，从 1643 年继位，一直到 1715 年，在位 72 年。由于过于长寿，路易十四不仅熬死了儿子，还熬死了孙子。因此路易十四死前，不得不把王位传给了重孙路易十五。

但路易十四还是非常幸运，因为那个时代的人均寿命也就三四十岁，而他当国王就当了 72 年。在那个时代，黑死病尚未消失，他却从未感染；在那个时代，梅毒夺走了很多人的生命，而路易十四由于风流成性也感染过梅毒，却没影响他的长寿。

此外，路易十四还成功把法国的君权制推向了历史巅峰。古代欧洲的王权相对较为松散，并无纯粹的君权制。老国王一死，几个儿子就把国家分成了好几份。再加上宗教制衡，所以欧洲很难出现大一统国家。但路易十四成功地完成了集权。

为了集权，路易十四甚至废除了他爷爷亨利四世的《南特敕令》，对主张改革的新教徒进行强力镇压。因为要获得绝对权力，就必须统一信仰。

为了集权，路易十四在亲政之初就立刻宣布废除首相职位（类似于朱元璋废除丞相之举），把大权独揽在了自己手中。

为了集权，路易十四借着改革的名义，使用一系列手段迫使法国贵族加入他领导的军队，一方面提升军队战斗力，另一方面减少内讧。

所有君王都希望大权独揽，但能做到的屈指可数。路易十四之所以能成功完成集权，一方面得益于黎塞留和路易十三留下的家底，另一方面则是路易十四本人确实综合能力强，有点类似黎塞留和路易十三的结合体。最关键的一点是，他可以在对外战争中获利，从而转移国内矛盾，提升国民满意度，进而提升自己的权威。

而对外战争，自古以来就是集权的重要方式。

第 5 节

路易十四好战的一生

　　路易十四发起的第一场对外战争是针对西班牙的"遗产战争"（1667 年）。路易十四也是近亲结婚的产物，并且是个矮个子①。他姑姑嫁给了他舅舅西班牙国王费利佩四世，而他又娶了舅舅和姑姑的女儿做王后，因此他的舅舅就成了他岳父，姑姑则成了岳母。

　　路易十四舅舅兼岳父的费利佩四世死后，他就想去跑到西班牙争夺遗产。按照当时的习惯，路易十四的主张看起来就像无理取闹。但其实他就是看西班牙衰落了，想找个机会为法国牟利，并且报法国之前被西班牙羞辱之仇而已。

　　为了打赢战争，路易十四御驾亲征。由于准备充分，法军势如破竹，一口气攻占了西班牙的诸多城堡。欧洲列强一看法国强势而来，于是联合起来对抗法军。英国、瑞典、荷兰公开结成反法同盟。于是，路易十四只能见好就收，赶紧和西班牙签订条约，表示法国和西

---

① 路易十四很好面子，因此发明了增高鞋。

班牙会继续友好。

但路易十四并非示弱，而是在等待更好的机会，对欧洲列强逐个击破。

这次，他把目光锁定在了荷兰。17世纪的荷兰是海上霸主，正如日中天，帝国舰队和商船纵横于各大海洋，源源不断地掠取财富。但荷兰也有致命的弱点，就是在欧洲本土面积狭小。在奉行陆权帝国思维的路易十四眼中，荷兰就是莱茵河入海口的那一隅之地，吞下好像不难。荷兰虽然不大，但极其富裕，只要吞下了荷兰，相当于帝国有了钱袋子，路易十四争霸欧洲的梦想就又多了一分胜算。

而最关键的原因在于，荷兰是资产阶级联合政府，对王权至上的法国是一种天然的挑衅。不吞掉荷兰，路易十四寝食难安。

但狡猾的路易十四并没有立即动手，他利用荷兰和英国在第二次英荷战争中决裂的历史机遇，趁机联合英国与瑞典一起进攻荷兰（1672年）。一时之间，英国从海上拖住荷兰，法国从陆地对荷兰进行猛攻。

由于地处英法之间，领土狭小的荷兰缺乏迂回空间。在海面上，荷兰还可以凭借海军实力和英国打得有来有回，在陆地上就举步维艰了。为了毕其功于一役，路易十四再次御驾亲征，统帅12万大军进攻荷兰。

由于法军准备充分、训练有素，且出其不意、攻其不备，荷兰一度非常被动。法军占领荷兰大部分领土之后，眼看就要攻克阿姆斯特丹，胜利近在咫尺。只要占领阿姆斯特丹，就相当于占领了那个时代欧洲的贸易中心、金融中心和经济中心，荷兰的金钱加上法军的战斗力，争霸欧洲似乎指日可待。

但是路易十四的笑容并没有真正在脸上绽放。关键时刻，荷兰人爆发出了惊人的战斗能量——他们掘开阿姆斯特丹大堤，用自残的方式阻挡住了法军的进攻。在年轻的威廉三世的指挥下，荷兰人殊死搏斗，终于抵挡了法军的脚步。路易十四没有料到，荷兰人竟然宁愿战死也不接受被法军占领。

原因其实也很简单：当时的荷兰是新教改革后建立的资产阶级政府，法国是天主教徒主导的传统帝国，不论是从新教徒和天主教徒的宗教意识形态对立层面看，还是资产阶级联合政府和专制王权对立的层面看，荷兰人都不可能忍受法国的统治。

与此同时，荷兰海军也挡住了英国。在关键时刻，英国国会中同情荷兰的人又占了上风——因为英国议会也是由在新教改革之后所诞生的资产阶级群体掌控的。很快，英国与荷兰停战。随后，威廉三世又联合了西班牙、奥地利、普鲁士等法国的邻国，组成了反法大联盟，帮荷兰稳住局面。

路易十四不甘心到嘴的鸭子飞了，便重金诱惑北欧霸主瑞典和自己结盟（1674 年），但仍然达不到吞并荷兰的目标。最后，法国又折腾了几年，随着威廉三世与玛丽公主联姻，荷兰和英国再次结盟，法国已经无法吞并荷兰了。但对路易十四来说，失之东隅、收之桑榆。虽然在陆地上没达到目标，却在地中海上抢了西班牙与荷兰的不少资源。

经过一系列法荷战争，路易十四相当于一个人单挑了半个欧洲，奠定了其欧洲狠角色的位置。为了达到称霸欧洲的目的，路易十四一方面厉兵秣马，继续发展海军和陆军；另一方面以逸待劳，等待再次出击的时机。

17世纪末期，由于英国爆发了光荣革命，荷兰和英国成为牢固的盟友。路易十四觉得在西边已经没有运作空间了，于是便把目光转向东方。当时，东边的神圣罗马帝国正在和奥斯曼帝国开战，而且进展得比较顺利。

由于神圣罗马帝国和法国都算基督教世界的国家，按道理说，路易十四应该站在神圣罗马帝国一边。但路易十四不按常理出牌，他制造了一系列理由和神圣罗马帝国开战——因为如果神圣罗马帝国继续赢，就会威胁法国在欧洲的地位，所以他决定背叛神圣罗马帝国。

路易十四的行为让欧洲各国极为震惊。他们又一起组织起反法联盟，而路易十四也联合了诸多盟友，欧洲各国又打了一场轰轰烈烈的大联盟战争。最终的结果是，双方拼杀7年，均损失惨重，最终不得已和谈。

在路易十四漫长的一生中，最后一场战争便是"西班牙王位继承战争"。由于西班牙国王卡洛斯二世天生残疾、没有子嗣，最后便把西班牙王位传给了路易十四的孙子费利佩五世，条件是西班牙和法国不能合并。路易十四先是答应了条件，后来又毁约，最终引发了一系列欧洲大战。而这场战争最终获益的一方是英国。

虽然最终法国和西班牙没有合并，但西班牙的王位由此而落入波旁王朝之手。当然，路易十四最大的遗憾，就是始终没能征服荷兰。

1715年，当路易十四去世时，半个欧洲都松了一口气。路易十四的一生相当于在重复查理大帝的事业。他的能力并不输查理曼，但他的对手比查理曼的对手强大太多。

由于路易十四实在长寿，临终时只能把仅存的曾孙、年仅 5 岁的小男孩拉到跟前叮嘱："我太喜爱战争了，你千万不要模仿我，也不要太过于铺张浪费。"

那个小男孩就是路易十五，他是后来的法国国王，统治了法国将近 59 年，但他也是一个可怜人，并且成了法国风评最差的几位国王之一。

第 *6* 节

生前风流快活，死后洪水滔天

路易十五的父母均死于天花，哥哥则被医生放血致死，小小年纪就失去了全部亲人。

由于路易十四不停地战争，国内民生凋敝、百姓怨声载道。于是，法国人把改善生活的希望寄托在小国王身上。由于国王年岁较小，大权就落到了负责监国的堂叔手中。但这位堂叔也不是治国那块料，一直在胡作非为。法国人受不了监国者，便寄希望于小国王快快长大亲政。

然而，路易十五自己也体弱多病，这不禁让法国人心惊胆战。路易十五承载了法国人巨大的希望，每次小国王生病，法国都会出现万民祈福的场景。但人生不如意事十之八九，很多时候希望越大、失望越大。

时间来到了1726年，路易十五终于到了亲政的法定年龄，而他堂叔也识趣地交出了权力。但路易十五其实不想亲政，于是请出了一个名叫弗勒里的前家庭教师摄政，自己则躲了起来，享受花天酒地的生活。

到1743年弗勒里去世时，路易十五已经33岁了，他这才不情不愿地出来扮演国王的角色。然而，就在法国人以为国王会带领大家过上好日子时，现实很快给他们泼来了一盆冷水。

就在路易十五亲政的第二年（1744年），奥地利王位继承战爆发，路易十五御驾亲征，这让法国人精神一振。但很快法国人就发现，行军打仗路上的路易十五竟然带着情妇沙托鲁夫人，这在法国引发了一系列不满。随行的将帅费尽九牛二虎之力，才把沙托鲁夫人赶走。结果战争一结束，路易十五就又把沙托鲁夫人找了回来。法国人终于明白，他们期盼的国王是一个荒唐之人。

其实，沙托鲁夫人只是路易十五众多情妇中的一个，携带情妇出征也只是路易十五做的荒唐事的冰山一角。身为一个国王，把那么多的时间、精力和资源放在情妇身上，是典型的昏君所为。难道路易十五不在意自己的名声和祖宗的基业吗？对此，路易十五有一个惊天动地的言论："我死之后，哪管洪水滔天。"

不幸的是，路易十五死后，法国真的是洪水滔天。路易十五的时代正处于法国和欧洲历史的拐点。当时，西班牙和荷兰已经没落，欧洲的命运甚至整个世界的命运，都取决于英法两个国家——胜利的一方，将会成为一个全球性超级大国。

为了争夺18世纪的欧洲乃至整个世界的主导权，法国和英国开启了全球争霸模式。双方不仅在欧洲对抗，在北美、印度也大打出手。

在英法全球争霸的过程中，法军一开始并未处于劣势，士兵也非常英勇，战略战术和英军旗鼓相当。但厮杀了一段时间之后，法军就逐渐落入下风。究其原因，无非是法军的后勤系统拼不过英军，指挥系统不如英军灵活。

法军的后勤系统为何会拼不过英军？因为法国的专制体制限制了法国资产阶级的发展，而英国本身大力发展资本主义，物资生产能力与运输实力都强于法国。尤其是英国转向海权思维之后，英国海军就一直压法国一头。

法军的指挥系统为什么不如英军灵活？这也是由法国的专制体系决定的。法国的军事决策取决于路易十五，而路易十五远在法国；英国的很多决策取决于前线指挥官，他们离战场更近，更能做出有效的决策。

但后勤系统和指挥系统方面的差距其实也只是表象，法国落后的根源在于其思维模式已经落后于英国。18世纪的英国已经完成了科学革命和经济体系革命，跨入了现代国家的门槛；而法国还是旧陆权思维，和查理曼帝国、罗马帝国并无本质区别，甚至不如西班牙帝国。思维模式的落后，决定了法国在英法全球争霸格局中的落败。

因此，法国先后失去了北美与印度的殖民地，这对帝国威严造成了沉重打击。但路易十五对此并不在意，他只要和情妇潇洒快活就行了。

讽刺的是，路易十五的风流竟然为法国带来了一丝转机。正当路易十五沉迷温柔乡时，整个社会风气也变得相对宽容，整个法国的社会也在发生着激烈变革，涌现了很多大师级人物，具体表现为启蒙运动。现代很多思想，比如社会契约思想、天赋人权思想、三权分立思想等，都是在启蒙运动中被发扬光大。

第 7 节

绚丽的启蒙

法国历史上最为激荡的两个篇章，一是启蒙运动，二是法国大革命。从更宏观的维度看，这两个篇章算是一个整体。启蒙运动就相当于法国思想领域的大革命，法国大革命则相当于社会层面的启蒙运动。

1745 年，法国学者狄德罗[①]应出版商之请，主持编纂《百科全书》。这本书名义上是宣传科学和艺术，但在天主教教会眼中，这本书是在宣扬无神论，挑战自己的权威。后来，狄德罗因言获罪，身陷囹圄。

但坐牢并没有打垮狄德罗，反而让他声名大噪。狄德罗出狱之后，继续编撰《百科全书》。最终，那部《百科全书》不仅成了很多法国人心中的明灯，更影响了很多欧洲王室。狄德罗的其中一个粉丝，就是沙俄女皇叶卡捷琳娜二世。

---

① 狄德罗（1713—1784 年），18 世纪法国启蒙思想家，百科全书派代表。

叶卡捷琳娜二世对欧洲文化心向往之，并且试图通过表达对欧洲文艺的向往来获得欧洲文艺界的好感。叶卡捷琳娜二世继位之前就一直和狄德罗通信。1762 年，女皇在继位之后立刻写信给狄德罗，表示如果有需要，《百科全书》可以到沙俄出版。

穷困潦倒的狄德罗曾表示要卖掉自己的藏书，女皇得知后当即买下了他的所有藏书，并为它们建造了一个图书馆，表示它们在狄德罗在世时仍归狄德罗所有。叶卡捷琳娜二世让狄德罗担任这个图书馆的馆长，并且预付了 50 年的薪水。1772 年，年迈的狄德罗终于见到了叶卡捷琳娜二世，笔友促膝长谈，非常融洽。说到忘情处，狄德罗甚至把自己的假发撕下扔到一边。

狄德罗有许多朋友，其中一位就是启蒙运动的泰斗——伏尔泰。按照当时的情况，伏尔泰可谓炙手可热，主要出于三个原因。

其一，他本人实在太过活跃，在戏剧、诗歌、散文方面都很高产。其二，他的人生经历太过丰富。他也曾因为言论被捕入狱，出来之后还笔耕不辍，居然和国王路易十五搭上了关系。后来，伏尔泰又因为言多语失，和路易十五分道扬镳。另外，路易十五并不是伏尔泰唯一结交的君王，他和腓特烈大帝也关系匪浅。其三，伏尔泰主张开明的君主立宪制，这符合那个时代欧洲的主流思想。在 18 世纪的欧洲，英国的君主立宪制已经大为成功，因此法国的精英也主张仿效。

伏尔泰在欧洲的影响力实在太大，因此被誉为"欧洲灵魂"。狄德罗和伏尔泰原本是好友，但一辈子没怎么见面，直到晚年才在一起高谈阔论。不过，两人因为观点不合而闹得很不愉快，但两人还是保持了起码的风度，并没有彼此攻击。然而，他们二人和另一位好友卢梭的关系最后却搞得非常难堪，甚至以骂战结束。

卢梭是启蒙运动中的另一位巨星，影响极其深远。

卢梭出身低微、情感细腻、性格自卑，却经常做出格的事，比如生了孩子却不养，直接送往育婴堂。这种人往往不适合做朋友，而且在社会上也会到处碰壁。但卢梭为什么能赢得生前身后的巨大名声呢？最为重要的原因是，卢梭真的非常有才，其作品《忏悔录》能把哲学和文学绝妙地统一起来，让人感觉像在读言情小说一样津津有味，这是只有天才才能做到的事情。

另一个原因是，卢梭的思想非常深邃。在其作品《社会契约论》中，他认为：人生而平等，社会存在着维系人们共同利益的"公益"；为了维护这种"公益"，人们都要遵守契约。

卢梭主张在社会契约面前，人们需要遵守同样的制约，享受同样的权利；明确提出"人民主权"说，并以此反对王权和神权的专制。卢梭提倡，当统治者撕毁了社会契约时，人民就有权推翻他。这个理念相当于把欧洲资产阶级革命进行了理论化与系统化，其思想也为后来的法国大革命奠定了基础。

卢梭虽然不像狄德罗与伏尔泰那样有国王做粉丝，但他有一群具备革命精神的法国年轻粉丝。其中有一位名叫罗伯斯庇尔的粉丝，后来主导了法国大革命。卢梭在国外也颇负盛名，如德国大哲学家黑格尔等均对其推崇备至。

当那场让很多法国人人头落地的革命风暴吹起来时，罗伯斯庇尔说："在这场革命中，卢梭是导师。"路易十六曾在狱中哀叹："是卢梭毁了整个法国！"

法国大革命对路易十五来说，是身后的滔天洪水，他可以不在乎；但他的孙子路易十六却不能不在乎，因为他就处在洪水边缘。

由于路易十五也是长时间在位，所以他的皇太子也先他而去，王位只能传给太孙路易十六（1774 年）。而路易十六在法国历史上也是响当当的人物，一是因为他是欧洲历史上第二位被处死的国王[②]，二是因为他还是一位隐形的美国国父。

② 欧洲历史上第一位被处死的国王，是英国斯图亚特王朝的国王查理一世，他在 1649 年以叛国罪被送上断头台。

第 *8* 节

隐形的美国"国父"

路易十六之所以会被处死，又之所以会成为美国的隐形国父，都是因为路易十五留下的烂摊子。路易十五自己风流潇洒了一辈子，却把法兰西帝国搞得千疮百孔、威严尽失，且财务亏空巨大。面对内外交困的局面，路易十六没能看清历史趋势，而是痴迷于继续和英国对抗。

要知道，当时的路易十六只是一个 20 来岁的年轻人，继承了一份巨大且正在贬值的基业。如果他做个守成之主，或许还可能过一段安稳的日子；如果继续折腾，只会加速法兰西的沉沦。不幸的是，路易十六还是走上了折腾之路。

路易十六在继位的第二年，就看到了一个削弱英国的机会，即 1775 年爆发的美国独立战争。

在美国独立战争之初，华盛顿带领大陆军屡战屡败；直到后来法国参战，华盛顿才逐渐站稳脚跟。因此，美国独立战争的背后其实是英法战争，是英法博弈。

英军在具有决定性意义的约克镇战役中战败后，康华利伯爵代表英国陆军、西蒙兹代表英国海军签署投降书。受降一方的签字人有三个：代表美国的华盛顿、代表法国陆军的罗尚博伯爵及代表海军的格拉塞伯爵。从受降书的签字人中，就能看到法国人的分量。

法国参战之后，华盛顿由北美大陆军总司令升级为美法联军总司令，其级别看似升高了，其战场角色却从决策者变成跟随者。此后，战略主动权留在了法国军人手中。

法国参战之后，效果立竿见影。英国得知法国舰队奔赴北美的消息后，立即命令费城英军退到纽约，美军趁机"收复"费城，临时首都光复。这在美国历史上，实在是大书特书的一笔，但实际上对于法国来说，不过是出兵的第一笔红利而已。由于法国出兵，北美独立战争陷入对峙阶段。双方都在积蓄力量，准备一决生死。

英法全球争霸期间，英国还可以拿捏法国，那为什么在美国独立战争中，英国对法国如此忌惮呢？因为即便路易十六只是毛头小子，当时也只有法国能和英国全球争霸。在"七年战争"中，英国之所以胜利，是因为利用普鲁士在欧洲大陆消耗法国。普鲁士国王腓特烈大帝是军事天才，在欧洲把法国折腾得不轻，导致法国在海外全力和英国对抗。在北美大陆，美军则和法军联手，相当于主场作战，可以不计较一城一地之得失。这就是北美独立过程中的地利。

路易十六也发现了法军在北美战场上的优势，于是拼命为战争增加筹码。就在决定性的约克镇战役之前，大陆军的宾夕法尼亚一线部队还在闹兵变。罗尚博和华盛顿会师之时，将自己所掌握的现金的一半都分给了华盛顿，让他去给大陆军发军饷。大陆军将士见到法国银币，都非常兴奋。

当法军统帅罗尚博决定进攻约克镇时，华盛顿当机立断，指挥大陆军南下，配合罗尚博。后世历史学家把华盛顿的这个决定描写得英明神武，但实际上华盛顿只是扮演了配角，主角是法军统帅罗尚博，总导演兼投资人是路易十六。

1781 年 9 月，美法联军和英军在弗吉尼亚州的约克镇决战，整个北美独立战争进入高潮。英军方面，康华利指挥大约 8000 名装备精良完整的英军[①]死守约克镇；联军方面，罗尚博的法军、华盛顿的大陆军各自人数与英军相当，合计是英军的两倍。那个时代的进攻方依赖炮火，而联军大部分炮火由法军提供。

约克镇决战是美国独立战争中决定性的一战。战役从 10 月 6 日联军正式合围约克镇开始，9 日正式开始炮击，一直到 17 日康华利要求投降谈判，前后共计 10 天左右，整个过程一点也不激烈。除 14 日联军发动的一次小规模冲锋和 16 日英军发动的一次突围勉强有些战争的味道外，其余时间都是小打小闹。

这个无聊的过程展现在战争的伤亡结果上：美军伤亡 100 多人，法军伤亡 200 多人，英军伤亡 500 多人，最后投降的英军人数是 7000 多人。这真的是一个超级帝国诞生过程中的决定性战役吗？事实上，决定约克镇战役走势的战场其实在海上。

纵观英国殖民史，其实都是以海军为依托的。只要海军不败，英国陆军就算败了，也可以卷土重来。一旦海军式微，陆军就会失去支

---

① 包括德国雇佣兵在内的有效作战部队。

撑，成为孤军。因此，美国独立战争的关键就是打破英军对海洋的封锁。若非如此，北美大陆就会陷入死地。只要打破英军的封锁，那么北美大陆上的英军就相当于孤军。

切萨皮克湾是英军后勤补给的重要入口，相当于约克镇英军的生命线。这场事关生死的战役所耗费的人力、物力和财力，皆出自路易十六。

约克镇战役开始之前，罗尚博指挥法国海军开进切萨皮克湾，切断了英军的海上供应线。英法海军于 9 月 5 日早晨开战，激战数小时后，英海军战败。数日之后，英军试图挽回局势，但法军继续增加兵力守住了战役成果。专家学者们在描述北美独立战争时，通常把这场海战选择性地忽略，因为这场海战完全没有美国人参与，无法凸显华盛顿的领导。

切萨皮克湾海战直接决定了约克镇战役的结果。法国海军破坏了英国海军的补给线，就相当于赤壁之战中孙刘联军烧掉曹军粮仓。兵马未动、粮草先行，没了粮草，战争也就无法继续。因此，康华利认为，在约克镇继续抵抗已经没有意义，于是决定投降。

1783 年 9 月 3 日，英美双方代表在路易十六的凡尔赛宫签订了《巴黎条约》，英国正式承认美国独立。所以从某种意义上来说，路易十六是美国的隐形国父。

对于美国的独立战争，路易十六可谓全力以赴，出钱、出力、出人、出资源，简直是在当成法国自己的战争来打。路易十六虽然帮美国打赢了独立战争，但悲剧的是，由于投入了太多战争成本，法国国内不堪重负。

　　而后来的一系列天灾人祸，尤其是1788年大干旱，又导致通货膨胀，民不聊生，甚至连退役军人都失去了基本生活保障。与此同时，国王和教会的税收却丝毫没有减少，王室和教会的权贵们依然过着挥金如土的生活。

　　这些矛盾在1789年引爆——法国大革命爆发。马拉、丹东、罗伯斯庇尔等一系列革命者纷纷登上历史舞台，最后拿破仑带领法国到达巅峰。

　　在这个过程中，很多法国人丢掉了性命，就连路易十六，也被推上了断头台。

第9节

大革命下的暴风雨

法国大革命爆发的导火索和英国资产阶级革命类似。法国大革命的导火索就是路易十六政府的财政危机，这使得路易十六不得不召开议会，希望增加税收。而议会那些代表都心怀鬼胎，也都知道整个社会矛盾很大，民生凋敝。另外，他们都经过了启蒙运动思想的洗礼，觉得专制王权不适合法国现状，希望效仿英国的君主立宪制，限制王权。

路易十六感受到了威胁，宣布关闭议会。经过启蒙运动洗礼的巴黎老百姓于是开始游行示威，表示支持议会，路易十六遂派兵镇压。1789 年 7 月 13 日，示威者和国王的军警爆发了冲突。但由于军警也受过启蒙思想的洗礼，所以示威者很快占据了上风。

7 月 14 日，愤怒的示威者冲进巴士底狱，释放了被关押的政治犯——那一天，成了法国大革命的起点，也是后来法国的国庆日。

英法百年战争的时候，巴士底狱原本是一座军事要塞。后来法国壮大了，巴士底狱就失去了要塞功能，成了国王关押政治犯的监狱（伏尔泰还去吃过皇粮）。示威者冲进巴士底狱，也就意味着和国王撕破了脸。

巴黎的示威者起到了带头作用，其他城市纷纷跟进，开始武装夺权，并且迅速组建了自己的国民自卫军。议会则迅速跟进，表态要废除国王和贵族的特权，法国要成为君主立宪制的国家，并发布了名震一时的《人权宣言》。

路易十六原本还想镇压抵抗，但很快就陷入了人民战争的汪洋大海，沦为革命者的阶下囚。但是革命不是请客吃饭，而是一个阶级推翻另一个阶级的过程。在这个过程中，革命者本身也有很多问题同样难以解决。

控制路易十六之后，法国由吉伦特派①掌权。这个派别的政治主张相对温和，主张君主立宪制，同时表示有钱大家一起赚，其革命性并不彻底。

虽然囚禁了国王、打压了教会和贵族，但新兴资产阶级也非泛泛之辈。尤其是那些议会代表们，更是鱼龙混杂，盘剥起老百姓更是毫不手软。这不但让法国的革命者们很不满，也让老百姓们很不满。

与此同时，外国也开始干涉，因为法国大革命让欧洲其他君主制国家担心革命火焰烧到自己身上。于是，英国、西班牙、荷兰、普鲁士等之前打得天昏地暗的国家，前所未有地联合了起来，开始共同干涉法国大革命。

为应对内外交困的局面，吉伦特派试图通过处死路易十六解决危

---

① 法国大革命时期代表工商业资产阶级利益的政治集团。因其首领多来自吉伦特郡而得名。

机。1793 年 1 月 21 日，巴黎革命广场②，路易十六走上了断头台。颇具讽刺意味的是，那个断头台是路易十六亲手改良的。但路易十六之所以设计断头台，并不完全是因为残暴，而是他本身就喜欢机械制造，尤其喜欢制造锁，因此有"锁匠皇帝"之称。据说，经路易十六改良过的断头台效果非常好。

走上断头台的路易十六维持了王者的尊严，他留下了自己的遗言："我清白死去，我原谅我的敌人，但愿我的血能平息上帝的怒火。"

在欧洲近现代史上，有三位国王死在了断头台上，他们的死都改变了历史走势。第一位是查理一世，大英帝国随后走向崛起；第二位就是路易十六，他死后没多久，拿破仑就带着法国大杀四方；第三位是尼古拉二世，之后便是苏联威震地球村。

吉伦特派虽然处死了路易十六，但仍然没能渡过危机。于是，更为激进的雅各宾派③发动政变（1793 年 5 月），取而代之。

雅各宾派的精英，如罗伯斯庇尔、马拉、丹东等，都有着浓烈的理想主义色彩，他们做出了很多创造性改革：颁布土地法令，让大批农民获得土地；制定法国第一部共和制宪法，推动社会改革……

但是当时的局势太过动荡，他们根本就没有机会好好施展政策。而且由于他们的政策太过激进，因此导致了很多杀戮。比如，吉伦特派领袖之一的罗兰夫人的死就非常可惜。罗兰夫人崇尚革命，最终却死于更为激进的革命者之手（年仅 39 岁）。她向往自由，临死时却留下一句名言："自由啊，多少罪恶假汝之名以行！"她的遭遇正好印证

---

② 今天的巴黎协和广场。

③ 法国大革命时期最大的政治组织。因会址设于巴黎雅各宾修道院得名。

了当时的乱局。

那么当时究竟乱到了什么程度呢？比如，号称"美国革命之父"的托马斯·潘恩就曾跑到法国支持大革命，结果也被革命者扔进了监狱，差点因此送命。

然而，暴力并没有稳住时局，雅各宾派领袖之一的马拉被一个名叫夏洛蒂·科黛的女性革命者刺死在了浴缸里，年仅 50 岁。马拉之死又导致了雅各宾派内斗。

雅各宾派的罗伯斯庇尔为了稳定局势而选择独裁，于 1794 年 4 月 5 日处死了和他政见不合的丹东（年仅 35 岁）等人。罗伯斯庇尔希望能如同当年英国的克伦威尔那样，通过独裁手段稳住局面。但他远没有克伦威尔幸运，因为法国大革命的激烈程度远胜百年之前的英国资产阶级革命。处死丹东一事，让其他革命者对罗伯斯庇尔又恨又怕。仅在三个多月之后的 7 月 27 日，被罗伯斯庇尔镇压的右派、以巴拉斯为首的热月党人就发动了"热月政变"，逮捕了罗伯斯庇尔，并在第二天（7 月 28 日）将罗伯斯庇尔处死（年仅 36 岁）。

随后，督政府④成立。这个所谓的督政府有着浓烈的军政府色彩，但也打赢了不少对外战争，建立了不少功勋。其中有一位青年军官，在远征意大利时建立了赫赫功勋，他的崛起直接把督政府变成了军政府。

他的名字叫拿破仑·波拿巴，是法兰西历史上名列前茅的政治家与军事家，更是查理曼之后最有资格称大帝的法国人，对法国和欧洲历史走势的影响极大。

---

④ 法国大革命时期建立的资产阶级共和政府。由 5 名督政官组成，每年改选 1 人，先后任职者有 13 人。

第 *10* 节
大帝拿破仑

拿破仑于 1769 年出生于科西嘉岛的一个小城。科西嘉岛是地中海第四大岛，也是法国第一大岛，由路易十五从热那亚人手中购得。科西嘉人对法国并无归属感，因此年轻时代的拿破仑想的是带领科西嘉岛从法国独立出去，可以说是一个"分裂分子"。

虽然拿破仑后来声名大噪，但其实他先天条件不足，个头很矮、外貌一般，出身也比较低微。然而，法国大革命的时代洪流还是把他推向了历史前台，成为真正意义上的主角。原因很简单：拿破仑是一个不世出的军事天才，他为乱世而生。

年轻时的拿破仑到法国学军事，很快便崭露头角。随着舞台变大，他不再想带领科西嘉岛独立，而是想借助法国这个更大的平台建功立业。就在路易十六、罗兰夫人、罗伯斯庇尔等人纷纷人头落地时，拿破仑在战场上大杀四方。

雅各宾派掌权时，拿破仑大显身手，先后击败了保王党和英军，升为准将。

督政府时代，拿破仑又因镇压保王党而荣升巴黎卫戍司令，成为军中重量级人物。为摆脱四面受敌的环境、击溃反法联军，督政府派遣拿破仑总管法国在意大利的军事行动（1795 年，他 26 岁）。在意大利北部，拿破仑反复蹂躏了奥地利等敌对国，成了法兰西人心中的大英雄。

由于功勋显著，督政府感受到了拿破仑的威胁，于是把拿破仑派到埃及（1798 年，他 29 岁）。在那里，他又把奥斯曼帝国搞得狼狈不堪，提升了法国的威望。短短几年之内，拿破仑就因为功勋卓著而让督政府沦为摆设。

在 18 世纪的最后一年，30 岁的拿破仑秘密返回巴黎，受到众人的狂热拥戴，以兵不血刃的方式发动"雾月政变"，轻而易举地推翻了督政府，成为法国第一执政。

在随后的十多年中，拿破仑带领法军东征西讨，把法国人的武力值推向历史巅峰。1800 年，31 岁的拿破仑再次翻越阿尔卑斯山到意大利，获得了马伦哥战役大捷，为击败第二轮反法联军奠定了基础。

1804 年，35 岁的拿破仑从教皇手中接过王冠，加冕称帝，并颁布了对后世影响深远的《拿破仑法典》。以镇压保王党起家的他，最终成了法兰西帝国的皇帝——一个屠龙少年最终变成恶龙的故事正在上演。推翻法国帝制的大革命，最终又催生了一位新皇帝。

称帝前后的拿破仑想挑战英国的海洋霸权，但失败了。为什么拿破仑要挑战英国海洋霸权？因为英国转向海权帝国之后，开始对欧洲大国进行制衡。在路易十四时代，法国就因英国而错失了称霸欧洲的梦想。拿破仑崛起之后，英国又开始联合盟友发动一波又一波的反法战争。

对拿破仑来说，只有打败英国才能彻底称霸。但由于无法撼动英国海军，法国也就无法占领英国，只好继续追求在陆地上称霸。当然，英国也不好受，被法国逼得和沙俄结盟。

在称帝的第二年（1805 年），面对由奥地利、英国、沙俄组成的第三次反法同盟军，拿破仑打出了战神的风采。他首先指挥法军东进，击溃了沙俄名将库图佐夫；随后亲自出马，占领了慕尼黑；然后，拿破仑又在乌尔姆战役中击溃反法联军。高潮发生在年底——拿破仑直接在"三皇会战"中击溃了沙皇和神圣罗马帝国皇帝。

在法军的强势打击下，统治德国 800 多年的神圣罗马帝国解体，这意味着拿破仑彻底改变了德国历史和欧洲历史的进程。

1806 年，拿破仑击溃了由英国、沙俄和普鲁士组成的第四次反法同盟军，把横行欧洲大陆多年的普鲁士军队打得丢盔弃甲。随后，拿破仑在欧洲大陆可谓肆无忌惮。一方面，他帮助波兰复国[①]；另一方面，又占领了荷兰。曾经不惧巅峰西班牙、英国和路易十四时代法国的荷兰，在面对拿破仑的时候基本没有还手之力。在拿破仑的征服版图中，荷兰不过是一盘小菜。

1808 年，拿破仑指挥法军南下，入驻马德里，征服了西班牙。随后，他又指挥法军东进，入驻维也纳，征服了奥地利。面对第五次反法联盟，拿破仑以少胜多，再次取得了胜利。

从罗马到马德里，从阿姆斯特丹到维也纳，拿破仑兵锋所指，皆

---

① 波兰在历史上曾多次被沙俄和普鲁士瓜分，导致灭国。

无人能挡。从欧洲最东边的沙皇到最西边的英王，都接二连三在拿破仑那里吃了败仗；欧洲那些盘根错节的王室，也被拿破仑摧毁了大半。

整个欧洲已经没有势力能在战场上制约拿破仑。也正因如此，在欧洲人心中，拿破仑取得了足以与亚历山大大帝和恺撒大帝媲美的地位。

第 *11* 节

历史的教训

在欧洲历史上，拿破仑的大帝之名含金量很足。但相比恺撒和亚历山大，拿破仑的结局并不完美。因为在亚历山大和恺撒时代，沙俄帝国和大英帝国并不存在，他们不需要面对莫斯科的寒冬和无处不在的大英帝国舰队。

而对于拿破仑来说，不论取得多少军事胜利，只要没有踏平沙俄帝国和大英帝国，战争就永远不会停止。英俄两国会接连不断地组建反法联盟，把拿破仑拖在战争旋涡中——它们的目标很明确，决不能让拿破仑统一欧洲。

拿破仑很想像征服荷兰和西班牙帝国那样征服英国本土，但英法之间隔着英吉利海峡，陆地并不相连，法国陆军无法直接攻击英国本土，英国海军是法军不可逾越的障碍。

因此，拿破仑决定先干掉沙俄帝国。1812 年，拿破仑带着说十多种语言的欧洲联军远征沙俄。他对此役充满信心，因为不论是沙皇亚历山大一世，还是俄军统帅库图佐夫，都是拿破仑的手下败将。如果拿破仑能成功战胜沙俄，那么欧洲很可能再现罗马帝国时代的大一统局面。

战争初期比较顺利，拿破仑势如破竹，取得了一个又一个的胜利，并且很快占领了莫斯科。但随后，联军就迎来了最大的敌人——莫斯科的严寒。再加上俄军坚壁清野，莫斯科全城燃起了大火。严寒、大火与俄军，最终促使拿破仑败走麦城。

随后，沙俄和英国组成第六次反法联盟，拿破仑虽然取得了好几次战役的胜利，但还是功败垂成，最终被流放到地中海一个叫厄尔巴岛的小岛上（1814 年）。

不久后，拿破仑创造了奇迹，不费一枪一弹就重返巴黎，试图重整旗鼓（1815 年）。但英国和沙俄没有给他机会，两国再次组建反法联军，拿破仑在滑铁卢功亏一篑，他的百日王朝更像是回光返照。随后，他被流放到了遥远的圣赫勒拿岛。

这次，拿破仑没能再次创造奇迹。六年之后的 1821 年，作为法国历史上重要的人物之一，拿破仑孤独地离世。他的死因是一个谜，有人说他是被英国人毒死的。拿破仑死后，整个法国元气大伤，尤其是战场上的表现，更是江河日下。

如何评价拿破仑呢？不是他的军事才华不够，也不是他赢得的胜利不多，更不是他的支持者不给力，而是因为帝制真的已经不再适合 18 世纪的法国。

实际上从 17 世纪第一次工业革命爆发开始，王室就不再适合领导大国前进。在这方面，英国就做得比较好，所以大英帝国取得了耀眼的成绩。而法国，不论是路易十四还是拿破仑，都想维持帝制，因此最终都被淘汰了①。

简而言之，即便强如拿破仑，也没有能力和时代洪流对抗。但法国的历史教训并没有被吸取，至少没有被德国人吸取。后来，法国犯下的战略错误，德国一个也没有落下，而且还加倍放大。

拿破仑死后，大英帝国松了一口气。但是很快，英国人就再次感觉如芒在背，因为德国迅速完成了帝国崛起，冲向了历史的巅峰，并创造了新的历史风口。

涅槃重生的日耳曼人，让整个世界为之颤抖。

---

① 不只是法国，所有试图和历史潮流对抗的王室，诸如德国王室、沙俄王室、奥斯曼帝国王室、大清帝国王室等，都在随后的岁月里被一个接一个淘汰。

第六章

德意志：一半天使，一半魔鬼

罗马帝国的历史学家把阿尔卑斯山以北的人群分为三大蛮族——日耳曼人、凯尔特人、斯拉夫人。其中，日耳曼人作为近代德意志民族的祖先，早期的活动区域大致在波罗的海以南与莱茵河以东。随着罗马帝国的衰落，日耳曼人开始在欧洲四处迁徙。其中，留在德国本土的日耳曼人渐渐发展成了如今的德意志人。

近代德国的历史，要从查理大帝说起。查理曼在生前把法兰克王国的首都从巴黎迁到了亚琛，王国中心就此到了今日的德国境内。查理曼死后，他的后代在843年签订了《凡尔登条约》，查理曼帝国被一分为三。其中，日耳曼人路易分得的东法兰克王国最终演变成了如今的德国。

在随后的百余年中，值得一提的就是在919年，亨利一世将东法兰克王国改名为德意志王国。亨利一世的儿子奥托一世一辈子东征西讨，打过不少仗。其中，最关键的一仗便是应教皇邀请，前往意大利消灭对教皇很不友好的伦巴第王国。

为表达感激之情，教皇封奥托一世为神圣罗马帝国的皇帝（962年），德国由此进入神圣罗马帝国时代，直到800多年后的19世纪初才因被拿破仑攻打而解体。

第 *1* 节

唬人的帝国头衔

神圣罗马帝国听起来威风八面，其实按照伏尔泰的说法，它既不神圣，也不罗马，更不帝国。

所谓神圣罗马帝国，其实并不是通常意义上的帝国，而是一个松散的邦国联盟。正常的帝国需要有创建帝国的灵魂人物，需要一个协调帝国正常运行的中央政府，但神圣罗马帝国的皇帝虽然名义上是老大，实际上却无法管辖各大公国的内部事务。由于公国之间独立性很强，因此中央根本无法号令地方。这"帝国"二字，简直就是第一大讽刺。

神圣罗马帝国的皇帝查理四世在 1356 年颁布了《黄金诏书》，强调了两件事。

其一，皇帝必须由七大选帝侯选举产生，在皇帝死后如果没有继承人，就由萨克森公爵和莱茵宫廷伯爵共同摄政。其二，七大选帝侯在自己的领土内有税收权、铸币权、采矿权、贩卖食盐权等权利，这是神圣罗马帝国第一次明确这些权利的归属。

根本没有什么实质性权力的神圣罗马帝国空挂一个帝国名头，在现在看来，更像一种精神胜利法。

神圣罗马帝国的第二大讽刺，就是"罗马"二字。

德意志王国之所以改名为神圣罗马帝国，无非是因为罗马帝国从社会制度、法律条文、精神文化等方面全方位影响过欧洲的历史，以至于后世的欧洲国家但凡大一点的，都要和罗马帝国扯上关系。比如，沙俄帝国、德意志第二帝国和第三帝国都曾自称罗马帝国的继承者。

所谓的神圣罗马帝国其实并无任何特殊之处，东西南北都有能与其抗衡的存在。除了偶尔出现几个颇有战绩的军事统帅之外，神圣罗马帝国在科技、文化、经济等方面基本没有出现过值得称道之处。和现代德国在全球各个领域都有杰出贡献相比，神圣罗马帝国根本无足轻重。

实际上，神圣罗马帝国和罗马帝国根本没有关系。如果非要把两者扯到一起，那便是日耳曼人击垮了罗马帝国后，又建立了神圣罗马帝国。神圣罗马帝国的统治者其实是灭亡罗马帝国的罪人，根本就没资格继承罗马帝国。

神圣罗马帝国的第三大讽刺是"神圣"二字。

其实，"神圣"二字恰好说明了神圣罗马帝国地位的低下。因为在中世纪的欧洲，以教皇为首的教会神权一直控制着欧洲的精神世界，世俗政权因此受到了极大的束缚，甚至连国王结婚和离婚都要由教廷批准。因此，没有教皇认证敕封，神圣罗马帝国根本名不正、言不顺。

教皇给了德国一块"神圣罗马帝国"的招牌，德国人就一口气挂了 800 多年。或许不是德国不想换，而是实在没有比这更好的名头。更为致命的是，教皇不甘于只控制人们的思想，还想在更大层面上影响世俗政权。从 11 世纪开始，教会便开始任用一些出身低下的人作为武士和管理人员①，以壮大自身势力。他们虽然在传统贵族和骑士的眼中是低等人，却能做到对教会随叫随到。随后，德意志帝国的皇帝和诸侯也开始任用"臣仆"作为官吏。

如此一来，原本的"臣仆"就逐渐变成了"帝国骑士"。随着时间的推移，这些骑士的独立性开始变强，形成了维护自身利益的"行业协会"，也就是赫赫有名的骑士同盟。这股新兴势力让原本就松散的神圣罗马帝国变得更为松散。

简单来说，徒有其表的神圣罗马帝国所映射的，其实是德国本土日耳曼人在古代的碌碌无为，以至于他们居然错过了整个大航海的历史机缘。当 15 世纪的葡萄牙和 16 世纪的西班牙引领着欧洲历史的大潮时，神圣罗马帝国范围内一盘散沙的日耳曼人还在分裂与内耗中打打杀杀。

但日耳曼人始终是一个优秀的民族，随着近代历史拉开了帷幕，德国的日耳曼人开始迎来他们的高光时刻，进而影响了历史进程。

德国人的觉醒，首先从宗教层面开始。

---

① 也可以将这些人理解为教会的封臣。

第 2 节

第一次世界大战的预演

前文说过，近代欧洲历史的进程几乎都与那场黑死病息息相关。黑死病不仅害死了很多欧洲人，还动摇了神权在欧洲世俗世界的统治基础。而作为欧洲大国的德国，自然也被黑死病搞得死伤惨重。毕竟在中世纪的欧洲，德国在卫生医疗方面的水平并无任何优势可言。

在德国的神职人员中，有三分之一因黑死病丢了性命，许多教堂和修道院因此无法维持。

在黑死病的肆虐和文艺复兴的影响下，德国人马丁·路德拉开了宗教改革的大幕，同时也翻开了德国人影响历史进程的新的一页。

德国人一直比较务实，当连极具忍耐性的德国人都受不了教廷，并提出宗教改革的主张时，其他国家就更受不了了。因此，马丁·路德的宗教改革思想就成了改变欧洲大地的星星之火，很快就形成燎原之势。法国的加尔文、英国的亨利八世，都在马丁·路德所开创的道路上前行。

马丁·路德的思想核心是"因信称义"，表示只有通过信仰的力量才能获得拯救，而不是通过给教会捐钱捐物。这在现在看来稀松平常的观点，在中世纪相当于公然反抗教皇。主要有两种欧洲人认为马丁·路德是上帝的使者，一种是欧洲的新兴资产阶级，如荷兰资产阶级通过宗教改革完成了资产阶级革命，建立了荷兰；另一种是和教皇积怨颇深的欧洲政客，比如亨利八世，为了离婚而发动了英国的宗教改革。

另一部分欧洲人则认为马丁·路德不知好歹，吃着教会的饭，砸着教会的锅，比如同时统治德国与西班牙帝国的查理五世。西班牙帝国因为在独立与海外殖民过程中享受了巨大的天主教红利，所以非常坚定地支持天主教。查理五世虽然是日耳曼人，但为了维护天主教信仰，还是选择了残酷地镇压德国境内的新教改革者。

宗教改革思想撕裂了整个欧洲，两派人彼此仇恨。而在此时的德国境内，由于神圣罗马帝国已经开始分裂，宗教冲突尤其严重，所以双方的敌对情绪终于在 17 世纪达到历史性高潮，展开了一场 17 世纪版的欧洲大战。

参战的新教一方包括德意志新教诸侯和丹麦、瑞典、法国[①]，并得到了荷兰、英国、俄国的支持；参战的天主教一方包括罗马教会、德意志天主教诸侯和神圣罗马帝国、西班牙、波兰。

战争从 1618 年打到 1648 年，前后持续了大约 30 年（即"三十年战争"），各参战方损失极为惨重。比如，在 1620 年的第一阶段的战争中，天主教联军在波希米亚境内开展的白山战役中击败了波希米

---

① 法国信奉天主教，但路易十三和黎塞留为称霸欧洲而选择暂时与新教国家站在一起。

亚和普尔法茨联军，处决了俘虏的大量新教贵族。

由于战场主要在神圣罗马帝国境内以及周边的日耳曼邦国，导致日耳曼各邦国损失了大量的人口。根据部分资料统计，德国大约在"三十年战争"中损失了三分之一的人口，他们大部分死于刀剑、火炮、饥荒、疾病，其破坏力堪比黑死病，甚至超过了两次世界大战的人口损失率。

这场宗教战争就类似第一次世界大战的预演，直接摧毁了神圣罗马帝国的根基，德国境内的日耳曼邦国更是进入了"春秋无义战"的杀伐时代。但即便是勇武的日耳曼人，也受不了无休止的战争杀戮。他们开始反思，开始总结，开始寻找超越宗教博弈的新思想。

由于宗教战争实在太过残酷，导致原本只知道打打杀杀的德国日耳曼人在思想层面开始觉醒，并最终在刀光剑影中创立了赫赫有名的德国古典哲学。

从康德到黑格尔，德国终于出现了一批在真正意义上影响人类思想轨迹的大宗师。

第 *3* 节

哲学群星闪耀时

被罗马人称为野蛮人的斯拉夫人和日耳曼人都起源于波罗的海之畔。在后来千百年的时间里，两大民族一直在波罗的海以南的波德平原你争我夺。两虎相争，众猴遭殃。其中，最倒霉的国家就是波兰，前后被数次灭国。

波兰旁边有一块俄罗斯飞地，叫加里宁格勒，这里在第二次世界大战之前叫柯尼斯堡，是东普鲁士的首都。柯尼斯堡的历史可以追溯到 13 世纪。此前，天主教派遣"十字军"东征，条顿骑士团①沿着波罗的海向东仗剑传教，在遭遇阻截之后在此修筑了柯尼斯堡，意为"国王之山"。

那片看似不起眼的地方，却在整个 18 世纪有着辉煌的历史，先后诞生过哥德巴赫和康德。众所周知，哥德巴赫是数学界的一座丰碑，康德则是哲学领域的王者，且对马克思有着巨大的影响。

---

① 德意志骑士组成的宗教性军事组织，成立于 1198 年。

很多资料说康德一辈子都在乡下，其实并非如此——康德一辈子都在柯尼斯堡活动，而18世纪的柯尼斯堡是个紧跟时代潮流的城市。

康德生于1724年，童年时在慈善学校读神学，后被神学博士劝去别的学校学习自然科学。这件事本身就反映了在当时的日耳曼人内部，新教改革派和传统派矛盾尖锐。在改革派眼中，传统派就是误人子弟。而且就在隔壁，法国的启蒙运动搞得轰轰烈烈，让越来越多的德国人开始反思自己的传统[②]。而宗教思想的撕裂，也伴随了康德的一生。年轻时的康德一度想当一个自然科学家，然而在18世纪，传统科学的高峰已经过去，新的科学革命时代尚未到来，因此康德在科学领域也就没有什么作为，而是把主要精力放在哲学领域，并写下了几本划时代的巨著。

康德所著的《纯粹理性批判》（1781年）揭示了人的一般实践理性和理论理性在现实中的应用，标志着欧洲哲学研究的主要方向由本体论转向认识论。《实践理性批判》（1788年）主要讨论了人的实践伦理问题，比如"如何看待自由"。康德认为，自由不是为所欲为，而是可为却不为。《判断力批判》（1790年）中，康德提出并分析了人的情感能力，认为美即崇高，这种崇高是对艺术的无限创造。

这几本书虽然在哲学领域的地位非常之高，但晦涩难懂。简单来说，康德成功地调和了西方哲学领域中经验论与唯理论之间的矛盾，成功地把人类的认识能力和认识范围、界限区分清楚，把意识领域和自然科学领域从混乱的认知中划分完善。康德的"先验论"颠覆了西

---

② 腓特烈大帝就是伏尔泰的读者。

方人的知识结构，犹如柏拉图穿越到了 18 世纪。康德并非一个单纯的学者，他认为人的"实践理性"要求各国脱离战争的野蛮状态，并制定契约以维护和平，从而实现"世界共和国"，这也是联合国最初的概念的由来。

康德的出现对日耳曼人影响巨大。康德出现之前，德国日耳曼人主要是勇武好斗；他出现之后，德国日耳曼人变得深沉爱思索。对于其他群体来说，勇武好斗的日耳曼人根本不足为惧，但学会思索的勇武好斗之人，就非常可怕了。康德不仅改变了西方哲学历史，也推动了德国日耳曼群体的思考热情。

康德之后，德国还出现了费希特（1762—1814 年）和谢林（1775—1854 年）两大哲学家。

费希特质疑康德对"物自体③"存在问题的论述，认为一个严密的哲学体系应该是像笛卡尔那样，从一个最高的、明确无误的、不证自明的第一原理出发，按照其内在的必然性，以严明的逻辑推理出来的系统。为此，费希特提出"知识学"三大原理。

第一原理——自我建立自我：假定有一个绝对的自我，绝对自我通过主体的自我反省建立自我。

第二原理——自我建立非我：绝对自我在认识"自我"时，将自我作为一个对象看待，此时必然产生与"自我"相对立的东西，这就是"非我"。

第三原理——自我与非我的统一：自我与非我、主体与客体、主

---

③ "物自体"一词的提出，始自康德。指离开意识而独立存在，但是不可知的本体。

观与客观、意识与存在、精神与物质都统一于自我意识之中，相互限制、相互决定。

这三条著名的哲学概念理解起来可能有点烧脑。但要指出的是，如果没有康德，很可能就没有费希特。同时，费希特是一个更为直接的爱国主义者，尤其是在拿破仑灭亡神圣罗马帝国之后，费希特试图唤醒德意志人民完成国家统一。

谢林是一位生活在浪漫主义时代的哲学家，和德国浪漫主义大师歌德生活在同一个时代。谢林主张将心灵与物质合而为一。他非常浪漫地认为，大自然的全部——包括人的灵魂与物质世界，都是"绝对存在"（或世界精神）的一种表现。

谢林说过很多浪漫主义的名言，比如"自然是肉眼可见的精神，精神则是肉眼看不见的自然"，因为我们在大自然中随处都可以感受到"产生结构的精神"。

德国古典哲学的另一位大宗师级别的人物是黑格尔。黑格尔生于 1770 年，他生于一个衣食无忧的官宦之家。年轻时代的黑格尔恰逢法国启蒙运动和大革命爆发，他和罗伯斯庇尔一样，受卢梭的影响极大。

青年时代的黑格尔便展现了过人的天赋，且受到了文化巨星的关注。他曾经和谢林共同创办《哲学评论》杂志（1800 年），随后在文化大师歌德的推荐下成为耶拿大学的教授（1805 年）。不幸的是，黑格尔在耶拿大学并没有待太久，拿破仑大军便摧毁了神圣罗马帝国，黑格尔被迫转移别处。后来，黑格尔在纽伦堡当了 8 年中学校长，并在那里写出了名动天下的《逻辑学》。再后来，黑格尔又任教于哥德堡大学与柏林大学，并最终完成了对哲学体系的构建。

颠簸的生活并没有打断黑格尔的哲学研究，他开始运用"辩证法"解释哲学、历史和宗教问题，并在以后的岁月中对德国哲学进行了广泛、系统且深刻的梳理与构建。

和康德一样，黑格尔的著作非常生涩，但其影响力非常大。正如拿破仑的军事成就成了欧洲政客与军人绕不过的大山一样，黑格尔的思想也成了欧洲思想界绕不过的大山。几乎所有欧洲思想学派，都会对黑格尔进行肯定或批判。

受黑格尔影响的群体，被分为黑格尔左派和黑格尔右派两个阵营。

黑格尔左派群体主要继承了他青年时代的战斗性思想，主张无神论，在政治领域主张自由民主。主要代表是费尔巴哈，以及年轻的马克思和恩格斯。黑格尔右派群体则主要是他后期的学生们，他们拥护的是正统的宗教观念和政治保守主义——因为晚年的黑格尔已经向现实妥协，并开始为新崛起的普鲁士唱起了赞歌。

作为哲学大师的黑格尔，就连唱赞歌的方式也与众不同。黑格尔试图用哲学思想解释国家的本质。黑格尔认为，国家的本质在于其是伦理理念的现实，是绝对自在自为的理性的东西。国家以其至高无上的意志、伦理精神，把整个民族凝聚为一个有机的统一体，先于并高于家庭、市民社会，是它们存在的前提，是决定性力量，是人类生活的最高形式。

这种思想是对英美法自由主义与社会契约思想的一种颠覆，为后来德意志第二帝国和第三帝国的极端主义奠定了思想基础。

但具体到国家体制层面，黑格尔为了迎合普鲁士的权贵，还是昧着良心说："'君主世袭制'是国家制度的顶峰，王权是普遍利益的最高代表，国王拥有最后的主观决断权。"并渴望普鲁士权贵带领整个普鲁士实现日耳曼的统一和复兴，但这基本就是无稽之谈了。

卖力的迎合终于得到了回报——黑格尔于晚年登上了柏林大学校长之位（1829 年），同时兼任政府代表。然而好景不长，两年后的1831 年，一场霍乱终结了一代哲学家的生命。

黑格尔死后，德国走上了统一和复兴之路。而真正见证德国复兴和统一之路的大师级哲学家，是马克思。

从影响力上来说，马克思才是德国最有影响力的哲学家。但马克思没有像晚年的黑格尔那样选择妥协，而是始终忠于自己的理想和信念。他的主义和俄国的革命实践相结合，引领了苏联的崛起；随后，又与中国的革命实践结合，促成了新中国的诞生并走向崛起。

德国哲学的崛起意味着德国在思想层面的觉醒。从此以后，德国逐渐变成一个让竞争对手恐惧的国家，军政层面也随即觉醒，俾斯麦便是这一时期的代表人物。

第*4*节

俾斯麦：德国崛起的奠基人

1806 年，拿破仑灭亡了所谓的神圣罗马帝国，但统治帝国 800 多年的哈布斯堡家族并没有灭亡，还在继续统治奥地利。半个世纪后，奥地利和匈牙利组成了奥匈帝国。

在神圣罗马帝国灭亡之后第八年，拿破仑统一欧洲的事业惜败莫斯科的严冬，欧洲再次陷入无休止的混战。而原神圣罗马帝国之中的一个名叫普鲁士的邦国崛起，并在拿破仑失败的第二年（1815 年）组成德意志邦联。

同样是在 1815 年，在普鲁士境内的一个小镇上的一个没落贵族之家，一个男孩出生了。47 年之后，这个小男孩成为普鲁士首相，他就是鼎鼎大名的俾斯麦。他还有一个响亮的称号——铁血首相。俾斯麦是欧洲历史上罕见的狠角色，他的使命就是完成德意志帝国的复兴。

1862 年，刚登上首相宝座的俾斯麦宣称："当代的重大问题并非通过演说和多数派决议就能解决，而是要用铁和血来解决。"

　　但值得强调的是，俾斯麦"铁血首相"的称号并非靠铁血手段赢得。相反，他的手段非常柔软灵活。在这点上，他很像法国的黎塞留。俾斯麦之于德国，犹如黎塞留之于法国。当初法国内忧外患，也是黎塞留纵横捭阖，奠定了法兰西帝国雄起的基础。俾斯麦是一个很早熟的人，和黎塞留一样，都深受马基雅维利的《君主论》的影响，为达目的不择手段。

　　早熟的俾斯麦一边在学校学习知识、丰富头脑，一边锻炼强健的体魄，为未来大干一番事业做准备。政治上，他非常激烈，大声疾呼，要求德意志各邦团结起来，完成德国的统一。

　　最初，他激进的思想并没有获得太多回响，因为各邦的日耳曼权贵都把主要精力用于内斗。直到威廉一世①出任普鲁士国王（1861年），俾斯麦这匹千里马才迎来自己的伯乐，得以担任宰相兼外交大臣。

　　德国统一就意味着欧洲中部完成了大国崛起。对此，不仅旁边的法国不同意，大英帝国和沙俄帝国也不会同意。而如何才能消除旁边大国的顾虑，这是一个政治难题。

　　论战争，德国日耳曼人没有怕过谁；但是论政治手腕，确实比传统的欧洲大国差远了。而俾斯麦是德国难得一见的精于从政治层面打仗的人。之前的德国日耳曼领主缺乏顶级的政治头脑，但俾斯麦不同，他有着19世纪欧洲顶级的政治智慧。他虽然志在统一复兴德国，

---

① 少年时参加过反拿破仑战争，中年时镇压过革命运动，即位时已经是64岁的老年人。

但还是首先放弃了"大德意志"的概念，免得树大招风。

普鲁士主导的德意志在崛起过程中经历了三次战争，都是在俾斯麦的操盘下完成的。

第一次战争发生在 1864 年，是由俾斯麦策划的普鲁士和丹麦的战争，并在 1865 年赢得胜利，德意志成为欧洲腹地一支更为强劲的力量。丹麦虽然面积不大，却经常插手德国的内部事务，并屡屡从中谋利。击败了丹麦，普鲁士在欧洲和德意志内部的声望和实力大增，为德意志今后的统一铺好了路。但由于俾斯麦并没有张扬，因此这场战争并没有使得欧洲大国尤其是法国警惕。

第二次战争发生在 1866 年，是由俾斯麦策划的普鲁士和奥地利的战争，同样赢得了胜利，德意志也因此赢得神圣罗马帝国疆域范围之内（中欧地区）的主导权。在德意志邦国中，普鲁士和奥地利的实力比较大。对普鲁士来说，想要主导德意志统一，必须完成三件事：第一，击败奥地利；第二，在击败奥地利的过程中，必须保障域外大国不支持奥地利，否则很难获胜，因此在发动"普奥战争"之前，俾斯麦对俄国、法国、英国和意大利都进行了各种安抚，以保障它们不在战争中帮助奥地利；第三，在击败奥地利之后，不能引发奥地利对普鲁士的厌恶。因为如果普鲁士做得太过分，奥地利就可能选择和法国结盟。

"普奥战争"之后，奥地利和匈牙利组成奥匈帝国（1867 年），但和普鲁士并没有真正翻脸，甚至后来还联手发动了第一次世界大战。究其根本，还是因为俾斯麦的政治工作搞得好。

第三次战争发生在 1870 年，在俾斯麦的领导下，德国赢得普法战争。德国人巧妙地利用了法国人的轻敌情绪，在色当会战中大获全胜，俘获了法兰西第二帝国的皇帝拿破仑三世，报了当年拿破仑一世推翻神圣罗马帝国之仇。

法国则在普法战争中，把拿破仑时代积累的威望消耗殆尽。战败的消息传来，愤怒的巴黎人民推翻帝制，宣布成立第三共和国。不仅如此，巴黎人还成立了巴黎公社，准备继续战斗。

1871 年 1 月 18 日，为了羞辱法国，已经 74 岁高龄的威廉一世选择在法国的凡尔赛宫登基称帝，宣布德意志完成统一并建立了帝国。当然，俾斯麦也成了德意志帝国的首任宰相，继续集各项大权于一身，威震欧洲。

从德国统一过程中的几场关键战争看，德意志在战场上的对手始终只有一个。实际上，按照欧洲的传统，大多数时候都是混战，很少一对一单挑，而德国能保障在关键战役中一对一，完全得益于俾斯麦的政治智慧和纵横捭阖的博弈谋略。

完成统一之后的德意志帝国，很快就进入了帝国崛起的快车道。

德国的崛起震惊世界。当时东方的清朝和日本都在进行改革，向大英帝国学习如何建设海军。但日本在建设海军的同时，在陆军建设上选择了效法德国。必须承认的是，日本的眼光非常独到，严谨程度更是不下德国人。随后，日本陆军成为亚洲第一，并在日后的一系列战争中战胜清朝军队。与此同时，伊藤博文在设计政治改革时同样效法德国，结果日本和德国一样走上了军国主义的不归路，并在第二次世界大战中双双失败。

德国崛起后，俾斯麦反而谨慎了起来，开始和奥匈帝国搞关系，并且忍住厌恶和沙俄交好，还时不时地向大英帝国抛媚眼。俾斯麦清楚地意识到，沙俄、奥匈、英国和法国接受不了德国称霸欧洲，一定会联手绞杀德国。

从地缘角度看，德国处于欧洲中央，缺乏战略迂回空间，如果树敌太多引发众怒，后果不堪设想。即便是强悍如拿破仑，也顶不住一波又一波的反法联军。但俾斯麦谨小慎微的战略很快就破产了，因为他并不是被敌人打败，而是被自己的领导抛弃了。

1888 年，老年继位的威廉一世终于在 91 岁驾崩，他的孙子威廉二世继位。和谨小慎微的威廉一世不同，没有经历过创业艰辛的威廉二世是一个野心勃勃的年轻人。他即位时已经 29 岁，正值人生壮年，非常想要有所作为。

在威廉二世看来，老迈的俾斯麦是一个被时代抛弃的老古董——胆小如鼠、迂腐不堪，关键是碍手碍脚。于是，威廉二世便不给他好脸色。俾斯麦一看这情况，便非常识相地写了份辞职报告（1890 年），回家养老去了。8 年之后，俾斯麦去世。他死之时，德意志帝国正如日中天。

但随后不久，他所担心的一切就都变成了现实。

第 5 节

有大略而无雄才的领袖

如果威廉二世是位雄才大略的政治家，那么世界历史的进程将会改写。然而非常遗憾，威廉二世虽然懂政治，但并不是真正的政治家；虽然懂军事，但并不是真正的军事家。他是非顶级政治家和军事家的结合体——野心家，一位有大略而无雄才的领袖。

威廉二世提出了大海权主义和泛日耳曼主义，这个看似响亮的口号风险极大。按照俾斯麦的思路，德国只需要在欧陆和法国竞争，所以德意志帝国的主要敌人只有法国。

按照威廉二世的做法，奉行大海权主义，就要和英国角逐全球利益；提倡泛日耳曼主义，就要在东欧和沙俄的泛斯拉夫主义对抗；加上死敌法国，德国简直就是要和全世界对抗！而一个国家再强，也无法单挑全世界。即便是战国后期的秦国，面对奄奄一息的东方六国，尚且需要施展"连横"策略，远交近攻，瓦解对手。威廉二世如此行事，实在是心比天高。

由于威廉二世锋芒太盛，导致沙俄在 1894 年和法国结盟。沙俄属于基督教世界中的东正教——论意识形态，和西欧列强是死敌；论现实威胁，也是死敌。拿破仑时代，法国和沙俄为了争夺欧洲霸权打得天翻地覆。由于沙俄在巴尔干半岛的胃口实在太大，英法曾经联手对付沙俄。如今，法国和俄国结盟，只是因为它们感受到了来自德国的现实威胁。

出于大陆势力平衡的需要，英国开始和法国接近。1904 年，在日俄战争前夕，英国和法国结盟，法国在欧洲大陆的力量大增。但威廉二世毫无警觉，根本不知道收敛。

英国和俄国的关系是世界上最奇特的国家关系。在正常情况下，双方是仇敌；但每当关键时刻，二者总是联手。当初拿破仑势大，英国和俄国联手，之后再次对抗。日后，希特勒强大起来，两国再次联手，之后再次对抗。同样的事也发生在威廉二世时代。当时，英国不仅在巴尔干半岛阻击沙俄，还在远东联合日本封堵沙俄。由于威廉二世太过自负，逼得英国不得不和沙俄结盟。

能把英法俄三国逼成朋友，放眼西方历史，能做到这一点的也只有两个人，一个是威廉二世，另一个就是希特勒。

第一次世界大战表面上是从 1914 年开打，实际从 1907 年英、法、俄结盟之时就注定了。德国的盟友基本上就是之前神圣罗马帝国范围内的国家，也就是欧洲腹地的国家。德国的敌人则是西方的英国和法国、东方的沙俄。

英国最先进入工业时代，所以在全球都有资产，是世界性帝国。法国第二个进入工业时代，是欧洲的脸面。沙俄则一直在东方扩张。德国要崛起，必然会触动它们的利益，没有任何一个国家能够允许这种事情发生。

威廉二世决定迎难而上。他足够勇敢，但是很多时候，勇气还需要力量和智慧作为辅助。威廉二世的德意志第二帝国力量足够强大，可惜他本人在智慧方面还是差了一点。

站队完毕，扩军备战。英法德各国的常备陆军人数均接近百万，沙俄接近 150 万，整个欧洲成了一个火药桶，就差一根导火索。而这根导火索，就来自巴尔干半岛。

工业时代之前，巴尔干半岛就是东方的伊斯兰教世界和西方的天主教世界冲突的前沿。虽说巴尔干半岛只有贫困和暴力冲突，但也可以说那里拥有一切——因为巴尔干半岛位于亚非欧三大洲的交点上，毗邻爱琴海、地中海、黑海，是世界重要的交通枢纽之一。翻看欧亚帝国史，跨大洲的帝国均与巴尔干半岛有关。在工业时代，交通运输是生命线。所以英法要守住自身地位，就必然要保巴尔干半岛太平；俄国要维护自身影响力，也必须保巴尔干半岛；德国要打出一片天，更是要挺进巴尔干半岛。

如此情况下，半岛上的宗教矛盾、民族矛盾、国家矛盾、个人恩怨交织在一起，成为一个解不开的死结。

结局只有一个——在血与火中化为灰烬。也许巴尔干半岛的人民不想战争，也许世界其他地方也不想让巴尔干人陷于战火。但在动荡的世界里，巴尔干半岛注定生灵涂炭——匹夫无罪，怀璧其罪。

有了导火索之后，还需要一丝火苗——这丝火苗来自奥匈帝国继承人斐迪南大公，他是古老的哈布斯堡家族的继承人。1914 年 6 月28 日，他在萨拉热窝视察之际，被塞尔维亚民族主义者刺杀。

7月28日，奥匈帝国向塞尔维亚宣战。

7月30日，沙俄进入战时总动员，出兵塞尔维亚，对抗奥匈帝国。

8月1日，德国向沙俄宣战，并向法国发出最后通牒，要求法国在德俄战争中保持中立。法国在普法战争之后一直在寻找机会雪耻，进入战时总动员。

8月3日，德国向法国宣战。

8月4日，英国向德国宣战。

8月6日，奥匈帝国向沙俄宣战。

8月12日，英国向奥匈帝国宣战。

同盟国一方主力：德国和奥匈帝国。它们曾经是一个国家，被欧洲列强打散；如今它们恢复力量，挑战列强，希望恢复神圣罗马帝国昔日的荣光。当然，德国还有一个盟友——意大利。意大利号称罗马帝国的直系传承者，名为德国盟友，实际堪称克星，专克德国。

协约国一方主力：英国、法国、俄国。当时的英国是一个全球性的国家，法国处于欧洲大陆沿海，俄国横跨欧亚大陆。它们原本彼此仇恨、征战不休，但因为德国的崛起和威廉二世的傲慢而结合在了一起。

看看第一次世界大战参战方就会明白，实际上第一次世界大战就是德国日耳曼人在对抗整个欧洲。如果再加上后来参战的美国和中国，相当于德国在单挑全世界。

德法两国原本同出一脉，都曾在罗马帝国治下，曾是查理曼帝国的地盘，分开后便战火不熄。拿破仑打散了神圣罗马帝国，俾斯麦逼迫法国签订城下之盟。新仇旧恨一触即发。战争刚刚爆发，两国便急不可耐地想要消灭对方。

德军操盘手叫小毛奇[1]，他是老毛奇[2]的侄子，是一个军二代。因为个人条件较好且善于经营口碑，而被威廉二世重用。他策划的作战计划其实很简单：在西线和法国决战，彻底解决法国，然后挥师东进，解决沙俄。

装备先进、战力超强的德军向马恩河方向突击（1914 年 9 月），但并没有按照预定计划击溃法军。这一方面是因为法军总参谋长约瑟夫·霞飞是个狠角色，他是法国近代史上最后一位能征善战的统帅级人物，参与过普法战争，对耻辱性的失败记忆犹新。40 多年来，他一直在思考一件事：复仇德军。另一方面，德军的第一集团军司令克鲁克在关键时刻拒绝执行小毛奇的命令，错过了直接威胁巴黎的机遇。

如此一来，马恩河会战打成了拉锯战，进入了一种放血比狠的战争模式。流血增加了两国的仇恨，德国因未能摆平法国而恼火，法国因未能复仇德国而恼火。战场进入了可怕的静默期。经过一番筹备之后，更为猛烈的血雨腥风正在到来。

德国做出了一个出人意料的选择——如果说之前的战争是在流血，那么接下来就进入绞肉阶段了。德国统帅部认为，马恩河会战之

---

[1] 赫尔穆特·约翰内斯·毛奇（1848—1916 年）。通称"小毛奇"。德国陆军将领。1906 年任德军总参谋长，晋升为陆军上将，积极准备发动第一次世界大战。

[2] 赫尔穆特·卡尔·毛奇（1800—1891 年）。通称"老毛奇"。德国军事家，陆军将领。1855 年任威廉亲王（即后为威廉一世）副官，升为将军。1858 年起任普军总参谋长。主持改革军制，扩充军备，并策划和指挥丹麦战争、普奥战争和普法战争，推进了德意志统一。

所以未能达到目标，是因为法军力量还是比较强。因此，要让法国投降，就必须耗尽法军的有生力量。用他们的话说，就是要流尽法国人的血。

为了达到战略目的，德军把战略谋划和战术执行运用到了极致。

德军的战略是拿下凡尔登。凡尔登只是法国东北部的一个普通小镇，毫不显眼。但是从军事角度看，却是兵家必争之地。凡尔登是德军通向巴黎的通道，它在两军阵前就如同法军生出来的一颗獠牙，威胁着德军。德军要想击溃法国，就必须虎口拔牙，拿下凡尔登要塞——号称绞肉机的凡尔登战役（1916 年）随即爆发。

在这场战役中，德军把战术执行到了很高的水平，甚至玩起了虚虚实实的战术欺诈。

德军通过大规模向别处调动而欺骗霞飞，暗地里却向凡尔登集结。当德军突然进攻时，法军手忙脚乱、不知所措。德军则拿出了看家本领，即对火炮的创造性使用。其实火炮在世界历史上很早就用于战争，但多半用于防守，如袁崇焕在宁远城头架起红衣大炮对付努尔哈赤；或者在进攻之前对敌方进行密集轰炸，如拿破仑对炮兵的使用。凡尔登战役中的德军准备了充足的弹药，为步兵的冲锋提供了强大的火力支援。这种战术在日后被发扬光大，成为第二次世界大战的基本战术，也是立体战争的雏形。

德军的新战术给法军带来了极大的损伤，但在关键时刻，法军爆发出了罕见的坚韧意志——在德军猛烈的炮火中，法军没有退缩；在德军凶猛的冲锋中，法军没有退缩。

法军依托后方仅有的一条公路顽强坚守，慢慢补血。在法军的顽强坚守之下，双方的战争变成了拉锯战，德军也开始损兵折将。

德国要击溃法国，就必须拿下凡尔登；法国要自存，就必须守住凡尔登。双方都有必须赢得战争的理由。

在前后 10 个月的拉锯中，双方投入了上百万的兵力，这在世界战争史上可谓空前。法军损失 54.3 万人，接近崩溃；德军损失 43.2 万人，战损比可谓空前，也许绝后。

由于这场战役实在太过重要，双方已经无所不用其极。为了赢得胜利，德军竟然使用了毒气弹，而法军也用同样的方式"回敬"。

正如斯大林格勒战役是第二次世界大战的转折点一样，凡尔登战役成了第一次世界大战的转折点——此战之后，法国的血基本耗尽，德国也无力再发动战略性进攻。威廉二世的野心终于成为镜中花与水中月。

两年之后的 1918 年，一场被命名为"西班牙大流感"的疫情暴发，推动了"一战"的结束。战败的威廉二世流亡荷兰。但命运待他不薄，让他死在了 1941 年——那是希特勒第三帝国③的鼎盛时期。当时的希特勒已经击溃法国，把英国逼到了欧洲大陆之外，正指挥第三帝国闪击苏联，而且看起来有希望取得胜利。

希特勒正在实践当初威廉二世的构想。在第一次世界大战中，希特勒只是威廉二世手下的一位低级军官。他像普法战争中的霞飞一样，怀着战败的耻辱，决心复仇。20 年之后，希特勒掀起了第二次世

---

③ 即纳粹德国，正式国号沿用帝政时期和魏玛共和时期的国号"德意志国"。"第三帝国"一词为纳粹党所采用，其将神圣罗马帝国（962–1806 年）称为第一帝国，德意志帝国（1871–1918 年）称为第二帝国。

界大战。

不论威廉二世还是希特勒，他们为什么会有能力掀起世界大战？其实，这后面有一个巨大的历史背景，就是德国主导了第二次科学革命，因而实力大增。就像 17 世纪的英国因爆发第一次工业革命而实力大增一样。

第 *6* 节

第二次科学大爆发

什么是科学？

首先，科学是描述客观世界的知识，不因宗教神权或世俗王权的权威而改变。

其次，科学不仅是零散的知识碎片，也是理论化与系统化的知识海洋。

再次，现代意义上的科学还是促进历史前进的第一推动力。美英之所以可以在工业文明时代称王称霸，就是因为诞生了牛顿、麦克斯韦、爱迪生等一群科学家。

最后，科学是哲学最精准的表述方式。凝聚牛顿智慧的旷世巨著《自然哲学的数学原理》，本质上就是科学和哲学结合的典范。德国哲学于 18 世纪末觉醒之后，就已经为 19 世纪的科学崛起打下了坚实基础。

第一次科学革命源自天文学革命。1543 年，波兰科学家哥白尼出版《天体运行论》，提出了"日心说"；同年，比利时医生维萨里出版

《人体构造论》，进一步推动了科学的发展。

到了 19 世纪，诸多新的科学理论，如热力学、电磁场理论、化学原子论、细胞学说等把科学研究推到了微观层面。尤其是在 19 世纪末，德国和英、法、俄准备世界大战的时候，科学界日新月异，实验物理学领域有了三大惊人发现。

1895 年，德国科学家伦琴发现了 X 射线。

1897 年，英国科学家汤姆孙发现了电子。后来，卢瑟福以此为基础建立了原子结构模型。

1898 年，生于波兰的法国科学家居里夫人发现了放射性元素。

这些新诞生的科学理论，以及微观层面的物理实验已经远超经典力学能解释的范围，同时也意味着物理学革命即将爆发，一个比帝国兴衰更为宏大的历史大幕即将拉开，一群真正推动人类历史前进的名字即将登上历史舞台。

马克斯·普朗克等德国科学家由此登场。普朗克出生于 1858 年，那时威廉一世还没有上台，俾斯麦还在等待机会。但论历史贡献，普朗克胜过威廉一世或俾斯麦。

普朗克是那种并不耀眼的天才，他 16 岁就考入慕尼黑大学数学系，后来改学物理，并于 21 岁拿到柏林大学的博士学位。普朗克最初投身热力学研究，并且和汤姆孙一起提出了热力学第二定律的第二种表述方式[1]：不可能从单一热源吸取热量，并将这些热量完全转变为功，而不产生其他影响。

---

[1] 1850 年，克劳修斯首次提出热力学第二定律。

鉴于热力学第二定律的历史地位，单凭这一点，普朗克就可以在科学史上留下一席之地。但他最大的贡献并不在这里。

当居里夫人发现了放射性元素之后，普朗克的研究重点转移到了热辐射领域。经过几年的艰苦努力，他终于导出了一个和实验相符的公式。普朗克于1900年10月下旬在《德国物理学会通报》上发表了一篇只有三页纸的论文，题目是《论维恩光谱方程的完善》，第一次提出了黑体辐射公式，但是那个公式并不完善。

又经过一番思考完善，普朗克在1900年12月14日的德国物理学会的例会上提出了一个惊人的假说：为了从理论上得出正确的辐射公式，必须假定物质辐射（或吸收）的能量不是连续的，而是一份一份地进行的，只能取某个最小数值的整数倍。

那个最小数值就叫能量子。

简单来说，普朗克的假说认为辐射能（即光波能）不是一种连续不断的流的形式，而是由小微粒（量子）组成的。这实在是石破天惊的提法，和哥白尼的"日心说"造成的冲击相差无几。区别在于，哥白尼的学说遭到了教会抨击，普朗克的学说则很快受到全世界的追捧。

量子力学由此而登上历史舞台。

同样是1900年，一个出生于德国的年轻人在瑞士的苏黎世联邦理工学院毕业。他将在随后的岁月里超越20世纪所有的人物，就如同牛顿超越17世纪所有的人物一样——他就是爱因斯坦，世界历史上影响最大的几位人物之一。

爱因斯坦于1879年出生在德国乌尔姆市的一个犹太人家庭，他父亲经营着一家小工厂。为了扩大生产规模，举家迁往慕尼黑。除了好奇心特别重之外，爱因斯坦在童年时代并没有表现出与众不同的天赋。在母亲的引导下，他爱上了小提琴。

在小学和初中阶段，爱因斯坦也没有展现出惊人的天赋，但他酷爱阅读，尤其喜欢数学和物理。后来，因为经商需要，爱因斯坦一家举家迁往意大利。最后，爱因斯坦考入了苏黎世联邦理工学院，并加入了瑞士国籍。毕业两年之后，他在伯尔尼的专利局找到一份普通职员的工作（1902 年）。

其貌不扬的爱因斯坦每天过着看起来普通的日子。唯一不普通的就是，他有一个属于自己的独立世界，他也乐于把精力和时间投入其中。

时间来到 1905 年，爱因斯坦发表了几篇改变世界的论文。这些论文提出了光量子假说，解决了光电效应问题，奠定了量子力学的另一支柱；证明了玻尔兹曼的理论成果与实验观察的完美一致性；开创了狭义相对论。如此等等，爱因斯坦几乎在他的每一个研究领域都足以获得诺贝尔物理学奖。也正因如此，1905 年被称为爱因斯坦奇迹年，也是科学史上的奇迹年。

由于量子论和相对论在当时并不被人们所理解，因此爱因斯坦的工作引发了极大的争议。即便如此，爱因斯坦还是在工作上得到了一些好处。他成了专利局一级技术员，工资增长了不少。随着名声的提高，他获得了苏黎世联邦工业大学理论物理学副教授的职位。

由于德国的科学界开始繁荣发展，爱因斯坦于 1913 年回到了德国，担任威廉皇帝物理研究所所长兼柏林洪堡大学教授，并当选为普鲁士科学院院士。

随后，第一次世界大战爆发了。虽然爱因斯坦担任了皇家研究所的所长，但他本人反战。在反战的同时，他也没有闲着，并且在改变世界的路上越走越远。

1916 年，爱因斯坦发表了一篇足以载入史册的、堪称 20 世纪最重要的一篇论文，即《广义相对论的基础》。爱因斯坦单枪匹马建立起相对论的大厦，堪称人类文明史奇观。

论英雄主义，这大概是人类英雄主义的极限；论现实主义，这大概也是现实主义的极限。单凭那个奠定整个核能根基的质能方程，就足以让他成为不朽的传奇。

新的科学和技术革命推动了德国迅猛发展。正因为科技的发展，让威廉二世有底气单挑半个世界。虽然最后德国战败了，威廉二世流亡了，但是德国的科技和人才还在，很快就又在希特勒的带领下崛起，并发动了第二次世界大战。

科技的影响力有多大？这里做一个大致的阐述。第二次科学革命的主要成果其实就是相对论和量子论的诞生。从那以后，所有科学技术的发展都与相对论和量子力学有关，它们催生了所谓"四大科学模型"和"八大高新技术"。

"四大科学模型"分别是：对应宏观宇宙的"大爆炸模型"、对应微观世界的物质结构的"夸克模型"、对应宏观全球大地构造的"板块模型"、对应微观生物学的"遗传基因 DNA 分子结构的双螺旋模型"。

所谓"八大高新技术"则并无固定说法，大致是指核技术、航空航天技术、生物技术、环境保护技术、激光技术、信息技术、新材料技术、新能源技术。

这些科学模型和新技术，也就是如今各大国博弈的核心所在。历史发展到今天，社会仿佛一日千里，但实际上都在百年之前相对论和量子论的藩篱中转悠。今天的科学大体上还是百年之前的样子，现代人引以为傲的科学技术依靠的仍然是百年之前的科学家们打下的根基。

广义相对论出现以后，当时世界上能理解的人屈指可数（现在能理解的人也不多）。但是在世界大战结束后，英国科学界通过实验验证了广义相对论的正确性，轰动了整个欧洲。科技的爆发一度掩盖了欧洲人的战争创伤，但并没有消除所有战争狂人心中的仇恨。

1913年，在爱因斯坦从瑞士回到德国那年，战争的阴云已经笼罩了整个欧洲。此时，一位日后喜欢留着小胡子、满脸忧郁的年轻人也去了德国。第一次世界大战结束后，他走上影响德国乃至欧洲历史走势的复仇之路——他的名字叫希特勒。

希特勒是一个近乎疯狂的人，他的一生充满了仇恨。因为他的疯狂，爱因斯坦、玻尔等科学领袖去了美国，西方的科学中心也从欧洲转移到了美国。

第 7 节

希特勒的"黑化"之路

1889 年，希特勒出生在奥地利布劳瑙的一家小客栈里。关于他的血统资料有很多残缺的地方，有资料说他有犹太血统。

普奥战争之后，失败的奥地利转头和匈牙利合并为奥匈帝国。严格意义上来说，希特勒算是奥匈帝国的人。希特勒少年时代读书能力一般，连中学毕业证都没有拿到，也没有很好的谋生本领，在社会上四处碰壁，这导致他对这个世界充满恨意。

17 岁那年，希特勒突然对政治产生了兴趣，成了一个狂热的民族主义者，他憎恨奥匈帝国内部所有非日耳曼人。但由于他带着满腔恨意，却又说不出让人信服的逻辑，自然也就没法吸引追随者。

随后他又想起了读书的好处，但他不是要读死板的教材，而是要学艺术。其实希特勒内心一直是敏感的，所以在遭遇社会毒打时更加痛苦。他也有一定的艺术细胞，但遗憾的是，连续被维也纳艺术学院拒绝。

就这样，在一次次失意中，他辗转去了很多地方，仍然没有工作，开始把恨意集中到犹太人身上，成为一个反犹主义者，随后在第一次世界大战之前（1913 年）去了德国。

战争爆发之后，居无定所的希特勒成了为威廉二世卖命的一名德国大兵，参加过索姆河战役等大战。作为德国士兵的希特勒无疑是合格的，也是勇敢的，还在战争中受过伤。1917 年，希特勒因作战勇敢获得一枚"一级铁十字勋章"和一枚"二级铁十字勋章"。

德国战败之后，希特勒对犹太人的恨上升到了顶点。在他看来，德意志帝国之所以战败，不是因为日耳曼人不够勇敢，而是遭到了犹太人的背刺。这相当于把德国战败的"锅"，甩到了犹太人身上。

如果说战前希特勒在奥匈帝国反犹太人没什么市场，战后煽动很多不明真相的德国人就变得非常容易了。

究其原因，主要是德国人的民族自尊心受到了伤害。从普丹战争开始，德国基本上屡战屡胜。几十年以来，德国科技、工业、哲学、贸易全方位大爆发，把德国推向了前所未有的黄金时代。然而一场世界大战之后，德国失去了一切，德国的民族自尊心接受不了这种失败。再加上战后的英法两国对德国进行死命的盘剥压榨，导致德国丧失了 1/8 的国土、1/12 的人口、3/4 以上的铁矿资源、2/5 以上的生铁产量、1/3 以上的钢产量、1/3 的煤产量，以及 1/7 的耕地面积。此外，德国还丢失了所有海外殖民地。

此时，德国的经济恶化，德国人民收入锐减，恶性通货膨胀让人无所适从。1924 年初，1 美元可以兑换的德币甚至超过 4 万亿马克。当时德国儿童在街头玩耍，可以用货币当积木——原来一分钱一张的邮票变成了 500 万马克一张，一个鸡蛋要 8000 万马克。希特勒在大街上演讲，渴了喝杯啤酒，需要手下提着很多钱去付款，因为一杯啤酒就要 1.5 亿马克。

如此情况下的德国人需要找到一个发泄渠道，希特勒的反犹主义乘虚而入，犹太人不幸成了"背锅"对象。

在近现代历史上，犹太人中出现了不少杰出的人物，比如马克思、爱因斯坦。但一直以来，犹太人在欧洲过得并不太舒心，欧洲在历史上经常出现敌视犹太人的事件。此外，因为犹太人善于经商，在欧洲拥有庞大的财富，近代史上的罗斯柴尔德家族在欧洲的影响力就非常大。因此，把"锅"甩给犹太资本家，也可以获得基层的支持。

除了以上所说，希特勒自身的蜕变也是一个原因。奥匈帝国时代的希特勒还是一个毛头小子，所以宣泄反犹言论没人信。但经历过"一战"洗礼之后的希特勒，已经进化为顶级的煽动者。首先，他懂得了组织的重要性。1919 年 9 月，尚未退伍的希特勒再次接到陆军政治部的一项命令，让他去调查一下一个自称"德国工人党"的小政治团体。希特勒本是以特务身份去做卧底，不想被其反犹党纲所吸引，在会议上高谈阔论一番。希特勒与这个党的成员臭味相投、彼此吸引，于是顺势加入该党，成为该党第 96 名党员，并担任了该党主席团的第 7 名委员。

希特勒退伍之后，便把全部精力放在了推广该党上。他设计了党旗和党徽，还买下一份报刊作为宣传喉舌，让一个原本不起眼的小党派瞬间变得有模有样。

少年时代的希特勒曾经想当艺术青年，但事与愿违；实际上，他是一个天才演说家，他的口才和胆识吸引了很多追随者。自然而然地，希特勒成了该党的老大。随后，希特勒又对该党进行了一番深入骨髓的改组：取消委员会，防止被分权；废除选举制度，杜绝被制约；确立领袖原则，奠定了独裁统治的基础。

祸乱地球村的纳粹党便由此诞生。随后，希特勒又起草了新的25条党纲，基调是反犹主义、反《凡尔赛条约》、要求社会改革。

做完这一切之后，希特勒决定大干一场，便于1923年在慕尼黑发动"啤酒馆暴动"，试图夺取权力。然而现实很骨感，羽翼未丰的希特勒遭遇惨败，本人也进了监狱。可监狱里的希特勒也没有闲着，口述了一本《我的奋斗》，不但把自己和日耳曼人进行了美化，还把自己对犹太人的仇恨进行了一番宣扬。日后，这本书就成了纳粹的"圣经"，成为向犹太人和其他非日耳曼人宣泄仇恨的依据。

在那个时代的德国，既有犹太人爱因斯坦研究相对论、引领科学革命，也有希特勒宣扬纳粹、疯狂排犹。

希特勒并没有因失败而沉沦，因为随着德国经济持续恶化，越来越多人认可了希特勒的观点。他的追随者上至权贵，下至平民百姓，跨越了所有阶层。希特勒的纳粹党逐渐变成了一个"拥有一批具有接管政府事务能力的干部的政党"。同时，他又把野蛮的冲锋队改成了战斗力极强的党卫军。

随着1929年那场席卷世界的经济危机到来，再也没有人能阻挡希特勒的脚步了。到1933年，德国失业人数高达600万，基本上每三个德国人中就有一个失业；德国工业生产下降到1928年产出的58%；60%的毕业生离开学校后根本找不到工作。

希特勒说经济危机是政府无能的结果，是英法剥削德国的结果，是犹太人吸血的结果，他的观点获得了更多人的认可。

1933 年，希特勒任德国政府总理，一年之后担任德国元首。经济危机促使德国人选择了希特勒，他大胆承诺：让德国每一户人家的餐桌上都有牛奶与面包；让每个德国家庭都拥有一辆属于自己的汽车。这在当时听起来像天方夜谭，但几年之后居然神奇地实现了。他是怎样做到的呢？

希特勒的第一招，搞基建。

要做到这点，首先要让德国人有工作。因此，减少和消除失业就成了以希特勒为首的纳粹党的首要任务。希特勒担任总理的第一件事，就是启动了一项旨在减少失业和刺激经济的大规模公共工程计划，包括修建公路、飞机场、兵营等。其中，最著名的工程当属高速公路。那时德国还没有高速公路，希特勒设定了德国高速公路的标准。

在希特勒的铁腕运作下，德国失业人口直线下降。当然，希特勒的铁腕手段包括"女性回到家里当主妇，不要跟男性抢岗位"，从而降低失业率。至于男性，则必须出来工作，不工作的话，就会被扔进集中营。

有了工作，自然就有了牛奶与面包。为了兑现让德国人拥有汽车的承诺，1938 年 5 月，希特勒亲自为大众汽车的第一家工厂进行奠基，并宣布了"国民轿车"即将到来的消息。

希特勒的第二招，搞钱。

基建需要极大的资本投入，而当时德国穷得叮当响，所以希特勒要先想办法搞钱。

在这个世界上，搞钱是最难的，但走上独裁之路的希特勒搞钱很容易。

首先，他要当老赖。希特勒一上台就表示，拒绝再支付剩余的战争赔款："凭什么德国自己还在受苦的时候，却要付给英国佬、法国佬钱？"这个观点立刻获得了广泛认同，因为德国老百姓早就对英法两国心怀不满。而英法这边也被经济危机折腾得够呛，原本想靠德国的钱续命，结果希特勒赖账，自己被气得够呛，却也无能为力。

其次，他要发债，从美国资本家那里筹钱。

最后，盘剥犹太人。希特勒原本就极端反犹，独裁之后更是变本加厉。他指使纳粹党剥夺犹太人的政治权利和社会地位，然后大肆搜刮他们的财富，并把不义之财收归国有。

在希特勒的一番运作之下，加上科技的爆发，德国很快涅槃重生。于是，希特勒不仅解决了德国经济危机，更成了全民偶像，在德国引发了狂热的崇拜。很多德国人把希特勒视为救世主，愿意为他做任何事，这就为希特勒发动战争奠定了广泛的社会基础。

希特勒的第三招，扩军备战。

为什么一定要扩军备战呢？一方面，扩军备战不但可以解决就业问题，还可以拉动很多投资。另一方面，由于希特勒搞钱的手段很不地道，在国内外得罪了很多人。此外，由于希特勒不顾一切地举债，给国家造成很多危机，所以需要通过战争转移矛盾。

为了消灭对手，重建所谓的"新世界"，希特勒毅然决然地走上了战争之路。

第8节

横扫欧洲

希特勒比威廉二世聪明多了。他没有像威廉二世那样和全世界为敌，而是学着俾斯麦的样子，尽可能地减少敌人。

希特勒首先让德军开进莱茵河非军事区（1936年），那里原本是德国的领土，因为德国战败而成了非军事区。希特勒如此做派，是想给外界制造一个只针对法国的假象，就像俾斯麦在普法战争中所做的那样。他的冒险成功了，法国仅仅是抗议，英国也懒得较真。

英法为什么要忍受希特勒呢？其中一个原因是两国还没有走出经济危机，无心恋战；另一个原因是希望祸水东引，让希特勒去祸害东方，自己专心躲在马奇诺防线背后。

希特勒明白各方的想法之后，便放心大胆地开始了领土扩张的步伐。

1938年，在亲德分子和纳粹分子的支持下，希特勒指挥纳粹德国用不流血的方式兼并了奥地利，并且把那里的犹太人的财产洗劫一空。1939年，利用英法不想战争的心理，纳粹德国兵不血刃地占领了捷克斯洛伐克。

同样是 1939 年，纳粹德国入侵波兰。由于波兰是英法的盟友，所以英法被迫对纳粹德国宣战。但英法也只是口头上宣战，并没有实际动作。因为英法认为，希特勒接下来会选择进攻苏联。

但是希特勒偏偏反其道而行之——他并没有立刻命令军队去打苏联，反而向北欧进军，并且在接下来进行了一番高水平的表演。

1940 年 4 月 9 日，德军以演习为名，突然越境，一夜之间占领丹麦。丹麦之后，就是挪威。挪威和德国不接壤，同样和英国隔黑海相望，而且和英国关系不错，英国海军在挪威有基地。在英国的帮助下，挪威抵抗了 23 天。

1940 年 5 月，德军沿着北海向南，将目标指向荷兰和比利时。荷兰在比利时西部，但海峡另一侧就是英国。比利时除了和英国仅隔着一个海峡，还与法国接壤。如果失去荷兰和比利时，英法将在欧洲被孤立。

局势还是超出了英法的意料——荷兰，曾经的海上霸主，仅仅抵抗了 5 天；比利时背靠法国，表现稍微好点，抵抗了 18 天。

德国军队执行闪电战的策略，他们如同闪电一般横扫欧洲，然后直面英法，兵锋指向英吉利海峡。在第一次世界大战期间，德国败于英法联军，让以希特勒为代表的一批中下层军官耿耿于怀。20 年之后，他们成了德国的主宰，终于找到了复仇的机会：坦克车上的曼施坦因、古德里安、隆美尔等人心中燃烧着熊熊烈火，飞机上的戈林心中同样燃烧着熊熊烈火，他们再一次对英法发动全面进攻。

大英帝国依然控制着世界的海洋，海军有独特的优势，德军无法在水面上击败英国。戈林指挥的空军虽然大出风头，但对比英法空军并无绝对优势。法国陆军号称世界第一，依托坚固的马奇诺防线，火力配备强大，英国陆军也可以源源不断地增援。英法联军已经准备好按照第一次世界大战的模式重来一遍。

但战争的结果却让人大跌眼镜。德军绕过英法重兵集结的马其诺防线之后，只用了不到六周的时间就击溃了法国。随后，坦克开到英吉利海峡保养，把英国彻底赶出了欧洲大陆。

高卢人历史上总共三次被征服。第一次是被罗马帝国征服，第二次是被法兰克王国征服；但那两次都是在"法国"形成之前。之后1000多年，法国和周边所有国家都打了一遍，尽管在英法百年战争中差点被灭，但还是挺了过来。

法国这次被征服，时间来得太快了，还是以一种多数人想象不到的方式。希特勒的声望到达了顶点，他发表了一篇霸气的演讲，叫《征服欧洲》。他在演讲的结尾说："我可以向你们保证，我对我们的未来处之泰然，也极具信心。德意志帝国和他的盟国，在力量、军事、经济，尤其是道德方面，都比世界上任何联邦来得好。德国军队，只要有必要，不论何时都不惧怕挑战。德国人的信心应永远陪伴着他们的战士！"

大家可能纳闷，第一次世界大战，德军在战术上表现得比较笨拙，为什么到"二战"前期就如同神助一般？这个问题很好解释。

1. 德国科技爆发，各种新武器跟得上。

2. 在希特勒的铁腕统治之下，可以有效地调配资源。

3. 曼施坦因和古德里安等一批卓越的天才统帅发明并实践了闪电

战系统，把钢铁变成了不可抵挡的洪流，打了所有人一个措手不及。

　　既然是战争，那么有胜就有负。得意扬扬的希特勒很快犯下两个致命错误。第一个错误是没有趁机围歼从敦刻尔克大撤退的英军，让这帮英国军人成为后来反击德军的骨干；第二个错误则更为致命，便是贸然进攻苏联。

第 9 节
致命的错误

早期的希特勒比较谨慎，也像俾斯麦一样避免过多树敌。但是在纳粹德国横扫欧洲，尤其是占领法国之后，他就变成了好高骛远的威廉二世，开始和全世界为敌，最后甚至把美英苏逼到了同一个战壕。

最初，希特勒想要逼迫英国投降，但英国人比较有骨气，在倔强的丘吉尔的带领下继续战斗，又因为德国海军没有优势，希特勒无法征服英国。在这种情况下，希特勒选择了贸然进攻苏联，相当于两线作战。在希特勒眼中，苏联红军由于刚刚经历过大清洗，比较虚弱，正是动手的好机会。

希特勒把苏德边境的精锐部队分成三个集团军群：北方集团军群从东普鲁士出发，穿越苏联中西部（白俄罗斯），去摧毁列宁格勒[①]，斩断苏联和北欧的联系；中央集团军群从波兰首都华沙出发，经明斯克、斯摩棱斯克[②]，去摧毁苏联首都莫斯科；南方集团军群进攻基辅，

---

① "列宁格勒"是今日的圣彼得堡在 1924—1991 年间的名称。

② 莫斯科的西大门。俄罗斯古城，斯摩棱斯克州首府。位于第聂伯河上游。

拿下富饶的东欧平原，以掠取资源。

希特勒认为，在三路大军的攻击下，苏联必将倒塌。

1941 年 6 月 22 日凌晨，德军精锐从黑海到波罗的海长达 1000 多千米的战线上，向东全面发起进攻。战争史上训练最为精良、配合最为娴熟、规模最为庞大的侵略军团出动了，他们在一个强力而疯狂的统帅，以及一群杰出的军事家的指挥下发动了侵略战争。

如果他们胜利，德国将会赢得半个世界的话语权。

战争初期，德军迅速突破苏军西方面军防线，开始大纵深迂回。开战前 3 天，苏军损失了 3000 多架飞机，它们都是整齐排列在飞机场上被德军摧毁的。失去空中火力掩护的坦克变成大地上供敌军练习打靶的铁壳子；即使有火力掩护，苏军的机械化军团战力依然有限，因为后勤补给跟不上。

短短 10 天，中央集团军群便攻克了白俄罗斯首府明斯克，并击垮苏军在波罗的海沿线的全部阵地。开战不到一个月，苏军西南方面军主力被击溃，40 万精锐或战死或被俘。

在斯摩棱斯克战役中，斯大林的长子雅科夫被捕，惨死在集中营。但随着德军占领的地方越来越多，战线越拉越长，他们的兵力被分散，于是苏联逐渐缓过劲来。

首先，在列宁格勒，德军的钢铁洪流被苏军挡住了。

列宁格勒是港口城市，河流交错纵横，沼泽众多，不利于装甲部队作战。希特勒暴跳如雷，把北方集团军群司令勒布大骂一顿。随后，德军切断了列宁格勒的所有对外交通线，试图把列宁格勒变成一座死城。

但是在列宁格勒，苏联人体现出了强大的精神意志——那里的苏联红军和老百姓在被全方位围困的情况下，居然硬撑了 900 多天，堪称战争史上的奇迹。

其次，在莫斯科，苏联人众志成城，发动了震惊世界的莫斯科保卫战，并且在莫斯科的严寒和美英盟友的帮助下取得了胜利。

最后，战争的转折点发生在斯大林格勒③战役（1942 年），因为希特勒的谜之操作，让高速行进中的德军再次停了下来，并被迫在城市攻坚战中和苏军拼火力、拼消耗、拼伤亡承受能力。苏军充分利用彼此的优缺点，坚决地组织斯大林格勒方面军，消耗德军。最终，利用天时地利与人和，苏联红军取得了胜利。

斯大林格勒战役以后，苏德战争的主动权来到了苏军一方。随后的库尔斯克战役（1943 年），苏军已经可以从战术上和德国一决高下，德军再也无力攻城略地。

苏联的战争潜力原本就巨大，加上美英等盟友给力，反击起来比较顺畅；德国不仅自身资源有限，还被意大利拖着后腿，越打越不顺。

时间来到 1944 年，苏军发动了一系列反攻：2 月，把德军赶出列宁格勒；5 月，把德军赶出克里米亚；9 月，攻入罗马尼亚和保加利亚；10 月，攻入捷克斯洛伐克和南斯拉夫；随后，兵临柏林城下。

1945 年，苏军发动柏林战役，4 月 30 日攻占国会大厦，希特勒自杀。纳粹德国就此灭亡，第二次世界大战走向尾声。属于德国的历史高峰就此而过。从那以后，德国再也没有机会称霸欧洲，却给世界留下了个烂摊子。

---

③ "斯大林格勒"是今日伏尔加格勒在 1925–1961 年间的名称。

第七章

美国：帝国『收割者』

美国位于北美洲中部，北接加拿大，南邻墨西哥，东濒大西洋，西临太平洋。

1492 年欧洲人到来之前的美洲，也有着属于自己的文明，原始而神秘。印第安人已经在那里生活了几千年，但他们一直游离于以欧亚大陆为主体的世界文明史之外。

1492 年，哥伦布意外发现了美洲，从此美洲大陆和欧亚大陆的历史开始了交汇。哥伦布之后，西班牙和葡萄牙的殖民者陆续在美洲大陆以传递上帝福音的名义开展殖民掠夺。

16 世纪是西班牙的巅峰时代，他们在美洲占领了大片土地。

17 世纪初，从西班牙独立出来的荷兰成为海上霸主，也在美洲开展殖民活动。但因为荷兰辉煌的时间不长，所以在美洲的殖民地并不多。

同样是 17 世纪，英国开始崛起，仍然选择对美洲进行殖民。

18 世纪，法国崛起，随后和英国展开了殖民地争夺战争。

这是美国诞生的大背景。后来，美国也开始了称霸世界之路。

第 *1* 节

德国留给世界的烂摊子

德国的兴衰极大地改变了欧洲和世界的政治格局。德国的崛起把英法两个老牌帝国折腾得摇摇欲坠：法国在"二战"时期直接被德国占领，英国也只剩下一把老骨头。就连两国苦心经营两百余年的海外殖民地，战后也纷纷独立。

德国的战败也让美苏两个超级大国崛起。

苏联的前身是沙俄帝国，沙俄和德国一样，也号称罗马帝国继承者。沙俄一直把自己视为欧洲国家，不仅拼命证明自己是欧洲国家，还拼命让欧洲各国承认自己是欧洲国家。因此，沙俄对欧洲的事分外上心。

千年之前，在东欧崭露头角的基辅大公要给自己选择一种宗教信仰，用来统治，或者说团结东斯拉夫人。基辅大公当时有很多选择——犹太教、天主教、伊斯兰教等，但他经过一番考察之后选择了东正教。

犹太教虽然古老而神秘，但要进行割礼，而俄罗斯那里比较冷，并不方便。天主教代表基督教正统，但提倡禁欲，不自由。当时崛起的伊斯兰教发展迅猛，但不能喝酒。唯独东正教，只需要洗礼即可，还允许信徒享受美酒和美人，非常对东斯拉夫人的胃口。

于是，爱喝酒的基辅大公宣布东正教为国教，奠定了斯拉夫人的精神信仰。从此，沙俄便认为自己是基督教世界的一分子。

到了彼得大帝统治时期，他从西方引入工业文明，奠定了俄罗斯的根基。

在彼得大帝之前，俄罗斯帝国和欧亚大陆上的传统帝国并没什么区别；但在彼得之后，俄罗斯成功实现了蜕变。彼得以私访的方式走访欧洲的工厂、学校、博物馆、军火库，甚至还参加了英国议会举行的一届会议。

他去过荷兰东印度公司当船长，到过英国造船厂学习造船技术，还到普鲁士学过射击。他尽自己最大的努力学习西方的文化、科学、工业，以及行政管理方法。在回到俄罗斯之后，彼得连续"放大招"。

政体方面，彼得大帝建立了完整的中央集权统治，用参政院代替贵族领主掌控的杜马会议；经济方面，彼得大帝大力鼓励工商业，引入西方的资金和人才；科技方面，彼得大帝引进西方的科学、工艺和技术，把许多西方科技人才带到了俄罗斯。

最典型的例子，就是彼得大帝把数学家伯努利兄弟吸引到了俄罗斯。丹尼尔·伯努利又把数学史上"四大天王"之一的欧拉吸引到圣彼得堡科学院。欧拉之后，沙俄本土数学研究兴起，斯拉夫人数学家不断涌现。

可以说彼得的改革奠定了沙俄在工业文明时代的根基，同时也奠定了俄罗斯精英阶层对西方的向往情结。基于这种情况，几乎每一次西方大战都有俄罗斯的身影。

沙俄参与的战争胜败都有，比方反拿破仑战争，沙俄胜利了；但是第一次世界大战，沙俄虽然和英法结盟，但没有熬到战争胜利便被革命推翻。

取代沙俄的苏联迅速崛起，不仅战胜了国内外敌人，而且彻底完成了工业化，并最终在第二次世界大战中战胜了纳粹德国，成为名副其实的世界一极。

"二战"之后，苏联拉拢了一批兄弟国家与美国开始冷战，但最终败下阵来，成为历史上唯一和平解体的超级大国。

冷战的最大受益者是美国，"二战"的最大受益者也是美国。再往前推，"一战"的受益者还是美国；继续往前推，英法全球殖民地争霸战争，最大受益者还是美国。

纵观美国历史，其建国两百多年，堪称帝国"收割机"。欧洲那些老牌帝国，比如葡萄牙、西班牙、荷兰、英国、法国、德国等，都被美国"收割"过。

今天的美国虽然是一个海权国家，但在取得这些成绩之前，实际上是一个陆权思维浓厚的国家。

第 2 节

美国的领土扩张史

一般认为，美国的国父是华盛顿，其实这并不完全准确，华盛顿只能算美国的国父之一——因为美国的国父是个群体，独立宣言的签署者们都可被称为国父，足足有几十位。除华盛顿之外，还包括政治家杰斐逊、科学家富兰克林、大富豪汉考克等人。

美国除了国父，还有三位革命之父。

第一位革命之父是托马斯·潘恩，理想型革命者，他代表了美国民族性格中天真的一面，但他不是美国的国父。

第二位革命之父是塞缪尔·亚当斯，他是美国第二任总统兼国父约翰·亚当斯的弟弟，是"小人型革命者"，他代表了美国民族性格中精明的一面，也是美国国父。

第三位革命之父是亨利·李，是"君子型革命者"，他代表了美国民族性格中务实的一面，也是美国国父。

此外，美国还有金融之父——汉密尔顿，他同样是美国的国父。汉密尔顿是华盛顿的臂膀，他制定的政策奠定了美国的金融基础，可是最后却中了托马斯·杰斐逊的算计，在和美国副总统伯尔的决斗中丢了命。

美国还有宪法之父——詹姆斯·麦迪逊，即美国第四任总统，在他的任期内，白宫被英军焚烧。

美国的这些"父"，每位都有波澜壮阔的人生，他们一起携手宣告了美国的诞生，并奠定了美国"收割"其他帝国的基础。

前文提到，在法国大革命中被处决的路易十六，其实是美国的隐形国父，他在美国独立过程中的作用并不比华盛顿小。

美国的独立过程建立在损害法兰西帝国利益的基础之上。因此，也可以说美国天生具有"坑人基因"。美国独立之后，在扩张领土时更是将"坑人"特点发挥到了极致。

1783 年，美国领土只有 80 万平方千米，也就是分布在大西洋沿岸的那些州。英国在正式承认美国独立后，立刻向美国送去一份温暖的"大礼包"：英国宣布将北起英属加拿大边境，西至密西西比河，南到西班牙殖民地佛罗里达边界的约 150 多万平方千米的土地[①]向美国开放。

虽然这些土地直到很久以后才真正完全置于美国的管理之下，但美国在独立之初其实就可以在这 150 万平方千米的土地上纵横驰骋，犹如自家后花园。

英国为什么会如此慷慨？因为它身不由己。那片土地在美国和法

---

① 包括今日的威斯康星州、密歇根州、伊利诺斯州、印第安纳州、俄亥俄州、肯塔基州、田纳西州、密西西比州和亚拉巴马州。

国殖民地之间，而美国和法国是盟友。虽然法兰西帝国被美国"坑"死了，但新诞生的法兰西共和国战斗力很强，正在欧洲大杀四方，英国也受到了打击。

如果英国不把那片土地向美国开放，那片土地就可能被法国抢走。当然，精明的英国人也希望以此离间美国和法国。

然而英国的算盘落空了。非常热爱土地的托马斯·杰斐逊发现美国虽然占据阿巴拉契亚山脉两侧，面积也不小，但缺乏通向南部墨西哥湾的入海口。于是，在 1803 年，杰斐逊代表美国政府向拿破仑政府提出，想以 200 万美元的价格购买密西西比河入海口的新奥尔良。

杰斐逊本以为法国会反对，结果却是美国最后把整个法属密西西比河流域全买了下来，那块地当时叫法属路易斯安那，北起加拿大，南到墨西哥湾，纵跨整个密西西比河流域，面积为 215 万平方千米——就是现在美国那一望无际的中央大平原。这样一片肥沃的土地，价格只要区区 1500 万美元，平均每平方千米大约 7 美元。

杰斐逊当机立断，还争取到了分期付款。如此一来，美国领土面积便接近 450 万平方千米，比如今的印度都大。

随后，美国又把矛头指向了西班牙。

西班牙原本也是老牌殖民帝国，奈何被英国、荷兰、法国轮番捶打，已经元气大伤。

西班牙在美洲也有大片殖民地，美国觉得自己应该向西班牙索取点什么。时任美国总统詹姆斯·门罗②打开美国地图，发现墨西哥湾和大西洋交界处的佛罗里达竟然还是西班牙的地盘，看起来极不和谐。于是在1819年，门罗政府先是向西班牙炫耀实力，再和西班牙做买卖，最后武力迫使西班牙签订了《佛罗里达州条约》，以500万美元购得15万多平方千米的佛罗里达。

西班牙衰落之后，原本属于西班牙殖民地的墨西哥也独立了（1821年）。最初墨西哥的领土面积几乎比现在大一倍，但政局非常不稳定，在1821年到1850年间更换过50个政府。

美国觉得墨西哥不应该那么大，便不断向墨西哥的得克萨斯地区移民，导致移民与墨西哥当局发生矛盾，最后美国以此为借口发动美墨战争。混乱的墨西哥当然不是美国的对手，只能选择割让200多万平方千米的新疆域，其中就包括现在的加利福尼亚州和得克萨斯州。

接下来，美国又把目光瞄准沙俄。

沙俄与英法等国在克里米亚战争中败北，此时元气大伤。美国频频给沙俄提供情报，暗示英国就算不攻占阿拉斯加，也会封锁其主要港口。而沙俄也担心阿拉斯加被英国夺走，便考虑将阿拉斯加卖给美国。

一番操作之下，美国用720万美元的价格购买了面积达150多万

---

② 美国第五任总统（1817—1825年在任）。他于1823年在致国会咨文中提出的主张被称为"门罗主义"。其主要内容是：宣布任何欧洲强国都不得干涉南、北美洲的事务，否则就是对美国不友好的表现；提出"美洲是美洲人的美洲"的口号。目的是反对当时英国和俄普奥三国的"神圣同盟"插足南美洲，使美洲置于美国的控制之下。

平方千米的阿拉斯加：平均每平方千米大约 4.7 美元。百年之后，阿拉斯加的资源价值达到了上万亿美元。

美国的领土扩张史，本质上和传统的陆权国家好像没有区别。那么美国是如何变成海权国家的呢？契机在于美国的一场内战，也就是著名的"南北战争"。

第 3 节

不可避免的内战

　　美国建国之初，农耕思维的南方地主之所以能压倒工商思维的北方商人，就在于美国那时还太过落后。

　　但随着经济的发展，北方商人的实力逐渐增大。大多数时候，经济发展的符号就是那些标志性的超级工程，美国也不例外。美国的第一个超级工程便是建造伊利运河，工程从 1817 年开工，到 1825 年竣工，工期持续 8 年。这条运河长 584 千米，宽 12 米，水深 1.2 米，东西走向，将哈德逊河与伊利湖相连，向东贯穿整个东北地区后抵达东方第一大港纽约，向西可以经过五大湖及俄亥俄河与整个中西部连在一起。

　　伊利运河将五大湖的资源直接输送到沿海的纽约，推动了那里的工业生产和商业贸易的发展。因此，从建成的那一天起，伊利运河就成了北方的主要交通和贸易渠道，从而促成了纽约的崛起，也让美国历史上第一位具有全球影响力的资本大鳄——船运大王范德比尔特横空出世。

不可思议的是，船王靠水运起家，最终却又成为赫赫有名的铁路大王，这背后的故事其实非常有趣。

17 世纪，牛顿在掀起科学革命之后，直接推动了一波技术和经济的爆发。其中，最典型的成果就是英国人斯蒂芬森在 18 世纪初发明的蒸汽机车。由于欧洲并非统一的整体，因此铁路并没有真正改变欧洲。而美国独立之后，领土迅速扩张，成了一个广袤的国家，非常适合发展铁路。因此，伊利运河建成不久，美国就开始搞铁路大建设。

由于铁路这块蛋糕实在太大，不仅船王投入铁路事业中，就连很多在海外的美国精英都卖掉产业回国投资，比如鸦片贩子——旗昌洋行合伙人沃伦·德兰诺，这说明当时大家都看好铁路的发展前景。

铁路系统的大建设（其中有很多华人劳工出力）虽然推动了美国经济的发展，却导致了美国的南北对立。美国南方的地主阶层带领国家开疆扩土，想把农场的那一套生产方式搬到新国土上；北方商人阶层则想大搞基建发展商业赚钱，容不得农场主继续瞎胡闹。

经过几十年的酝酿之后，南北双方矛盾越来越尖锐，博弈越来越激烈。虽然在 1850 年，双方制定出来一系列"妥协法案"，但仍然没能解决矛盾。当所有手段都失效时，战争就会成为唯一的选择。随着 1860 年林肯当选总统，战争已经不可避免。

1860 年 12 月 20 日，南卡罗来纳州召开特别大会，决定终止接受美国宪法的契约。根据 1787 年制定的美国宪法，美国是联邦制国家，各州有权公投脱离联邦。这次特别大会在投票表决时出现了前所未有的局面：善于辩论的州议会没有经过任何辩论，就在投票时一致通过，没有任何反对票！州议会的意见从没有如此统一过。

密西西比州、佛罗里达州、路易斯安那州、佐治亚州、亚拉巴马州、得克萨斯州紧随其后，以同样的方式退出联邦。接下来，南方退出联邦的 7 个州联合组建了美利坚联盟国，并颁布了自己的宪法。宪法的内容和美国开国宪法类似，但重点加强了奴隶制的合法性。

林肯表示绝对不能接受联邦分裂："我们不能分裂，不能各自搬走，在中间修建一面无法逾越的墙。夫妻可以离异，可以互不往来，但是我们国家的不同地区，不管是和睦还是敌对，都要继续来往。"

好话说尽之后，便是兵戎相见。但是很遗憾，林肯派出的军队屡战屡败，因为联盟国的军事统帅是罗伯特·李——美国历史上出色的军事统帅之一。

罗伯特·李的家乡是弗吉尼亚——英国在北美的第一块殖民地，也是美国独立战争的绝对主力，更是华盛顿、杰斐逊、麦迪逊、门罗等人的故乡。罗伯特·李是李家族和伦道夫家族的直系传人，其妻是华盛顿唯一养子的独女。罗伯特·李英俊帅气，虽然出身世家，却谦逊低调，且学习能力超强。他在 1825 年入学美国西点军校，最终以优异成绩毕业。

战争初期，罗伯特·李联合"石墙"杰克逊，依靠个人能力弥补了南方在整体实力上的不足。但战争终究打的是综合实力，南方农场主已经落后于时代了。

愤怒的林肯一方面签署并颁布了《解放黑人奴隶宣言》，在政治上给南非农场主来了个釜底抽薪。另一方面，林肯在军事上重用格兰特和谢尔曼，这两位的军事素养虽然不如罗伯特·李和"石墙"杰克逊，但也是美国名将。

罗伯特·李和"石墙"杰克逊更擅长运动战，拼消耗肯定拼不过北方——惨烈的葛底斯堡战役让联盟军至今心有余悸。尤其是谢尔曼火焚亚特兰大，堪称美国历史上最惨痛的一页。但是没有办法，战争不是请客吃饭，是流血牺牲。想要获得最终的胜利，就必须让对方倒下。

四年内战下来，联邦军有 200 多万人参战，联盟军有 100 多万人参战，而美国当时的总人口才 3000 万左右——相当于美国十分之一的人口都被卷入了战争。考虑到军人都是成年男子，如果再算上他们的父母、配偶与子女，那么至少有超过一半的美国人口参与到了这场战争中。

双方总体伤亡人数超过百万，接近总体参战人数的三成，而这些还不包括在战争中伤亡的平民。至于战争造成的财产损失，那就更是天文数字了。

第 *4* 节

盛产富翁的时代

战争带来的巨大伤痛该如何抚平？答案只有两个字：发展。

1865 年 4 月 9 日，罗伯特·李在南方实力耗尽的情况下投降。美国历史上损失最惨重的战争落下帷幕，高速发展的时代来临了。

内战之后的美国主要干了两件事：开拓西部和重建南方。

美国政府利用"淘金热"，吸引人口往西部迁徙。但大部分淘金者注定梦想破灭。那么有没有人因此而获利？当然有。比如李维·斯特劳斯，当他看到矿区漫无边际的帐篷，就知道黄金梦破灭了，但他发现淘金者的衣服很容易破，于是发明了牛仔裤，日后成了牛仔大王。再比如，和李维一起去淘金、一起梦碎的菲力普·亚默尔，也通过卖水发了财。

持续不断的"淘金热"意味着持续不断的人口迁徙。而人口迁徙首先利好的是交通运输行业，横跨海运和铁路运输的超级巨头范德比尔特因此走上巅峰，成为美国历史上第一个真正意义上的亿万富翁。

南北战争之后，南方重建和西部开发需要大量的钢铁，于是钢铁大王卡耐基顺势而起。他的出现让美国的骨架硬了起来。他的传奇经历超过大多数美国总统，也超过大多数美国军人。

工业建设需要大量的石油，可以说石油就是工业的血液。于是，石油界的超级巨人洛克菲勒横空出世，成为那个时代的富翁。许多权贵因他而起，又有许多权贵因他而落。

工业生产和商业贸易都少不了融资，而 J.P. 摩根就是那个时代随美国崛起的超级金融大鳄。他和洛克菲勒一样，成了美国走上超级帝国之路上绕不开的标志。

大资本家也是国家发展的一把双刃剑。一方面，他们确实推动了美国的工业和技术发展。比如，洛克菲勒直接让美国的化工产业链在世界上独领风骚；再比如，金融大鳄 J.P. 摩根通过与爱迪生的合作，推动了美国电力能源和自动化技术的发展。但另一方面，他们又形成了垄断组织，让美国成了一个垄断资本主义国家。后来，美国为了解决这个问题，掀起了轰轰烈烈的反托拉斯①运动。很多人都对垄断巨头束手无策，直到老罗斯福横空出世，和资本巨头们死磕到底，最终拆分了它们。

值得一提的是，象征至高荣誉的美国"总统山"上一共有四位大人物的雕像：

第一位是开国总统华盛顿，他是美国独立战争中的标志性人物。

第二位是杰斐逊，他奠定了美国的政治基础，并主导了美国的领

---

① 托拉斯（Trust），是指在一个行业（商品领域）中，通过生产企业间的收购、合并及托管等形式，由一家公司兼并、包容、控股大量同行业企业，来达到企业一体化目的的垄断形式。

土扩张。

第三位是林肯，他领导联邦军取得了南北战争的胜利，相当于重建了美国。

第四位便是老罗斯福，他的主要贡献有两个：一是反托拉斯；二是推动美国从陆权帝国转向海权帝国。

就在老罗斯福带着美国反托拉斯时，欧洲正在准备打第一次世界大战。这便体现出美国和欧洲的不同，欧洲遇到问题就发动战争解决；而美国在南北战争后，本土没有再发生过战争。美国虽然也有周期性的经济危机，但遇到问题后基本上都是和平解决的。

国家的发展并非无止境的，随着1929年经济危机不可避免地到来，世界再次开始大洗牌。

在谈世界的大洗牌之前，我们必须对美国的宏观政治做一个简介。

从华盛顿开国到小罗斯福任内结束的第二次世界大战，是美国从诞生到成长为超级大国的过程。在此期间，美国经历了32任总统。第16任总统林肯正好处在华盛顿和罗斯福的中间位置。

放在历史中看，华盛顿的作用是立国，小罗斯福把美国推向了巅峰，而林肯则带领美国完成了涅槃。

以林肯为节点，美国历史可以分成前后两段。林肯之前的15位总统治下的国家发展模式，是地主阶层压倒商人阶层，确切地说是弗吉尼亚政治势力在统治美国。杰斐逊创建的民主共和党之所以能以压倒性的优势成为美国的统治者，根源就在于有着农耕思维的地主们主导了美国的早期扩张。

林肯之后的 15 位总统治下的国家发展模式，是商人阶层在主导美国。林肯带领商人阶层打赢内战，共和党压倒民主党，成为决定性力量。南北战争使得民主党元气大伤。因为民主党继承了民主共和党的基本思想，以农耕思维的地主阶层为主，且南方联盟国那些死硬派都是民主党骨干，所以南北战争实质上就是新生的共和党摧毁了民主党保守派，民主党的根基就此动摇。

在林肯和小罗斯福之间，即从南北战争到 1929 年超级经济危机那段时间，美国只有三位民主党总统，其余的全部来自共和党。每次总统大选，共和党都有充足的经费，把竞选活动搞得热火朝天；民主党则总是经费不足，竞选活动非常寒酸。显而易见，那段时间共和党占据了统治地位，而民主党在每一轮经济危机中都在等待共和党犯错。

随着时间的推移，民主党终于改进了思维方式，从农耕思维慢慢转向工业思维。最后，在小罗斯福的带领下，民主党改变了自己，帮助美国度过了 1929 年那场巨大的危机，并且带领美国赢得第二次世界大战，走上巅峰。

"二战"之后，民主党和共和党终于形成势均力敌的局面，开始上演世人熟悉的"驴象之争"。

美国之所以能后来居上，有实力压制欧洲列强，关键的一步就在于利用了欧洲的动荡期成功"收割"欧洲。

第 5 节
"收割"欧洲

　　分析美国建国以来的 GDP 增长速度，会发现爆发性增长的阶段大致有四波：南北战争是第一波，第一次世界大战是第二波，第二次世界大战是第三波，布雷顿森林体系解体是第四波。

　　以"一战"为例，是欧洲列强砸碎了自己，给美国腾出了市场。或者说，是欧洲的血肉养活了美国——"一战"爆发之前，美国产能过剩；"一战"爆发之后，美国工厂要开足马力搞生产。

　　美国"收割"欧洲大致分三步。

　　第一步，技术与人才"收割"。

　　美国从诞生起就在吸欧洲的血，只不过在内战之前，美国从欧洲吸收的大都是低端人才；内战结束之后，美国经济爆发，于是就开始从欧洲吸收高端人才和技术。技术方面，引入了石油冶炼技术、钢铁冶炼技术、电力技术；人才方面，科学家尼古拉·特斯拉就是其中的典型代表。

　　第二步，军事"收割"。

　　第一次世界大战爆发时，威尔逊说："这次战争的是是非非跟美国完全无关。"但这明显是谎言。欧洲的战争和美国关系很大，因为美国在和交战双方做生意给他们放贷款，赚双方的钱。

到了 1917 年，在战争打了三年之后，天平向协约国一方倾斜。此时的美国已经在与双方的生意中赚得盆满钵满，最后一步棋便是入场摘桃子。但介入战争需要合适的理由，因为美国人已经习惯了和交战双方做生意赚钱，没有去打仗的想法。

为了赚钱，美国人需要保障自己商船的安全；为了胜利，英国人死死封锁了德国的全部港口；为了生存，德国决定利用潜艇打破英国的封锁。德国潜艇攻击所有靠近英国的船只，包括来自美国等中立国家的船只，开启了无限制的潜艇战。

事实上，德国想要打破英国的海上封锁，无限制潜艇战是唯一的办法。美国商船和英国做生意，相当于给英国军队提供补给，而德国的潜艇战毫无疑问破坏了美国发财的门路。

1917 年 4 月 6 日，威尔逊总统宣布美国和德国开战，潘兴将军带领美军进入欧洲。最终，美国成了主要战胜国。

第三步，资本"收割"。

欧洲经常被战争搞得满目疮痍。美国则因为远离战场，可以一直安稳地积累财富。欧洲是一盘散沙，不好协调；美国是统一的国家，有事好商量。

第一次世界大战时，美国掀起了以汽车为代表的另一波工业化。1913 年，福特汽车公司将流水线引入工厂，极大地提高了产品的生产量。在"一战"结束的 1918 年，福特 T 型车已经风靡世界。

之后，美国从铁路上的美国变成了轮子上的美国，综合国力上了一个新台阶。再加上从欧洲"收割"的人才和资源，美国民众的生活可以说一日千里。除了汽车可以让美国人获得前所未有的自由之外，卡车也推进了美国的公路运输模式，使货物运输变得简单。美国成了"轮子上的国家"，城市的功能由此发生改变，美国民众或企业有条件离开拥挤喧闹的城市中心，搬到开阔的市郊。

尽管轮子让美国人居住得更为分散，但另一项新技术的推广让美国人的联系变得更为紧密，那便是工业文明下另一个划时代的技术——无线电技术。电话的出现拉近了个体与个体之间的距离，让人们的交流更为方便；广播节目让大众能听到同一个声音；而电视技术的发展，又让大众能看到相同的节目。

其他行业都在效仿汽车行业的流水线生产，因此行业效率大幅提升，工人工资也大幅提高，还缩短了工人的劳动时间。如此一来，新兴的工人阶层便有了时间、金钱和精力去推动更多新产业的形成与发展，创造更多的就业机会与财富，从而让个体得到更多自由。

后来，美国玩起了资本输出的游戏。由于当时美国已经是世界第一大生产国和第一大贸易国，所以玩起资本游戏来简直是得心应手。

美国尽管已经赚得盆满钵满，但是对欧洲的"收割"并不彻底，而这也给自己制造了一个巨大的危机。

第 *6* 节

昨日歌舞升平，今日无家可归

第一次世界大战之后，"国联①"开始试图重建世界秩序。威尔逊想为美国争取话语权，但在巴黎和会上，仍然是英法主导"国联"的一切决策。

如此一来，就造成一个裂痕：西方世界的政治中心在欧洲，经济中心在美国，而双方隔着一个大西洋，彼此较劲。那道裂痕最终导致了世界再一次洗牌，也为美国对欧洲进行更为彻底的"收割"创造了机会。

由于美国没有获得想要的话语权，于是便自己过起了潇洒的日子。

首先，在选举中，美国选择了共和党的哈丁当总统。哈丁的执政特点就是共和党人的特点：放手让商人去干，有点类似于无为而治。结果导致权力职能部门不作为，美国人全部想去金融领域赚快钱。由

---

① 国际联盟，简称"国联"。第一次世界大战后建立的国际组织。

于金融领域来钱太快，以至于让人忘记了它的风险，再加上美国所代表的金融中心和欧洲所代表的政治中心之间的明争暗斗，导致美国根本就没有力量制约即将到来的金融灾难。

当公众生活在歌舞升平之中，梦想着股票继续涨；当新总统“让每个人家里都有汽车、锅里都有鸡”的承诺言犹在耳时，灾难来了。1929年10月24日，星期四，利剑落下，股市崩盘。

股票价格下跌，犹如雪山崩塌，天量的卖单无情地砸向“大盘”。交易大厅的走廊里挤满了人，眼见财富化为乌有，有人在尖叫，有人在哭泣。

银行家们按照以往的经验[②]拿出大笔钱试图托市。纽约股票交易所的代理总裁理查德·惠特尼亲自到交易大厅购买大笔美国钢铁公司的股票，试图提振市场，终于稳住了当天的局势。但随后，股市再次下跌，卖单绵绵不绝如江水，有些人开始恐慌性割肉出局。因为银行需要保证金，而每一轮股票的下跌都要追加保证金。保证金越加越多，最后银行也只能被迫割肉止损出局，否则只有爆仓的命运。而银行机构割肉，又会对大盘产生新的抛压，如此就陷入了恶性循环的死局。

10月29日，道琼斯指数一泻千里，单日跌幅达到22%，创下单日跌幅最大百分比。但这仍然没有结束，股市演变成抄底和被埋葬的游戏——散户抄底，被埋葬；精英大户抄底，被埋葬；机构抄底，被

---

② 在1907年的美国经济大恐慌中，作为美国金融家和投资银行家的J.P.摩根曾组织了一个金融家联盟，帮助美国的货币体系免于崩溃。

埋葬。

股市跌到了什么程度呢？连江恩和利弗莫尔那样的投机大师都在这次股市崩盘中输得一无所有，最后不得不在穷困潦倒中自杀。

股市崩盘导致了美国的金融系统危机。1929 年，美国 659 家银行倒闭。1930 年，倒闭的银行数量增加了一倍。1931 年，又有大量银行倒闭。即便和股市没关系的人，也在一夜之间失去存款。有些人无法接受现实，选择了跳楼自杀。当时流传甚广的一则段子是这样的：宾馆老板面对来宾馆的人，不得不问是想住宿还是想跳楼。

这次经济大萧条带走了美国人的财富和信心。经济危机到来之时，作为世界工业生产和商业贸易第一大国的美国，许多人无家可归，只能在大街上流浪，或者一起挤在小房子、小公寓里，共同负担住房开支。

无家可归的人用他们所能找到的一切材料在空地上盖起了窝棚，人们把这种临时性的小窝棚区称为"胡佛村"，把睡觉时身上盖的纸片称为"胡佛毯"。那些身无分文的人，则把他们空空的裤兜称为"胡佛旗"。

1932 年，大批美国退伍士兵聚集在华盛顿，要求政府为他们提供帮助。他们中的很多人曾经远渡重洋，为国参战。其中，8000 多人在白宫附近搭建起了美国最大的"胡佛村"，以表达对国家的失望和愤怒。最后无奈之下，政府动用军队武力清场。此次清场的政府军指挥官正是麦克阿瑟，成员之一便包括艾森豪威尔，整个过程残忍悲壮。

美国的情况尚且如此，其他国家则更为惨烈。

最惨的是德国。德国被美国抽走资本后，经济雪上加霜。于是，希特勒走上了历史舞台，将德国重新打造成战争机器，开启第三帝国，试图为德国拿下欧陆的霸主地位。

新诞生的苏联是个彻底的唯物主义国家，在站稳脚跟之后便加速工业化。面对国家前所未有的资本危机，苏联人更为坚定地选择了社会主义制度，并把"权力建筑师"斯大林推上了历史舞台。

英法两国失去了主导世界的能力，面对德国和苏联的崛起犹豫不决，不知道该与谁联合。作为上一代海权和陆权的主角，它们被动地等待着被历史淘汰。

而远东的日本，因经济危机的到来，裕仁天皇撕下了亲华的面纱，全面执行大陆政策，试图征服东亚，称霸世界。新一轮的世界大洗牌，就是从日本侵略中国开始的。1931年，在日本国内经济危机最严重的时候，日本悍然发动"九·一八"事变，侵略中国东北。

那么美国是如何摆脱危机的呢？美国有内外两手。

第 7 节

自我拯救

美国摆脱经济危机的国内策略被称为"罗斯福新政"。1933 年 3 月 4 日，星期六。华盛顿上空乌云密布，冷雨潇潇。刚上任的小罗斯福发表了一篇特别的演说，大意是告诉美国人，政府要开始管人管事了。

美国人平时最讨厌被管，但这次听到小罗斯福说政府要管很多东西，不仅没有产生逆反心理，反而很欢迎。因为大萧条让美国人的承受力接近极限了。

小罗斯福的管人管事计划大约分成三个方面。

第一是管金融。小罗斯福时期，美国已经变成了一个资本立国的国家。金融是资本的核心，因此要管好美国，首先就要管好金融。

3 月 9 日，在罗斯福上任的第六天，国会便通过了《紧急银行法》，主要内容包括如下几条。其一，该法案授予总统管制信贷、通货、黄金、白银和外汇交易的紧急权力，这种权力是工业文明国家的核心权力。其二，为解决银行货币的短缺，委托各联邦储备银行根据各银行资产发行货币，该法案授权复兴金融公司用购买银行优先股票的办法，给它们提供流动资金的权力，也就是救市。其三，为恢复国民对银行的信任，美国政府规定由财政部对全国银行采取逐个审查并颁布许可证的制度，审查合格者方给予重新开业的执照，这相当于对银行实施监管。

另外两方面分别是管农业和管工业，核心目的是创造就业。

罗斯福政府成立了公共工程管理局，专门为失业工人创造就业岗位。具体办法就是在政府主导下，通过修建大坝、桥梁、河道和其他大型的公共设施增加就业岗位。在那个时代，留下了很多典型的工程，它们最终成为美国的历史遗产。

其实罗斯福政府的策略和同时期的希特勒政府差不多，前者的优势在于美国有华尔街，筹钱比德国容易很多；美国自己还有庞大的市场，不需要发动战争就能完成"内循环"。

美国的对外策略主要是对整个欧亚大陆实行"离岸平衡"。无独有偶，大英帝国就是依靠这种方式来制衡欧洲，所以才有能力和巅峰时期的西班牙、荷兰、法国打了几百年而不败。

后来居上的美国把"离岸平衡"策略的范围推广到整个欧亚大陆。既然英法不肯给美国让渡世界范围内的政治话语权，那么美国就要靠自身的实力破坏由英法主导的国际秩序。因此，美国又开始下三步大棋。

第一步大棋：美国与德国合作。

希特勒之所以能够快速崛起，就在于华尔街资本在其中起到了推波助澜的作用。任何政治活动都需要大量资金，纳粹党的资金来自德意志银行和纽约的施罗德等银行——而控制这些银行的，是大财团洛克菲勒家族 [①]（洛克菲勒本人一直比较同情德国）。当时德国被英法压制，这让美国资本看到了机会。希特勒上台之后，美国很多企业开始在德国大规模投资，比如标准石油（美孚）、通用汽车、ITT（国际电话电报公司）、福特汽车等。比如，标准石油就帮助纳粹德国建造了世界上最大的炼油厂。美国企业控制着近300家德国公司，包括"钢铁信托"，正是美国的这些投资推动了纳粹德国的崛起。通用汽车控股的德国欧宝工厂，甚至直接为德国军队生产军车。

在"二战"初期，英法之所以不停地对德国妥协，一个重要原因就是它们忌惮美国，因为美国在德国有巨大的经济利益。

除了经济利益，美国还吸纳了很多纳粹德国的顶级人才。众所周知，希特勒极端疯狂地排犹，因此很多犹太裔科学家去了美国。其中，最有代表性的就是犹太裔科学家爱因斯坦。

1939年，爱因斯坦写信给小罗斯福总统，建议美国抢在德国之前造出原子弹。他的提议得到了美国政府的高度重视，美国政府随即开启了曼哈顿计划，并于1945年成功制造了第一枚原子弹，并以此促使日本投降。

除了爱因斯坦，还有玻尔等一系列著名的犹太裔科学家来到美国，他们选择美国，意味着西方的科研中心转移到了美国，从此奠定了美国科技霸主的地位。这也是美国对欧洲最成功的一次"智力

① 洛克菲勒家族是一个横跨美国工业、政治、石油业和银行业的商业家族。在19世纪末和20世纪初，约翰·洛克菲勒和他的弟弟威廉·洛克菲勒通过标准石油公司一跃成为全球最富有的家族。

收割"。

第二步大棋：美国与苏联合作。

苏联取代沙俄帝国之初，遭到全欧洲的敌视。英法为维护自身利益，策动了好几次针对苏联的战争。但苏联红军愈战愈勇，让西方不得不放弃了武力干涉的企图。

颇具讽刺意味的是，当大萧条来临，苏联一下子成了世界的香饽饽，一跃成为全球市场上机器设备的最大买主。原本对苏联爱理不理的西方各国，争相把各种设备打折卖给苏联——1931 年，美国出口的机器设备一半都卖给了苏联。

小罗斯福上台之时，恰逢斯大林的计划经济政策大获全胜。小罗斯福上台之后的第一件外交大事便是和苏联正式建交，结束了自十月革命以来，美国拒不承认苏联长达 16 年之久的不正常历史。由此可见，小罗斯福是一位灵活务实的政治现实主义者。

其实，小罗斯福的新政也有着很明显的计划经济色彩，他在某种程度上借鉴了斯大林的计划经济。随后，美国的资本和技术如潮水一般涌入苏联。

此前，苏联的工业骨骼——钢铁与工业神经——电力匮乏，从美国那儿得到技术资源后，苏联建设了三家大型钢铁厂。此外，苏联最大的第聂伯河水电站，从技术、设备到人才都是从美国引进的。

苏联原本在汽车制造、飞机制造、化学合成、大型机器设备制造等大工业领域的发展都是空白的，由于从英美两国得到了相关的技术与设备，才逐渐强大起来，例如高尔基汽车厂就是由美国福特公司援建的。

1933 年 8 月 14 日，苏联杂志《为了工业化》上写道："美国的商业和科学，与布尔什维克的智慧相结合，在三四年内已经产生了巨大的效果……"

1940 年，苏联的生铁产量已达到 1500 万吨，钢产量达到 1830 万吨，煤产量达到 1.6 亿吨，石油产量达到 3100 万吨，商品谷物产量达到 3830 万吨。

简而言之，美国的资金和技术帮助苏联实现了迅速崛起。等到第二次世界大战到来之前，苏联的工业实力已经跃居欧洲第一，在世界范围内成为仅次于美国的存在。

第三步大棋：美国与日本合作。

1929 年的经济危机对日本的影响也极其巨大。因为早在经济危机爆发之前，日本就因关东大地震导致银行资金周转不灵，最终形成挤兑潮，很多银行因此而倒闭。政府被迫拨款救助三井、三菱等大银行。

日本还没来得及喘口气，世界性的经济大萧条就来了，于是中小企业纷纷倒闭，大企业更是举步维艰。日本出口和国内生产总值连年下降，经济遭受重创，财政紧缩。日本军方想要通过大力向外扩张转移矛盾，首相滨口雄幸因试图缩减军费帮国家渡过危机而遇刺身亡。1930 年到 1936 年，日本历经五任首相，其中四位都曾面临过国内的恐怖威胁。

危机之下，日本加快了侵华的脚步。在日本走向军国主义的道路上，美国资本赚得盆满钵满。

1937 年 9 月 14 日，在淞沪会战最为惨烈的时刻，罗斯福政府根据中立法做了一个看似中立的决定：宣布禁止用美国船只装载武器，以及禁止美国军用装备出口。事实上，美国一点也不中立，因为这个法案把侵略者和被侵略者放在了同一个位置，这个法案本身就背弃了正义。

抗日战争的前几年是中国最艰苦的日子。在美国出口日本的物资中，军用物资占了一半以上。1939 年，美国出口日本的军用物资总额占出口总额的八成以上，日本进口的石油九成来自美国——可以说，日本的战争机器需要依靠美国的战略物资来维持运转。

中国多次要求美国"绝对禁运军用材料与器具到日本，尤以钢铁、煤油为最"，但都被拒绝。罗斯福担心对日本强硬会导致他自己陷入困境，因为美国国内的主流思想还是孤立主义。

美国帮助德国、苏联、日本取得了迅速的发展，自己也赚得盆满钵满，使国家彻底走出了经济危机的阴霾，但却给世界造成了两个直接后果：一是摧毁了英法在"一战"之后构建的"国联"；二是把世界推向第二次世界大战的深渊。

日本在东方侵略中国的同时，德国也在西方露出獠牙，开始大杀四方。1940 年 9 月，德国、日本和意大利三个法西斯国家签订了轴心国协议，表示它们会共同作战，征服并瓜分全世界——狼子野心，昭然若揭。

美国发现自己不得不进行一次战略抉择。其实小罗斯福心中早有盘算：虽然在德国和日本崛起的过程中，美国企业在这两个国家有大量投资，但美国不会站在轴心国一边，原因有二。

第一，轴心国是军国主义国家，如果它们胜利，就会按照军国主义思维来改造世界，这与美国的立国精神和资本主义追求不符。相比之下，英法的价值观和美国更为接近。

第二，美国和轴心国对抗，虽然短时间内会有经济损失，但如果战胜它们，所有的付出都会得到超额回报——美国可以同时完成对欧亚大陆的彻底"收割"。

权衡利弊之后，美国开始对日本实施制裁。这就刺激了日本的神经，最终日本于 1941 年 12 月 7 日偷袭珍珠港，而此时正是斯大林在红场阅兵后不久、莫斯科战役如火如荼之际。

小罗斯福梦寐以求的机会来了，他到国会做了一番铿锵有力的演讲后，美国决定正式参战。

第 *8* 节

牺牲最小，获益最大

美国参与战争的方式有两种。

第一种方式是援助盟友。美国通过《租界法案》，对英国（给得最多）、苏联（次之）和中国（相对较少）进行了大量援助。因为美国的"输血"，英国和苏联的战斗力都增加了不少。

第二种方式是自己加入战争。相对于第一次世界大战，美国入场第二次世界大战的时间算是早的。美国的军事布局主要围绕太平洋和大西洋。太平洋战争爆发之初，日军占领了东南亚很多领土，结果麦克阿瑟灰溜溜地从菲律宾逃走了。在当时的太平洋上，日本当时最强的不是陆军，而是海军。所以对美国来说，想要战胜日本，就必须击败日本海军。而对日本来说，想要维持长期优势，就要消灭美国残存在太平洋上的海军。

1942 年 6 月，美日双方在中途岛决战。

中途岛面积很小，但位置极为重要。它与美国旧金山和日本横滨均相距 2800 海里，处于亚洲和北美之间太平洋航线的中途，故名中途岛。日本拿下中途岛，不仅意味着再次捣毁了美军的一个重要基地，而且可以直接威胁美军太平洋基地的大本营珍珠港，在进攻澳大利亚时也多了一个选择，甚至可以直接袭击美国本土。

山本和尼米兹都知道中途岛的重要性，因此双方都做了充分的准备。但看似占优势的日本犯了两个致命的错误：一、海军密码被美军破译；二、把重心放在战列舰，而非航母上。

真正的战争其实只用了5分钟。6月4日上午10点20分，由于美军的攻击，日舰甲板开始执行给护航的零式战斗机加油加弹作业，无法准备反击。33架美军"无畏"式俯冲轰炸机从企业号航母起飞，分成两个中队分别攻击日军赤城号和加贺号航母。

美轰炸机中队长麦克拉斯基少校是战斗机飞行员出身，按作战程序，他应该带领先头编队攻击较远的加贺号航母，结果所有飞机都跟着去了加贺号，反而忽略了近处的赤城号。百思特上尉一看大家舍近求远，极力呼叫才召回两架飞机和他一起轰炸赤城号。于是，海战史上最辉煌的经典战例诞生了：百思特上尉等三人向赤城号投了三枚重磅炸弹，第一枚和第三枚分别近失，而百思特投下的第二枚炸弹砸穿了赤城号的飞行甲板！

原本也就是一次普通的命中，然而堆在赤城号甲板上的弹药被引爆后，赤城号随后便沉没了，百思特由此创造了一发炸弹炸掉一艘航母的战例！这种战绩以前没有过，以后也很难再有。另外，苍龙号和加贺号同样因为甲板弹药被引爆而沉没。短短5分钟，日军3艘航空母舰刹那间变成了三团火球，火光直冲云霄。

中途岛海战日本战败，意味着日本海军失去了在太平洋的制海权。最后，麦克阿瑟在海军优势下采取"蛙跳"战术，从澳大利亚出发，把东南亚的日军分割孤立，并分别围歼。而由于失去了制海权，日本只能坐等失败。

战争的结果就是麦克阿瑟成了日本的"太上皇"，把军国主义日本改造成了一个美国的追随者。

"二战"之后，日本不仅成了美国的小弟，也成了美国的钱袋子，同时也是美军在亚洲的根基，可谓一箭多雕——美国的投入得到了超额的回报。

欧洲方面，美国和英国在南欧慢吞吞地行进，直到 1944 年苏德战场胜负已分，才在西欧搞诺曼底登陆。这场登陆作战，美英展示了绝对的实力。

盟军总兵力达 288 万人，其中陆军 153 万[①]，主要是美军和英军；海军、空军与其他军种投入人数 135 万。

海军投入作战的军舰约 5300 艘，其中战斗舰约 1200 艘，登陆舰艇 4126 艘，还有 5000 余艘运输船；空军投入作战飞机 13700 架，其中轰炸机 5800 架、战斗机 4900 架、运输机滑翔机 3000 架。

这些数字体现了美英工业实力的强悍。经过一番战斗之后，盟军逼近了德国本土。

1945 年，苏军发动柏林战役的前夕，美英盟军也到了柏林周边。战后，美、英、苏三国分别占领了德国，纳粹德国彻底灰飞烟灭。

但美国"收割"德国之举并没有因为战争停止而停止。德国战败

---

① 共 36 个师，其中 23 个步兵师、10 个装甲师、3 个空降师。

之后，美军第一要务便是搜寻德国的顶级科学家。美国航天领域掌门人冯·卡门②带着一帮人③去找德国火箭之王冯·布劳恩。按道理说，冯·布劳恩为纳粹效力过，这在很多国家都可能被清算。但美国给予了他极大的包容，让他的科研事业达到了一个前所未有的巅峰。

在美国的阿波罗登月计划中，冯·布劳恩发挥了不可替代的关键作用。阿波罗登月计划对美国意义非凡，不仅直接推动了美国一大批大公司诞生，还促进了 IT 技术的革命性发展，让美国享受了互联网时代的巨大红利。

另外，阿波罗计划在政治层面也发挥了不可估量的作用。里根时代用所谓的星球大战计划忽悠苏联，使苏联把更多资源投入重工业，因而忽略了民生工业，为其最终解体埋下了伏笔。

与此同时，德国在"二战"之后也成了美国在欧洲驻军的主要基地，美国彻底拿捏了德国。此外，由于此前几乎整个欧洲都被德国摧毁，因此美国就成了欧洲各国的大腿。

纵观"二战"主要参战国，美国牺牲最小，但获益最大。究其原因，美国除了军事实力强大，它在战争过程中的政治决策也很关键。

从 1943 年到 1945 年，小罗斯福、斯大林、丘吉尔等人在开罗、德黑兰、雅尔塔、波茨坦几个地方开了几次著名的会议，而且发表了几份著名的宣言，最终决定了德国和日本等法西斯国家的命运。但除了这几次会议之外，还有一场同样重要的会议，即 1944 年 7 月召开

---

② 美籍匈牙利力学家、航空工程学家。他也是犹太裔，在"二战"前被排挤到美国。

③ 这帮人之中有一张东方面孔，他就是冯·卡门的得意门生钱学森。

的布雷顿森林会议。那场会议通过了几个重要决定。

其一，英国必须终止其帝国贸易优惠制度。英国与其殖民地、独立自治领在贸易上享受优惠权。美国认为这是在分割世界贸易市场，要求通过世界大战肢解英国贸易市场。

其二，英镑必须可兑换，即在固定的日期可按照固定的汇率兑换。因为"二战"，英镑的购买力已经不如美元。在英国，人们会到伦敦把英镑兑换成美元，这会加速消耗英国的资本。

其三，英国接受美元作为单一计价汇率。

自此，美元代替英镑成为世界货币，美国取代英国成为海权新霸主。

如今的美国，正在不惜一切代价维持美元霸权，但美元霸权终究也会被取代。

要想维持货币霸权，必须有经济、政治和军事霸权做基础。

第9节

三大霸权的确认

"二战"结束了，整个世界满目疮痍，尤其是欧亚大陆，更是被战火严重破坏，只有美国一家独大。欧亚大陆的资金、人才大量流向北美。

以黄金为例，"二战"后的美国拥有世界各国官方黄金储备的75%以上。对于如此罕见的历史机遇，美国自然不会错过，很快使出了三个大招。

第一，通过马歇尔计划确认经济霸权。世界大战让欧洲陷入了迷茫，首先是精神上的迷茫。因为欧洲是工业文明的发源地与推动者，欧洲人曾经非常引以为傲。然而通过两次世界大战，他们自己摧毁了自己的骄傲。所以，他们的文明肯定出了问题，很多欧洲人陷入了迷茫。

比起精神痛苦，糟糕的现实更让人难以接受。在战争中，铁路、公路以及桥梁都成为对方空袭的目标，因此受破坏最为严重的就是交通运输设施。这使城市的经济与外界的联系几近断绝。

解决这些问题都需要钱，而各国政府的国库已被战争消耗殆尽。从 1946 年到 1947 年，欧洲西北部罕见的寒冬又让情况进一步恶化。欧洲如果想要解决这些问题，只能向美国求助。

马歇尔计划于 1947 年 7 月正式启动，并整整持续了四年之久。在这段时期，西欧各国通过参加经济发展合作组织，接受美国包括金融、技术、设备在内的各种形式的援助。

简单讲，就是美国向欧洲输血。但这个输血又不是一般意义上的输血，因为这次输血也意味着世界霸权中心的转移——美国通过输血确认新的经济秩序。美国通过马歇尔计划振兴欧洲，本质上是通过资本手段重建经济秩序，或者说通过制定贸易规则掌控经济霸权。

第二，通过杜鲁门主义确认政治霸权。所谓杜鲁门主义，是指 1947 年 3 月 12 日，杜鲁门在美国国会发表的咨文："今日世界的所有国家都面临着对两种不同生活方式的选择，一种是以大多数人的意志为基础的自由制度，另一种是以强加于大多数人的意志为基础的极权政体，而美国政策必须支持那些自由国家人民抵抗武装的少数人。"他强调："无论在什么地方，无论直接或间接侵略威胁了和平，都与美国的安全有关。"这就是所谓的杜鲁门主义。

美国判断集权体制的依据是美国自身的利益。美国可以根据杜鲁门主义决定是否干涉他国内政，从而做出对美国最有利的选择。这便是有文化的流氓的选择——既把自己打扮成正义的化身，又可以随心所欲地维护自身利益。当然，这一切都是"国父"塞缪尔在美国民族性格中留下的基因，且需要绝对力量作为后盾。

所谓杜鲁门主义，就是反对苏联与共产主义。在绝对力量的支持下，美国可以在任何想要染指的地方宣布那里有"共产主义威胁"，之后立即提供经济、军事援助，乃至出兵干涉。就算那里没有"威胁"，美国也可以自己制造"威胁"。

本质上来说，杜鲁门主义从政治上发动冷战，确认了美国在资本主义世界的政治霸权。

第三，通过组建北约确认军事霸权。1949 年 3 月 18 日，美国和英国、法国公开组建北约组织；4 月 4 日，各创始成员国在美国华盛顿签署《北大西洋公约》。创始成员国包括美国、加拿大、英国、法国、丹麦、比利时、卢森堡、挪威、冰岛、荷兰、意大利、葡萄牙。

北约是一个纯粹的军事组织，组建目的是跟以苏联为首的东欧国家抗衡。条约规定，成员国一旦受到攻击，其他成员国可以及时帮助。但这份条约从来没有启动过，因为美国和苏联都知道一旦触发这份条约意味着什么。

那么如何看待北约组织呢？它大概是和平年代缔结的跨地域最广、实力最强大的军事同盟，也是当今世界力量最强大、成员国最多、分布地域最广的军事组织。在我看来，北约有三大属性。

其一，北约是美国霸权的军事基石。

其二，北约是支撑美国货币霸权的资产。

其三，北约也可能成为拖垮美国的包袱。

资产和包袱之间是可以转化的。资产可以转变成包袱，包袱也可以转变成资产。古往今来，所有历史周期内的帝国兴衰，尤其是超级帝国的兴衰，一条很明显的脉络就是资产和包袱的转化。帝国兴起，包袱变资产；帝国衰落，资产变包袱。

葡萄牙、西班牙、荷兰、英国、法国、德国这些欧洲列强，你死我活地打了几个世纪都没有拿到的霸权，就这样被美国得手了。

第 *10* 节

20 世纪的超级大国

美国在取得西方霸主之位后，开始尽显霸权主义本色。

比如介入朝鲜战争。

再比如越南战争、阿富汗战争，不过美国最终都失败了。当然，美国也有比较成功的例子，比如在伊拉克战争中推翻了萨达姆政权。

美国最为成功的实践，便是在冷战中拖垮了苏联，赢得了美苏争霸的最终胜利。

赫鲁晓夫上台之后，全面否定斯大林，导致苏联的政治法统被歪曲。斯大林是"二战"的重要人物，他带领苏联完成了工业化，并打赢了世界大战，但他的铁腕与独裁统治也给国家造成了很多灾难。

斯大林并非不可以批判，但赫鲁晓夫的批判是彻底否定，可他却走不出斯大林设定的体制，最后被勃列日涅夫通过非正常手段取而代之。

勃列日涅夫统治苏联 18 年，见证了苏联的盛极而衰。赫鲁晓夫和勃列日涅夫的非常规手段致使苏联政治法统缺失和体制性僵化，而他们又找不到改变的方式，导致曾经散发着无限魅力的政体弊端彰显，最终被遗弃。

在这一背景下，美国发动了一系列除军事战争之外的手段，加速了苏联解体。这里随便举几个例子。

第一，科技战。

纵观整个第二次世界大战，不论是对比战胜国的美国、英国或中国，还是对比战败国的德国或日本，苏联的牺牲都是最大的，仅军人就伤亡 800 多万，军民合计伤亡将近 3000 万。而当时苏联人口不到两亿，这个伤亡比例非常之惊人。能承受如此伤亡的国家，其实基本上不可能被外来力量打垮。

早期的苏联非常有吸引力，比如设计"布雷顿森林体系"帮助美国拿下金融霸权的怀特，就是苏联间谍——被早期苏联散发的魅力所吸引。由于苏联在早期取得了巨大成功，因此很多国家都派精英去学习苏联的革命和建设经验。

如果说战争考验的是一个国家的承受底线，那么科技和工业考验的就是一个国家的上限。

战后的苏联同样取得了一系列辉煌成果：第一次把宇航员送入太空，发射了第一颗人造卫星，建设了第一个空间站，等等。但苏联的科技并非无敌，和美国相比，苏联总是差那么一点。20 世纪六七十年代，美国和苏联的航空竞争一直都是超级帝国博弈史上被津津乐道的话题之一。竞争的结果是，美国人率先完成了登月。

里根上台之后，提出"星球大战"计划，以此忽悠苏联，使苏联财政背上了巨大的负担。

第二，经济战。

如果直接对比美苏经济，就会发现美国经济一直稳压苏联一头，这个有很多理由可以解释，但日本经济的腾飞确实极大地刺激了美国和苏联。

战后的日本经济腾飞是冷战时期的重要事件之一。按照传统思维理解，日本是战败国，应该不会那么快翻身。然而由于美国的扶持，日本经济飞速发展，GDP 一路逼近苏联，甚至超越苏联。

美苏两个"巨无霸"发现，美苏的对抗，居然让日本渔翁得利。如果不是冷战，美国既不可能给日本转让技术，也不可能对日本开放市场。但美苏对此的应对方式又有所不同。

美国成功依靠新科技（互联网）和政治手段（广场协议①）摆脱了日本在经济上对自身的威胁，苏联则非常迷茫。日本经济的发展，暴露了苏联体制的诸多缺陷。为展现自身优势，苏联选择了一条不归路：在巅峰时期入侵阿富汗。美国及其西方盟友迅速抓住机会，用一切非战争手段支持阿富汗，让苏联陷入"帝国坟场"无法自拔。

苏联经济本就有缺陷，禁不起长期战争消耗，苏联财政在巨大的压力下逐渐崩盘。在这种情况下，美国放出"趁你病，要你命"的大招，于 1985 年趁机对出口管制法作了修订，限制了对苏联的出口，让原本就陷入困境的苏联经济雪上加霜。

---

① 美国、日本、英国、法国及西德等 5 个工业发达国家财政部部长和央行行长于美国纽约的广场饭店秘密会晤后，在 1985 年 9 月 22 日签署的协议。目的在于联合干预外汇市场，使美元对日元及马克等主要货币有秩序性地下调，以解决美国巨额贸易赤字，从而导致日元大幅升值。

戈尔巴乔夫上台之后，开始推行"新思维"改革，但改革没能改变苏联长久积压的问题，庞大的国家最终轰然崩盘。

苏联解体之后，美国享受到了巨大的红利，成了世界唯一的超级大国。

军事上，美国主导的北约组织肆无忌惮地进行东扩，把原本的华约组织成员国和部分苏联加盟国也吸纳了进来。

地缘政治上，美国把俄罗斯逼进了死胡同，也为如今的俄乌战争埋下了伏笔。

经济上，美国及其盟友有两大获益。首先，它们在前华约组织成员国的"休克疗法"中获取了大量利益，尤其是美国从苏联的巨变中套取了大量资产。其次，它们把前华约组织成员国变成了原料产地和商品倾销市场。

"人力资源"层面，美国源源不断地从前华约组织成员国中吸收精英成员。

总之，冷战的结局可以用一句简单的话形容：苏联跌倒，美国吃饱。

在冷战中赢得非常漂亮的美国，接下来又试图把冷战那一套搬来对付别的竞争对手。

尾　声

纵观近代世界各大国的兴衰史，我们可以发现一条明显的脉络。

黑死病在欧洲的爆发，动摇了天主教的信仰根基。而奥斯曼帝国的崛起，又卡住了欧洲的脖子，促使欧洲向海洋寻找新的出路。

葡萄牙在特殊的地理、历史、文化和经济等因素的共同作用下，最先拉开了大航海时代的序幕，吃到了大航海时代的红利，终于在 15 世纪一跃而成为一个影响力巨大的海上帝国。

西班牙因为复国战争的影响，虽然走向海洋的时间比葡萄牙晚，但哥伦布和麦哲伦的伟大贡献，让西班牙享受到了大航海时代最大的红利，使西班牙成为一个闪耀 16 世纪的殖民帝国，从此压倒了葡萄牙帝国。

荷兰因宗教改革运动而引发资产阶级革命，后来在和西班牙帝国的博弈中逐渐壮大，最终于 17 世纪成为名动一时的"海上马车夫"。而它的崛起，也意味着葡萄牙和西班牙的海上霸业开始走向没落。

英国的崛起则更为复杂：对内实行宗教改革，继而引发了科技和经济的两大革命；对外先后战胜了西班牙和荷兰两大帝国，成为一个实力上真正无敌的超级海权大国。从 17 世纪开始，大英帝国的辉煌一直延续到 20 世纪的第二次世界大战时期，才终于被美国取代。

法国曾一度与英国在全球范围内进行殖民地争夺战，但帝制阻碍了它的脚步，最终引发了对全世界影响深远的法国大革命。拿破仑称霸欧洲的计划失败之后，法国没能成为全球霸主，而是成了德国崛起之路上的绊脚石。

德国与法国的命运其实比较类似，都曾是强大的陆权帝国，坚持陆权战略，志在称霸欧洲和世界。它们创造过辉煌，但最终都被奉行"离岸平衡"战略的英美两大海权帝国所超越。

美国的崛起可以说是汇集了天时、地利与人和，在"收割"了所有西方老牌帝国之后，渐渐坐稳了霸主之位。可如今，美国开始肆无忌惮地挥霍着自己的"霸主资产"，最终势必也会成为历史。

那么美国又会以怎样的方式退出历史舞台呢？是葡萄牙、西班牙、荷兰的方式？还是法国、德国、英国的方式？抑或是苏联的方式呢？让我们交给时间吧。